住宅リフォーム計画

沖田富美子 Fumiko OKITA
井上恵子 Keiko INOUE
金子智子 Tomoko KANEKO
著

学芸出版社

まえがき

いま、快適性を求めるリフォームが盛んに行われています。技術の革新、経済成長などによって私たちの生活は豊かになり、住宅の老朽化した部分の補修だけではなく、両親との同居・子どもの独立など、ライフサイクルの変化への対応、便利な設備機器の導入や住空間のデザイン変更など、住まいに対する価値観も変わってきています。

このような個人的な生活要求のほかに、これからの日本の住宅問題や地球環境問題の観点からも法規制がリフォームしやすい方向へ改正されるなど、リフォームの重要性が見直されてきています。そのようなリフォームを行う技術者は、新築よりも知識と経験が必要であり、いま、リフォームについて的を絞り、全体を把握できる手引書的なものが必要であると考えました。

本書では、まずリフォームの重要性をこれまでの住宅・社会・生活などの変化から把握し、現在のリフォームの動向、リフォームの際に必要な法知識や制度、住宅性能の要点を示し、その上で具体的な実践方法と事例を述べ、より良い住生活・住環境の実現が可能になるような内容構成としました。

これらの内容についてはもっと取り上げるべき事項なども多々ありますが、本書は入門編として全体像を理解することを主眼に置き、興味のある内容、掘り下げたい内容が出てきた方は、参考文献・資料として取り上げている本を参考にして読み進め、知識を深めていってほしいと思います。多くの方が本書を機会にリフォームへの造詣を深め、多くの成果をあげられることに役立てれば幸いです。

内容の編成にあたっては、大学の住居学・建築学を学ぶ学生が自主的に学習を行い、リフォームの基礎知識を習得するための手引書となることを意図して始められましたが、その他に専門学校、短大の学生および若い実務家に至るまで幅広く利用してもらえるように考慮しました。

発刊にあたり、出版を引き受け積極的に援助いただいた学芸出版社社長をはじめ、編集部の皆さんに心からお礼を申し上げます。

2006年　春

著者一同

もくじ

第1章
住宅・住生活の変遷

1・1
社会および住宅の変容

1 日本の住宅と社会はどう変わったのか？

国土の荒廃と、国民に対する精神的な荒廃を残して終わった第２次世界大戦は、420万戸の住宅不足をわが国にもたらした。物価の高騰や衣、食、住の著しい不足に対し、敗戦直後の1948年「住宅緊急措置令」「家賃・地代の統制」などの種々の政策が実施されたが、いずれも住宅難の解消には結びつかなかった。

しかしその後、1950年の朝鮮戦争を契機に経済は急速に回復・発展した。その同じ年の1950年に住宅金融公庫が、1951年には公営住宅制度が設立され、やっと住宅建設が促進されたのが1953年である。その後1955年に「日本住宅公団」（現・独立行政法人都市再生機構）が設立され、抜本的な対策がたてられるようになった。昭和30年代から始まった「神武景気」「岩戸景気」「オリンピック景気」「いざなぎ景気」と続いた経済面での高度成長期には、「もはや戦後ではない」と発言されたにもかかわらず、住宅数より世帯数が上回っており、1958年においてもまだ、住宅数の不足解消が大きな課題とされていた。

「住宅の３本柱」といわれたこれら公営、公団、公庫による枠組みのもとに、1963年には住宅の数量増加、不燃・堅牢な住宅や宅地の開発などが推進されるようになった。このような住宅供給を積極的に実施する動きにより、残存する住宅難を解消するとともに、高度成長に伴う人口の大都市集中による住宅需要に対処することが、1968年からの課題とされ

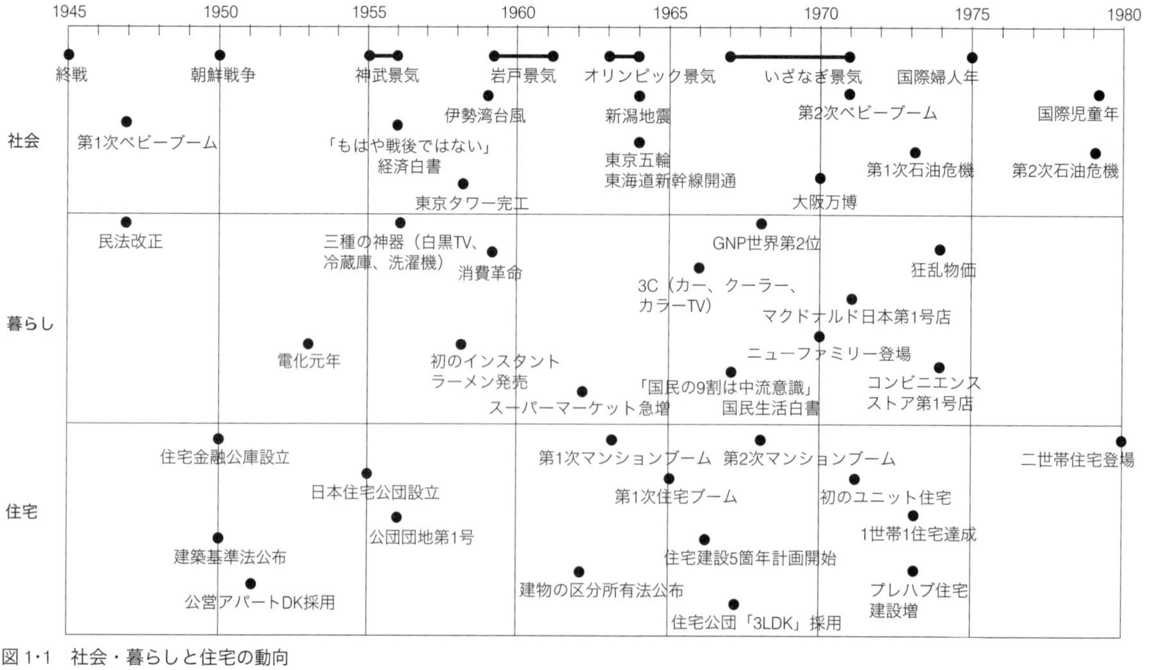

図1·1　社会・暮らしと住宅の動向

た。その後1973年に、住宅統計調査上「1世帯1住宅」が確保され、一応、量的な住宅問題は解決したといわれている。

しかし、住宅難の解消と居住水準のレベルアップが課題として残され、それ以後「量から質の時代」へと、住宅問題の課題は変化した。

1973年には第1次石油危機が起きたが、経済状況もその前後から安定成長期に入った。1978年には、それまでの急速な成長拡大により多くの問題が生じてはいたが、住宅数も一応充足したことから、ゆとりある住生活の実現や住環境の改善などが求められるようになり、良質な住宅の確保が長期的な目標としてあげられるようになった。1983年には特に低所得層、都市勤労層への住宅供給の推進と住環境の整備に、1988年には高齢者の居住設備の整備が課題とされると同時に、住宅の質のいっそうの向上が目標とされた。1985年以降のバブル経済発生とその崩壊に至るまでは平成景気が続いたが、その後、住宅・土地価格の急激な変動が、通勤時間や住宅規模に対して大きな影響を与えることとなった。その影響を受けて地価高騰に対する総合的な土地政策の実施や、大都市地域における住宅・宅地の供給促進のための計画の策定が行われるようになった。特に1966年から国が公共、民間ともに建設すべき住宅供給量の目安と住宅政策の目標を明らかにした「住宅建設5箇年計画」が住宅建設法に基づいて制定された。この計画は8期まで実施されたが、住宅供給の充足、少子高齢化、人口・世帯などの減少から2006年に終了した。現在、住宅政策として住生活基準法が施行されている。

今日では、少子化、高齢社会の到来、地球環境問題の深刻化などの社会状況の変化、安心・安全やライフスタイルにあった住生活に対する意識の変化にともない、誰でもが快適に暮らせる住環境を整備することが必須の状況にある。

2 どのくらい住宅は建てられているのか？

第二次世界大戦後に420万戸の住宅不足といわれた1940年代から、約60年を経た1998年度には、全国の住宅数は5024万戸となっている。

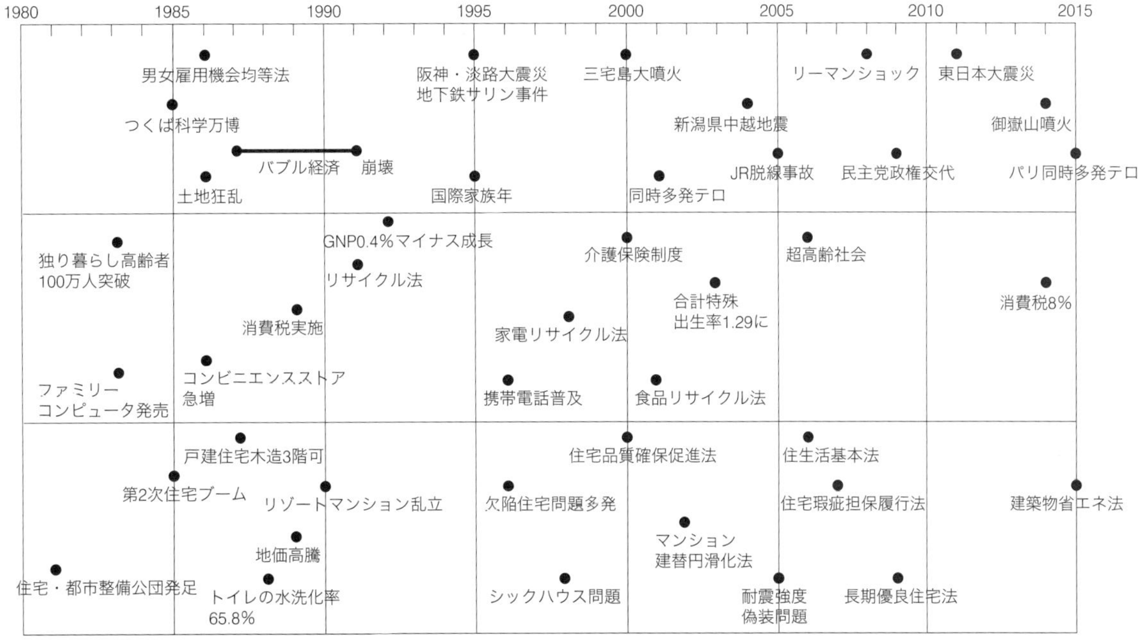

「住宅着工統計」による新設住宅着工戸数の推移は、1948年度には70万戸の新設着工がなされたのに対し、その後は停滞し、年間40万戸以下で推移していた。しかし1960年代中頃には、高度経済成長に伴い建設戸数は急増、毎年100万戸を超える着工戸数となり、1972年度には186万戸の住宅が建設されている。1973年からの第1次石油危機の影響で、1974年度には建設戸数は落ち込んでいるが、その後回復し、1980年度までは150万戸以上を保っている。しかし住宅価格の上昇、所得の伸び悩みなどにより、再び1980年代初頭に120万戸台に減少し、1987年度には建築費の安定、低水準の金利などにより、再び173万戸となっている。その後、1990年度まで160万戸の高水準を維持している。しかし、1988年以降のバブル崩壊の影響を受け、1991年度には130万戸台に落ち込んだ。その後は徐々に回復し、多少、年度による落ち込みはあるが、1996年度には163万戸となっている。しかし景気動向の不透明感などにより、この時期をピークに再び減少し、1997年度にはまた130万戸に、さらに1998年〜2006年度までは110〜120万台の間を推移していたが、2007年度には100万台、2009年度には77.5万台に減少している。その後やや増加しているが、100万台に満たないのが実状である。

これら住宅における持家系住宅と貸家系住宅の比率は、終戦直後は持家系住宅の占める割合が多かったのに対し、1960年代には高度経済成長に伴う労働力の都市部への移動により、都市では貸家系住宅が急増して貸家率が上昇したが、1968年以降は6：4の割合で推移している。しかし1970年代には持家率が増加している。その後これら持家と貸家の比率は、約10年を一期間として増減を繰り返しているが、2005年以降も以前と同じように、6：4の比率を維持しているといえる（図1·2）。

3 住宅の水準はどのくらい変わったのか？

前述したように、住宅統計調査上「1世帯1住宅」が確保された1973年以降は、住宅問題は「量的問題」から「質的問題」へと移行したといわれている。この住宅の質的問題は、言い換えれば住宅水準の問題であるともいえる。今日まで、日本の住宅水準はどのように変化したのであろうか。

1）着工新設住宅の平均床面積の増加

国土交通省で実施している「住宅着工統計」により、着工新設住宅の利用関係別に1戸当たり平均床面積の推移を示したのが図1·3である。

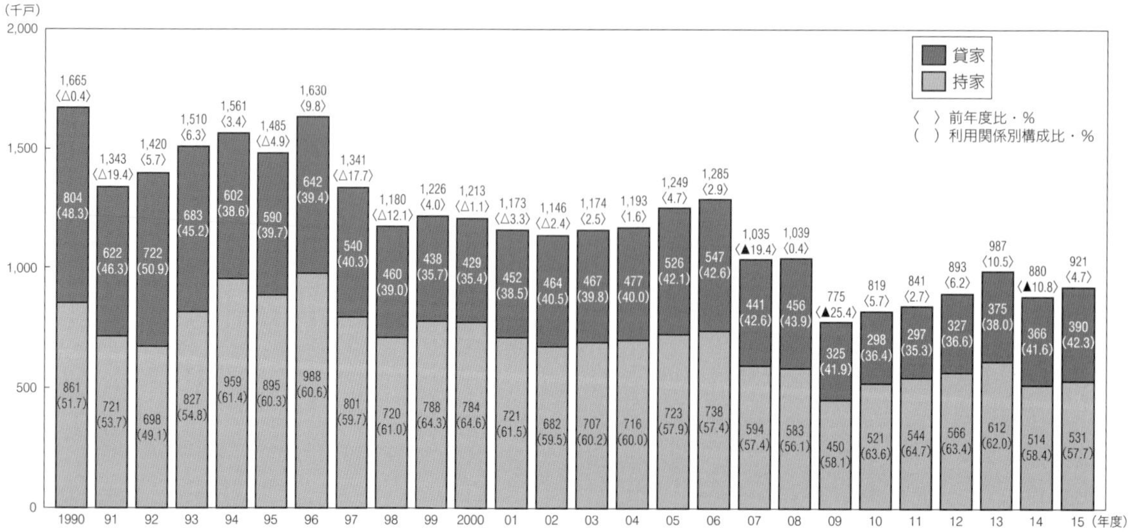

図1·2　新設住宅着工戸数の推移1)

新設住宅着工床面積は、景気動向のバロメーターとして重要な指標として利用されている。1968年度の1戸当たりの床面積は66.1㎡であったが、毎年度増加し、1980年度には94.3㎡にまで達したが、その後毎年度減少をたどり、1987年度には79.3㎡にまで落ち込んだ。これは持家などに比べ、貸家の着工新設住宅の占める割合が上昇したことが一要因といわれている。しかし、この1987年度を境に再び上昇傾向に戻り、1990年度は80.8㎡、1994年度には93.9㎡にまで回復、1999年度には97.5㎡に達している。その後は再び貸家の割合が増加したことから、徐々に減少し、2004年度には88.5㎡ と、1993年度とほぼ同じ面積になっている。その後、2005年から今日までは、80～90㎡の間を推移している。

利用関係別にその推移を見ると、持家については1968年度に90.2㎡であった1戸当たりの床面積は増加傾向となり、1984年度には125.5㎡になっている。さらに1990年度には136.8㎡となり、1996年度には141.0㎡ にまで達している。その年度をピークとして、以降139㎡ 台の広さで推移してきているが、2000年度からは多少減少を続け、2008年度には130.2㎡となっている。さらに2009年度以降減少し、2015年には122.7㎡ となり、1982年度（122.0㎡）とほぼ同じ面積になっている。

一方、貸家住宅の平均床面積は、1968年度の41.1㎡から徐々に増加しているものの、その伸びは低く、1980年度（57.1㎡）をピークに減少した。しかし、1990年代からはまたわずかではあるが増加し、1996年度には53.0㎡となり、年度により多少増減はあるものの2002年度までは50㎡前後を維持している。なお2003年からは再び減少し、40～50㎡の間を推移している。

2）居住水準の向上

居住水準の設定（p.11コラム参照）により、これまでの達成状況を見ると、最低居住水準未満の住宅数については、1973年に人が居住する住宅総数（2873万戸中）の30.4%を占めていたが、1978年（3219万戸中）には14.8%、1983年（3470万戸中）11.4%、1988年（3741万戸中）9.5%、1993年（4077万戸中）7.8%、1998年（4389万戸中）5.1%と減少し、2003年は4.2%となっている。

一方、平均居住水準については、1973年は28.6%であったが、1983年には48.8%が水準以上を占めた住宅となっている。なお1986年から実施された誘導居住水準では、1988年度の誘導居住水準以上の住宅は全体の31.6%を占めていたが、毎期その割合は

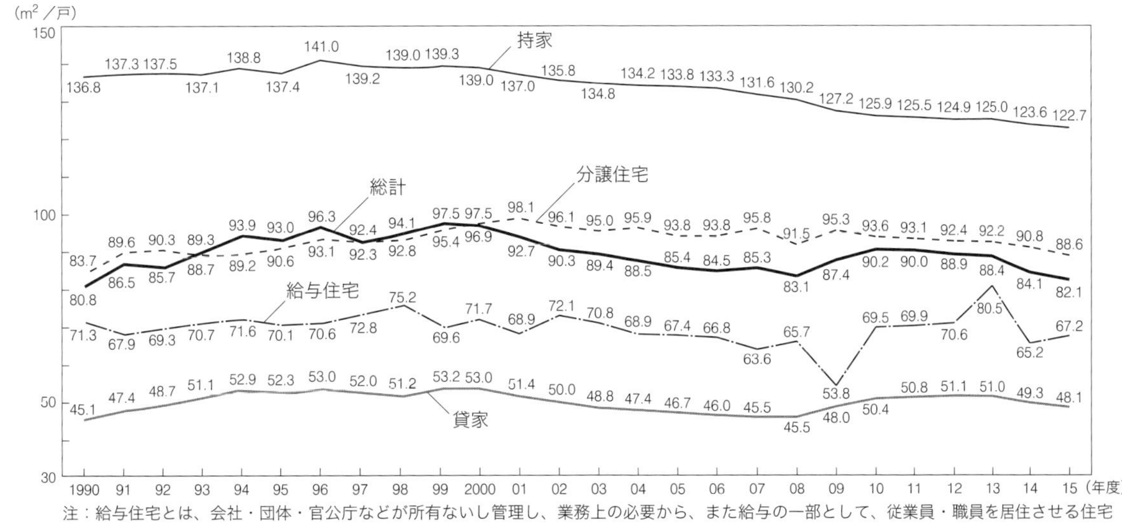

注：給与住宅とは、会社・団体・官公庁などが所有ないし管理し、業務上の必要から、また給与の一部として、従業員・職員を居住させる住宅

図1･3　着工新設住宅の1戸当たり平均床面積の推移[2)]

居住水準とは

新設住宅の広さについては、前述した「住宅建設5箇年計画」の第3期に初めて居住水準（最低居住水準と平均居住水準）が定められた。その後第5期に新たな居住水準が設定され、最低居住水準とこれまでの平均居住水準から、誘導居住水準（都市居住型・一般型）へと変更された。

誘導居住水準は、将来にむけて良質な住宅ストックの形成を図るための指標であるが、都市およびその周辺部の共同住宅を想定した都市居住型と、都市郊外および地方の戸建て住宅を想定した一般型との2つの水準を設定している。住戸専用面積が第3期設定の平均居住面積よりも拡大したこと、中高齢者の単身あるいは高齢者夫婦との同居を想定していること、また一般型誘導居住水準では余裕室を設けていることなどが特徴である。

誘導居住水準については、2000年までに全国の半数の世帯が確保できるようにすることを目標としている。

各居住水準の規模を表1·1～1·3に示す。

表1·1　最低居住水準[3)]

世帯人員	居住室面積（内法）	住戸専用面積(壁芯)
1人	7.5㎡(4.5畳)	18㎡
1人 (中高齢単身)	15.0　(9.0)	25
2人	17.5　(10.5)	29
3人	25.0　(15.0)	39
4人	32.5　(19.5)	50
5人	37.5　(22.5)	56
6人	45.0　(27.0)	66

注：1. 標準的な世帯構成とは、世帯人員3人以上の場合、夫婦と分離就寝するべき子供により構成される世帯をいう
2. 居住室面積には、寝室および食事室兼台所のみを含む
3. 住戸専用面積には、寝室、食事室兼台所、便所、浴室、収納スペース等を含むが、バルコニーは含まない

表1·2　都市居住型誘導居住水準[3)]

世帯人員	居住室面積（内法）	住戸専用面積(壁芯)
1人	20.0㎡(12.0畳)	37㎡
1人 (中高齢単身)	23.0　(14.0)	43
2人	33.0　(20.0)	55
3人	46.0　(28.0)	75
4人	59.0　(36.0)	91
5人	69.0　(42.0)	104
5人 (高齢単身を含む)	79.0　(48.0)	122
6人	74.5　(45.5)	112
6人 (高齢夫婦を含む)	84.5　(51.5)	129

注：1. 標準的な世帯構成とは、世帯人員3人以上の場合、夫婦と分離就寝するべき子供により構成される世帯をいう
2. 居住室面積には、寝室、食事室、台所（または食事室兼台所）および居間のみを含む
3. 住戸専用面積には、寝室、食事室、台所（または食事室兼台所）、居間、便所、浴室、収納スペース等を含むが、バルコニーは含まない

表1·3　一般型誘導居住水準[3)]

世帯人員	居住室面積（内法）	住戸専用面積(壁芯)
1人	27.5㎡(16.5畳)	50㎡
1人 (中高齢単身)	30.5　(18.5)	55
2人	43.0　(26.6)	72
3人	58.5　(35.5)	98
4人	77.0　(47.0)	123
5人	89.5　(54.5)	141
5人 (高齢単身を含む)	99.5　(60.5)	158
6人	92.5　(56.5)	147
6人 (高齢夫婦を含む)	102.5　(62.5)	164

注：1. 標準的な世帯構成とは、世帯人員3人以上の場合、夫婦と分離就寝するべき子供により構成される世帯をいう
2. 居住室面積には、寝室、食事室、台所（または食事室兼台所）、居間および余裕室のみを含む
3. 住戸専用面積には、寝室、食事室、台所（または食事室兼台所）、居間、余裕室、便所、浴室、収納スペース等を含むが、バルコニーは含まない

増加し、1998年度は46.5％、2003年度には52.3％と、半数以上を占めるまでに至っている。

3）居住面積は増加、居住室数は減少傾向

1住宅当たりの居住室数、延べ面積の推移を表1･4に示す。

1住宅当たり延べ面積は、1968年に73.86m^2であったが1978年には80m^2台に、1993年には90m^2台にと一貫して増加し、2013年には94.4m^2となっている。一方、1住宅当たりの居住室数も、同様に1968年の3.84室から、1988年の4.86室まで増加しているが、1993年からは減少傾向になり、2003年には4.78室、2013年には4.59室となっている。

これはリビング、ダイニングやキッチンを一室にまとめた、いわゆるLDK型間取りの普及によるものと考えられる。

4）1人当たりの畳数は増加

1998年の居住室1人当たりの畳数は11.34畳であったが、2013年は13.54畳である。1973年から1998年（25年間）におよそ2倍の広さに増加していることに比べ、その増加率は低い。

ちなみに持家は14.97畳、借家は9.77畳となっている。

5）共同住宅の大幅な増加、集合化・高層化

住宅の建て方（戸建て、長屋建て、共同住宅）別では戸建て住宅が多くを占めているのが特徴である。居住世帯のある住宅6062万戸のうち、戸建て住宅は住宅全体の54.1％を、長屋建ては2.5％を、共同住宅は43.3％を占めている（2013年時点）。

なお図1･4に示すように、戸建て住宅は、1973年には全体の64.8％を占めていたが、その後徐々に減少し1993年には60％を割り、2008年には54.4％に

表1･4　住宅水準などの推移[2)]

項目＼所有関係	年	総数	持家	借家	公営	公団･公社	民営（設備専用）		民営（設備共用）		給与
							木造	非木造	木造	非木造	
1住宅当たり居住室数（室）	1968	3.84	4.76	2.44	2.66		2.59		1.42		3.07
	73	4.15	5.22	2.60	2.84		2.64		1.41		3.23
	78	4.52	5.65	2.79	3.08	2.97	2.80	2.71	1.35	1.34	3.46
	83	4.73	5.85	2.87	3.22	2.99	2.84	2.70	1.33	1.27	3.54
	88	4.86	6.03	2.94	3.31	3.07	2.98	2.66	1.31	1.24	3.53
	93	4.85	6.09	2.92	3.40	3.11	2.95	2.57	1.31	1.20	3.37
	98	4.79	6.02	2.84	3.41	3.11	2.94	2.49	1.28	1.17	3.22
	2003	4.78	5.93	2.87	3.42	3.11	3.02※	2.49※	—	—	3.14
	08	4.67	5.80	2.75	3.42	3.12	3.06※	2.37※	—	—	3.00
	13	4.59	5.69	2.67	3.41	3.08	3.05※	2.33※	—	—	2.79
1住宅当たり延べ面積（m^2）	1968	73.86	97.42	38.05	37.78		41.07		18.41		53.56
	73	77.14	103.09	39.49	40.01		40.41		17.78		53.86
	78	80.28	106.16	40.64	41.52	43.32	41.10	38.51	16.16	15.87	55.33
	83	85.92	111.67	42.88	44.90	44.67	43.07	39.23	16.30	16.17	57.28
	88	89.29	116.78	44.27	47.00	44.84	45.61	39.97	16.32	17.16	56.07
	93	91.92	122.08	45.08	49.44	46.66	45.81	39.46	17.17	17.38	56.35
	98	92.43	122.74	44.49	50.19	46.97	46.86	39.07	15.98	16.20	53.52
	2003	94.85	123.93	46.30	51.56	48.99	50.18※	40.55※	—	—	53.63
	08	94.13	122.63	45.49	51.52	49.51	52.01※	39.28※	—	—	53.17
	13	94.42	122.32	45.95	51.91	50.19	53.74※	40.37※	—	—	52.60

※2003年より、設備・共用を含む数値。

まで減少、また長屋建ても1973年の12.3%から大きく減少し、2013年には2.5%となっている。それに対しマンションなどの共同住宅は、1973年の22.5%から2003年には40.0%へと大幅に増加し、2013年には43.3%となり、1973年の約1.8倍となっている。しかも共同住宅の階数別住宅数の推移（1963年～2003年）では、3～5階、6階以上の共同住宅が急上昇し、中でも「6階以上」が急増していたが、2009年～2012年の推移では2009年時点の戸数よりも、いずれの階（3～5、6～7、8～10、11～14、15階以上）も減少傾向にある。

しかし、現在も住宅の集合化・高層化は進んでいる。特に、三大都市圏などの都市部で共同住宅の増加が顕著である。

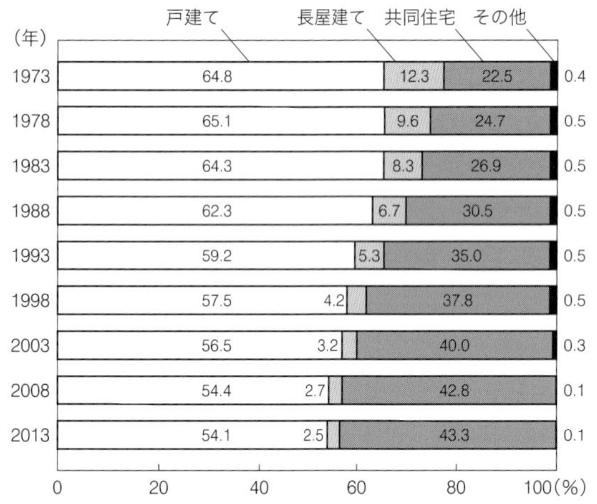

図1·4　住宅の建て方別割合[2)]

6）高騰化傾向の住宅価格

首都圏における建て売り住宅の平均住宅価格は、1995年に5737万円であったのに対し、バブル崩壊後減少し、2003年には4590万円となり、その後4000万円台の横ばい状態が続いたが、2014年から再び上昇し、2015年には4789万円となっている。一方、分譲マンションは1995年の4148万円から2003年の4067万円まで低下している。その後は徐々に増加し、2014年に5060万円、2015年には5518万円と上昇傾向にある。ちなみに2016年（2987万円）の中古マンションの価格は、1991年（1996万円）の約1.5倍である。

なお、首都圏の分譲マンションおよび建て売り住宅購入者の年収倍率の推移（1995年～2015年）をみると、マンションでは4.8倍から6.5倍に増加しているのに対し建て売り住宅は6.7倍から6.1倍に減少している。これは、平均収入の減少が影響しているといえる。

4 住宅のストックは？

1）世帯数を上回る住宅数

1948年の総住宅数は1391万戸であったが、2003年には5387万戸となり、半世紀の間に約3.9倍にな

表1·5　世帯数および住宅戸数の推移[2)]

区分		年	1978	1983	1988	1993	1998	2003	2008	2013
総世帯数　(A)		千世帯	32,835	35,197	37,812	41,159	44,360	47,222	49,973	52,453
普通世帯数（B)		〃	32,434	34,907	37,563	40,934	44,134	47,055	49,804	52,298
住宅総数　(C)		千戸	35,451	38,607	42,007	45,879	50,246	53,866	57,586	60,628
1世帯当たりの住宅戸数		戸	1.08	1.10	1.11	1.11	1.13	1.14	1.15	1.16
人の居住する住宅戸数		千戸	32,189	34,705	37,413	40,773	43,992	46,836	49,598	52,102
(C) － (A)		〃	2,616	3,410	4,195	4,720	5,887	6,644	7,613	8,175
(C) － (B)		〃	3,017	3,700	4,444	4,945	6,112	6,811	7,782	8,330
空家等	空家（D)	千戸	2,679	3,302	3,940	4,476	5,764	6,595	7,568	8,196
	(D) / (C)（空家率)	%	7.6	8.6	9.4	9.8	11.5	12.2	13.1	13.5
	一時現在者のみの住宅	千戸	318	447	435	429	394	326	326	243
	建築中	〃	264	154	218	201	166	109	93	88

注：1968年は沖縄県を含まない

り、2013年には6063万戸と増加している。しかも表1･5に示すように、1世帯当たりの住宅戸数も、1978年の1.08戸から2013年には1.16戸となり、総世帯数を上回る住宅戸数の確保がなされている。

一方、住宅総数に占める空家の数（空家率）は、1968年には4.0%であったものが、1978年には7.6%（268万戸）に、1998年には11.5%（576万戸）と上昇、2013年には13.5%（820万戸）となり、戸数、率ともに増加し続けている。

しかも、空家の8割近くが最低居住水準以下の狭小住宅であり、また老朽化により設備の付帯状況も良くない住宅である。したがって、住み替えなどに有効な住宅は非常に少ないというのが実状である。

このようにわが国の住宅ストックは、世帯数を上回ってはいるが、質の面ではまだ不十分なものが多い。住宅政策では「21世紀の豊かな居住の実現に向け、国民一人ひとりが多様な選択肢の中から、それぞれの人生設計にかなった住まい方を選択し、実現できるように推進が必要である」ということから、今後は新築だけでなくストックの活用に重点をおくとし、そのためには中古住宅市場、賃貸住宅市場、リフォーム市場の活性化を図ることを、2001～2005年の住宅建設5箇年計画でとりあげている。

なお既存ストックの有効活用にあたって、中古住宅市場流通のための環境整備、リフォーム市場の活性化、公共賃貸住宅ストックの計画的改善、マンション管理の適正化と建替えの円滑化、住宅市場整備行動計画の策定などがあげられ、現在、種々の施策の展開がなされている。

2）規模の小さい日本の中古住宅流通

図1･5は中古住宅流通シェアの推移（1989年～2013年）を示したものである。いずれの年も新設住宅着工戸数の方が既存住宅取引戸数よりも圧倒的に多い。1990年の10.0万戸から2004年の18.6万戸まで徐々に増加しているが、その後15.1～17.1万戸の間を推移し、2013年は16.9万戸となっている。しかも既存住宅流通シェア率は2009年の17.6%を最高に減少し、2013年は14.7%にとどまっている。

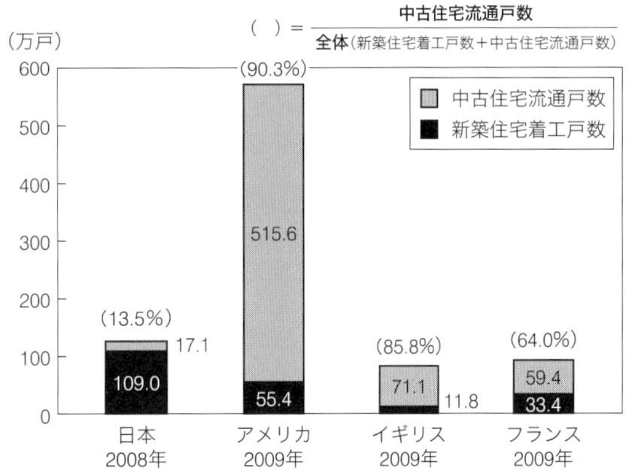

図1･6　中古住宅流通シェアの国際比較[5]

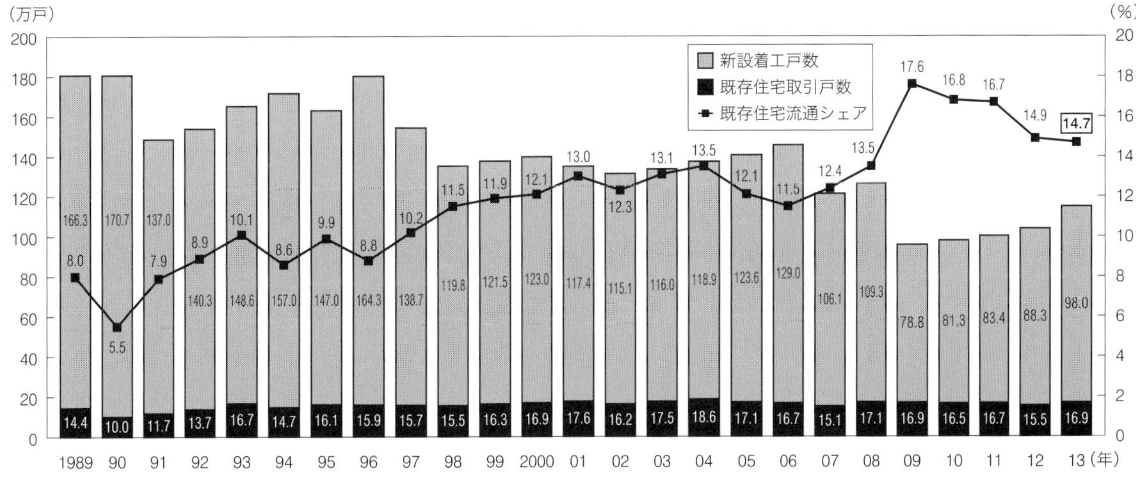

図1･5　中古住宅流通量シェアの推移[4]

これをアメリカ、イギリス、フランスと国際比較をしたのが図1･6である。2008年、2009年と多少年度は異なるが、3国ともに新築住宅着工戸数よりも中古住宅流通戸数の方が多い。前述したように日本の中古住宅流通戸数は新築住宅着工戸数より圧倒的に少ない。すなわち外国と比べると日本では中古住宅流通の規模は小さいといえる。

特に日本の場合、建物の老朽により、またライフサイクルの変化に伴い増改築が必要になった場合、住宅を壊して建て直すという考えが一般的であったこと、また日本における住宅（木造）の寿命が短いということも影響し、中古住宅が流通しにくかったといえる。

3）増加する住宅リフォーム市場規模

わが国では、これまで住宅取得は借家からマンション、そして戸建て住宅を最終的に取得することが理想とされてきた。しかも住宅よりも土地のほうが有利性の高い資産であったため、住宅取得よりも土地取得に対する関心が強かった。そのため住宅の質を高め重要な資産として、適切に管理しようという考え方も稀薄であったことから、中古住宅市場や賃貸住宅市場、リフォーム市場はあまり発達してこなかったといえる。

図1･7は住宅リフォームの市場規模を示したものであるが、1989年の3兆4000億円から徐々に増加し、1996年には5兆7400億円にまで上昇している。1997年と98年には連続して減少し、2008年まで横ばいの状況が続いているが、2010年から再び増加し、2015年には5兆9300億円となり、20年前とほぼ同規模となっている。

しかし人口減少社会の到来により、高齢者世帯は増加するもののそれ以外の世帯主の減少、人口移動の定住化傾向を迎えることなどから、新規住宅需要は次第に減少すると予測されている。しかし現存するストックは、1971年以前の高度成長期に住宅戸数の不足を補うことを重視して建てられたものが多く、必ずしも老朽化に伴い生活水準の向上に対応した住宅とはいえない状況にある。したがって、これらストックの適切な更新を図ることがまず大切であるが、これまでのように住宅を壊して建て直すのではなく、適切な維持修繕をすることが望ましい。特に、限りある資源の有効活用を基本とした循環型社会に対応するためにも必要であろう。

さらに居住水準の向上を図るためには、新たに住宅を建設するのではなく、既存住宅ストックを有効に使用することが重要であるという認識が高まり、

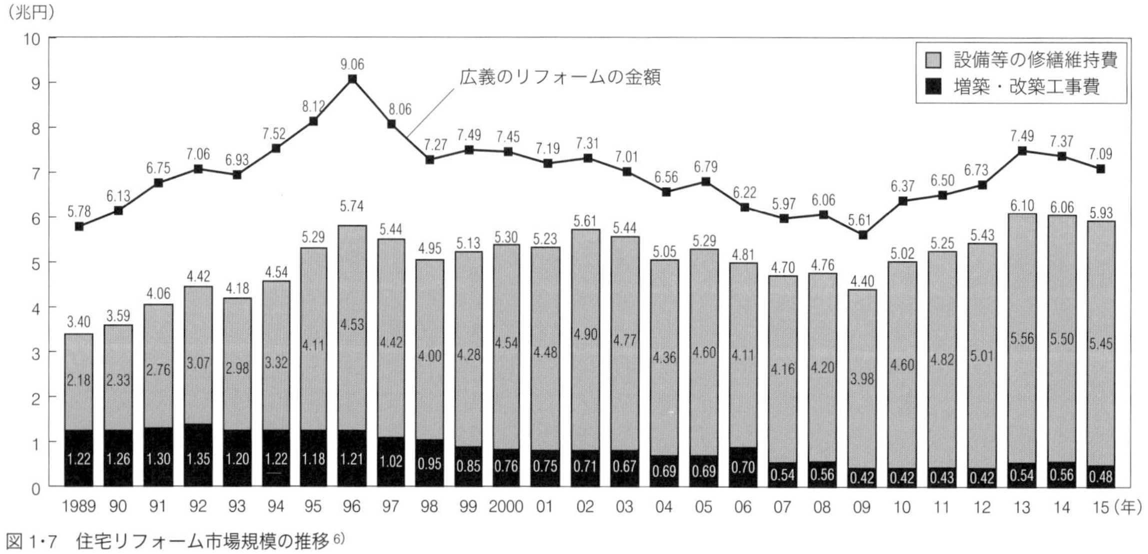

図1･7　住宅リフォーム市場規模の推移[6)]

1996年から良質の住宅ストックの整備が行なわれるようになった。

なお、「新建設市場の将来予測」（1998年6月）では、リフォーム市場の規模は着実に拡大すると予想されるとしていた。特に住宅のリフォームについては、「1995年現在が7.3兆円であるのに対し、2010年には9.3兆円と約1.3倍に拡大すると推測される」としているが、前述したように（図1･7）、2015年に至っても規模の拡大（1.1倍）は遅々とした状況にある。

また「改修市場の内容としては、間取りの変更などによるスペースの有効活用、外装、内装のリフレッシュなどの住宅イメージの向上、台所などの快適な水まわり環境・空気環境などの実現、バリアフリー対応、マルチメディア対応、セキュリティの充実、省エネルギー化対応など、個々の規模は必ずしも大きくないものの、様々な分野にわたることが予測される」としている。

5 リフォームの傾向

現在、ただ住むのではなく、もっと気持ちよくゆったり過ごしたい、毎日の暮らしを大切にしたいなどの要求から、住宅のリフォームが増加している。実際どのようなリフォームが行われているのであろうか。

1）住宅の汚れ、傷みを改善したい

住宅をリフォームした人を対象に実施した「住宅市場動向調査」2015年（547人）によると、リフォームの内容としては、住宅外の改善・変更（49.4%）、住宅内の設備の改善・変更（32.7%）、内装の模様替え（43.1%）などが多く、増築、改築ではなく模様替えが中心となっている。ちなみにリフォームの種類としては、模様替え（83.9%）、改築（13.2%）、増築（1.5%）である。

これらリフォームの動機としては、リフォームを実施した531人を対象とした調査（2014年）によると、「住宅が傷んだり汚れたりしていた」（48.4%）を約半数があげている。その他「家を長持ちさせるため」（28.9%）、「台所・浴室などの設備が不十分であった」（31.4%）ことも動機の強い要因となっている。

一方、これからリフォームしたいとする人の動機としては、住宅リフォーム推進協議会が2014年に実施した調査（「インターネットによる住宅リフォーム潜在需要者の意識と行動に関する調査」）によると、図1･8に示すように、「設備や機器が老朽・劣化したからまたはグレードアップしたいから」が一番多い。その他「高齢者が暮らしやすい住宅にするため」「今の家に長く住み続けたいので」「間取りや水回り等の使い勝手を改善したいから」などが多く、2001年の調査結果と同様、ハードな面が動機となっているといえる。

2）水まわりのリフォームを

まず、前述の国土交通省によるリフォーム経験者（2014年4月から2015年3月にリフォームした人）へ

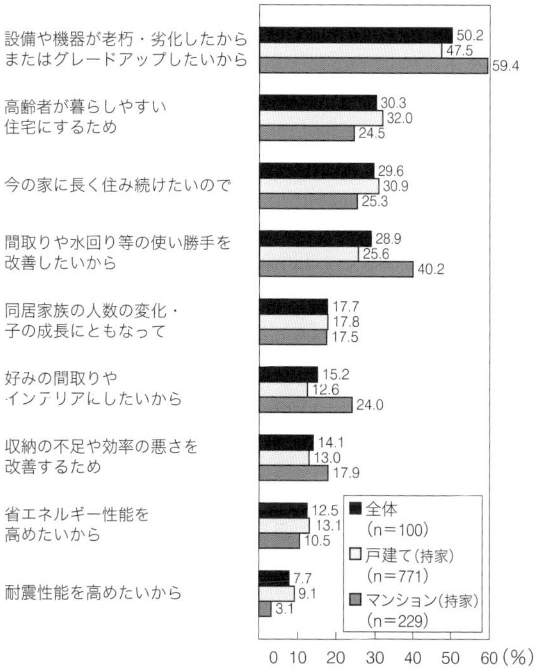

図1･8　リフォームの動機　複数回答[7)]

の調査では、図1･9に示すように、リフォームした、あるいはしたい部分として、首都圏（320人）と近畿圏（136人）では「キッチン」が、中京圏（91人）では「居間」が一番多い。次に多いのが首都圏、近畿圏では「トイレ」「浴室」であるのに対し、中京圏では「トイレ」「キッチン」となり、地域により多少その傾向は異なる。なお「トイレ」「キッチン」は3圏ともにリフォームのニーズの高い部位であるといえる。なお多少その順位は異なるが、部位のニーズの傾向は、ほぼ10年前と同じである。

3）リフォーム予算は500万円以内

リフォームの予算金額としては、前述の「インターネットによる住宅リフォーム潜在需要者の意識と行動に関する調査」（2014年）によると、10年以内にリフォームをしたいと考えている人（1000人）の平均予算金額は、戸建住宅（持家）は295万円、マンション（持家）は237万円となっている。戸建、マンションともに「100万円以上〜300万円未満」（41.1、47.6%）が最も多く、次いで多いのが「50万円以上〜100万円未満」「300万円以上〜500万円未満」で、ほぼ同率である。したがって300万円以内の予算を考えている人が70〜75%を占めている。

住宅のリフォームについてはかなり関心が高く、実際に多くのリフォームが実施されている。

なお、リフォームに対する不安としては、「見積もりの相場や適正価格がわからない」（42.9%）が一番多く、次に多いのが「施工が適正におこなわれるか」（39.1%）である。その他「業者選び、手続きが面倒そう」（26.6%）「いろんな業者の特徴を比較しにくい」（25.1%）「業者が誠意をもって行ってくれるか」（24.8%）など業者に対する不安をあげるものが多い。なお「費用がかかる」（24.2%）「業者選び、手続きがよくわからない」（19.8%）なども一不安要因となっている。リフォームしたくてもリフォームに対する知識や資金によりリフォームすることを躊躇している人が多いのが実状である。

なお、マンション居住者の方に「業者とのかかわり」（業者選び、手続きなど）、戸建住宅居住者の方に「費用」と「業者の誠意に不安を感じる」割合が多いという違いがみられる。

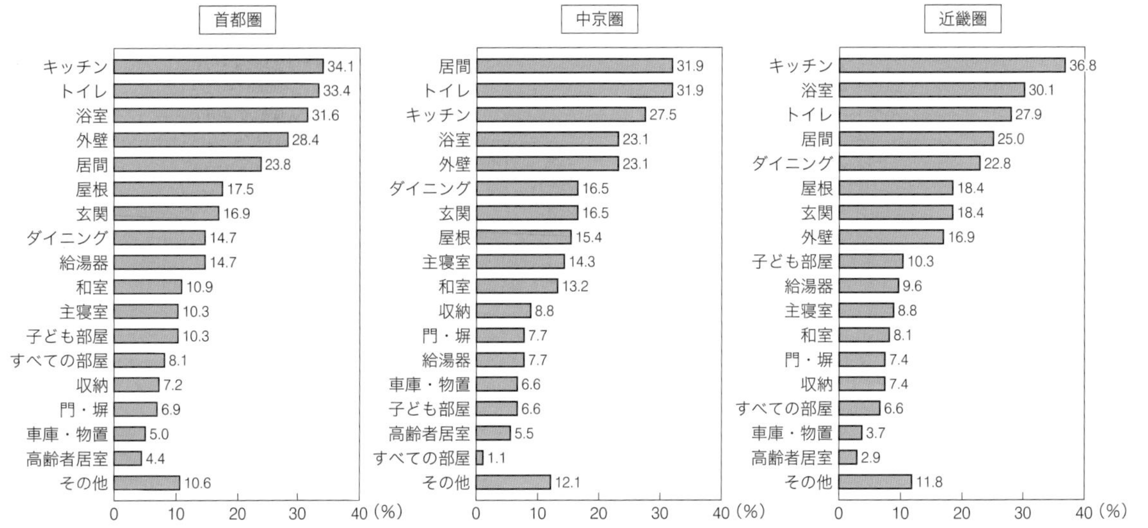

図1･9　リフォームの部位　複数回答[8)]

1・2 家族と暮らしの変容

1 家族を取り巻く状況

1）世帯規模は小規模化傾向

1・1の「❹ 住宅のストックは？」で述べたように、現在、総世帯数を上回る住宅が確保できるようになった。

国勢調査によると一般世帯の総数は、表1･6に示すように1960年の2254万世帯に対し2000年には4678万世帯、2010年には5184万世帯となっている。1世帯当たりの世帯人員は普通世帯の場合、1920年から1955年までは5人を維持していたが、1960年に4.5人、1980年には3.3人、1990年3.1人、2000年には2.7人となり、2010年には1995年の約半数にまで縮小している。

2）核家族化から単身世帯化・高齢者世帯の増加

民法改正による「家」制度の廃止、戦後の工業化、都市化などにより、わが国では1960年から核家族化が進行し、家族中心の新しい生活様式が形成され始めた。国勢調査による家族類型別一般世帯数の推移では、1960年に全体の53%を占めていた核家族の割合は1995年に58.5%にまで上昇したが、1980年以降は減少に転じ2010年には56.4%となっている。

それに対し、1960年には16.0%であった単独世帯(世帯人員が1人の世帯)が急激に増加し、2000年には27.6%、2010年には32.4%を占めるまでに至っており、家族の類型構造が時代とともに変化している。

なお3世代同居世帯は1999年の11.5%から2015年6.5%に減少、一方、高齢者世帯（65歳以上の親族がいる）は、図1･10に示すように、1970年には580万（16.1%）であったのが、1980年には全世帯の24.0%、2000年には34.4%となり、2010年に42.6%にまで上昇している。

特に高齢者世帯のうち、65歳以上の単独世帯（一人暮らし）が1980年（910万世帯）から2010年(5018万)、2012年（4868万）と増加し、一人暮らしの多い高齢社会となっている。

表1･6　世帯数、世帯人員および1世帯当たり世帯人員数の推移[9)]

年	世帯数		世帯人員		1世帯当たり人員	
	一般世帯(千世帯)	普通世帯(千世帯)	一般世帯(千人)	普通世帯(千人)	一般世帯(人)	普通世帯(人)
1960	22,539	19,871	93,419	90,285	4.14	4.54
1965	23,952	23,280	95,070	94,393	3.97	4.05
1970	30,297	27,071	103,351	99,983	3.41	3.69
1975	33,596	31,271	110,338	107,970	3.28	3.45
1980	35,824	34,106	115,451	113,733	3.22	3.33
1985	37,980	36,478	119,334	117,832	3.14	3.23
1990	40,670	39,189	121,545	120,064	2.99	3.06
1995	43,900	42,478	123,646	122,225	2.82	2.88
2000	46,782	45,512	124,725	123,454	2.67	2.71
2005	49,062	47,981	124,993	123,891	2.55	2.58
2010	51,842	50,840	125,545	124,543	2.42	2.45

3）伝統的同居から現代的な同居へ

65歳以上の高齢者人口の増加により、2016年時点でわが国の総人口に占める高齢者の割合（高齢化率）は26.7％となっている。しかも2050年には、国民の約3人に1人が高齢者となる社会がくると予測されている。これら高齢者との生活は、戦前までは同居するという考え方が一般的であったが、同居を当然とする伝統的同居から、経済的利便性や実益を重んじての同居に変化している。

住宅生産振興財団が実施した「20・30代の住宅意識調査」においても、両親との同居について「現在・将来とも同居予定はない」が1/3を占めており、同居意識は非常に弱い。

その結果、これまでの子どもを中心とした親族との同居にとらわれない、個人間の相互扶助を目的とした現代的同居が行われるようになりつつある。そのような生活にあった居住形式（シェアード・ハウジング、コレクティブ・ハウジングなど）も実践されている。

4）家族や家庭、結婚に対する意識の変化

これまで「男は仕事、女は家庭」という考えのもとに、女性が家庭を守る生活が行われてきたが、図1・11に示すように生活に対する価値観やライフスタイルも変化した。

まず家庭について「夫は外で働き、妻は家庭を守るべきである」という意見に対する賛成は、1992年には23.0％であったのに対し、1997年には20.6％、2002年には14.8％となり、2009年には10.6％にまで減少している。どちらかといえば賛成とするものを含めても4割にすぎず、家庭に対する意識は明らかに変化している。

一方、結婚については「結婚は個人の自由であるから、結婚してもしなくてもどちらでもよい」という意見に対し、1992年には賛成が30.9％であったのが、2002年には51.1％と増加している。さらに、2004年、2007年は若干減少しているが、2009年は再び増加傾向にある。

その他、「結婚しても必ずしも子どもを持つ必要

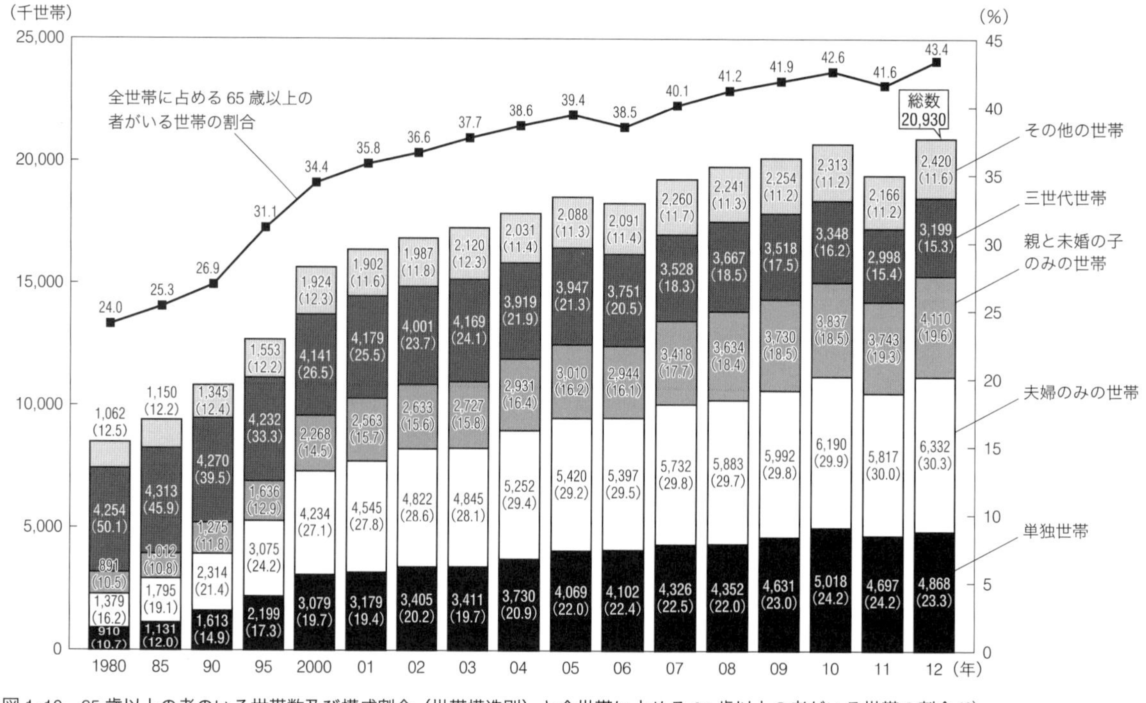

図1・10　65歳以上の者のいる世帯数及び構成割合（世帯構造別）と全世帯に占める65歳以上の者がいる世帯の割合[10)]

はない」「結婚しても相手に満足できない時は離婚すればよい」という意見に対しては、2007 年のみ賛成とする比率は減少しているが、2009 年にはいずれも賛成とするものが、再び 20%台に上昇している。

5）女性の社会進出

女性の高学歴化による自立意識の高まりにより働く女性が増加しているのが、今日の特徴の一つとしてあげられる。

わが国の 15 歳以上の就業者数は、1970 年の 5259 万人から年ごとに増加し、1990 年 6168 万人、2000 年には 6297 万人となっている。2010 年は 5961 万人と若干減少しているが、1970 年から 13.3%増加している。

これを男女別にみると、男性は 1970 年 3198 万人が、1995 年には 3852 万人となり、20.0%増加しているが、2010 年には 3409 万人とやや減少している。それに対し、女性は 1970 年 2061 万人であったのが、2010 年には 2552 万人となり 23.8%も増加している。

労働力率は 49.6%（2010 年）と約半数を占め、女性の就業が当たり前の時代になっている。

しかも結婚後も就業を続け、夫婦が共に働いている世帯も多い。

6）共働き女性の家事負担は重い

夫婦がともに働く世帯が増加している中で、働くことによる家庭生活への影響として長所、短所を尋ねた国民生活選好調査（内閣府、1997 年）によると、長所としては過半数の男女がともに「家計にゆとり」をあげ、短所として一番多いのが「仕事と家事が負担」（男性 26.9%、女性 34.3%）であり、3 割前後があげている。次に多いのが、男性は「時間的余裕がない」（24.4%）を、女性は「家事が手抜きになる」（24.3%）をあげている。特に子育て期である 20 代後半から 30 代の人が「仕事と家事の負担」をあげるのが多いことから、子どもを抱えて働いている女性の家事負担が重いことが伺われる。

実際、共働き世帯の家事の分担については、図 1・12 に示すように、夫の場合「家事は家族まかせ」が 7 割と圧倒的に多いのに対し、妻は「家事を半分以上している」が 8 割強を占めており、女性に家事の負担が集中しているのが実状である。

7）多様化する家族

これまで家族とは、父母と子どもからなるという

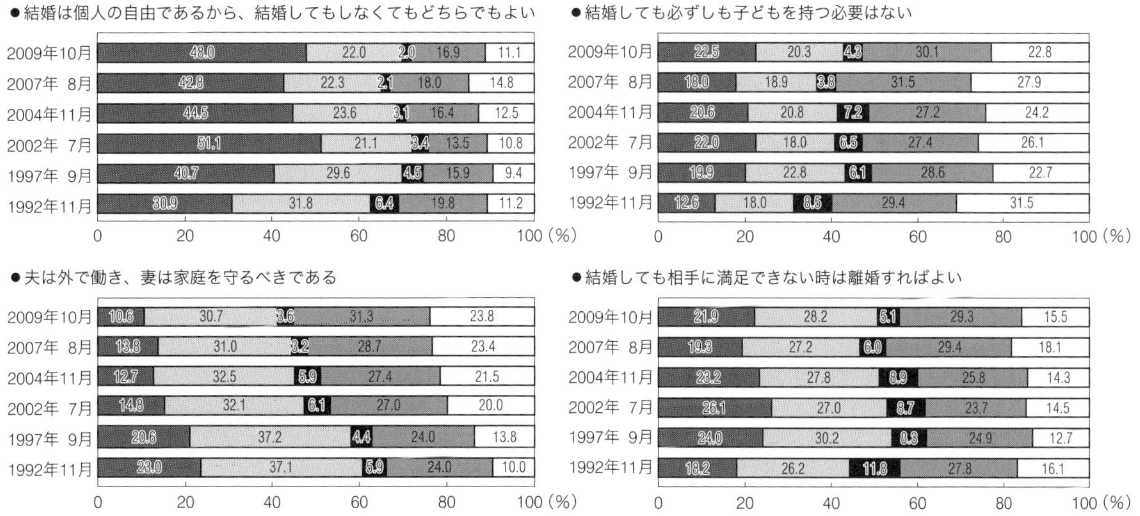

注）サンプル数：1992年 3524人｜1997年 3574人｜2002年 3561人
2004年 3502人｜2007年 3118人｜2009年 3240人

図 1・11　家族に対する意識の変化[11)]

構成が当たり前のように考えられてきた。しかし、共働きで子どものいない夫婦（Double Income No Kids）や共働きで子育ても夫婦二人で（Double Employed With Kids）、さらには母子家族・父子家族など、家族の選択について多様な価値が認められてきている。

さらに結婚・離婚・再婚、法律にとらわれない、すなわち届出をしない事実婚、仕事や価値観などで住まいを別にする別居結婚、仕事や子どもの教育、高齢者との同居を理由に1家族が2世帯以上に分かれて生活する形態、多世代同居などにみられるように、家族のあり方も大きく変化してきている。

現在、午後10時から早朝5時までの深夜時間帯に働くため、夫や子どもが寝ている時間帯に妻が働きに出ることから、家族が一緒にいる時間帯がほとんどない時差家族や、家庭における生活の個人化（異なる生活時間）によるすれ違い家族など、新しい家族構成が増加している。

2 暮らし（住生活）を取り巻く状況

1）生活程度に対する意識に変化

内閣府の「国民生活世論調査」による生活程度に対する結果として、今日その階層意識が変化しているといわれている（2005年時点）。

生活程度に対する意識については、三浦展『下流社会』によると、『1958年は「中の下」と「下」を合計すると49%もいた。そして73年には「中の中」だけで61.3%になった。1958年からたった15年間で中流社会に変わった。自分は「下」の方だと思う国民が半数いた社会から、自分は真ん中の真ん中だと思う国民が6割の社会に変わったのだ』『87年から96年までは、「中の中」、「中の上」が増え、「中の下」が減っている。つまりこの10年間は、国民が全体としては上昇意識を持っていた時代であるといえる。しかし1996年からは違う。「中の中」が減り、「中の下」や「下」が増え、同時に「中の上」が10%前後を維持し続けているのだ。――これは階層格差の拡大を意識面から裏付けるデーターである』『2005年以降の我が国の社会は、おそらくあまり成長しない。――みんなが中流であることを目指すことに価値はなく、むしろ自分にとって最適な生活、最適な消費、暮らしを求めるようになっていくようにも見える』と述べられているように、約90%を占めていた中流階層の意識が変化している。

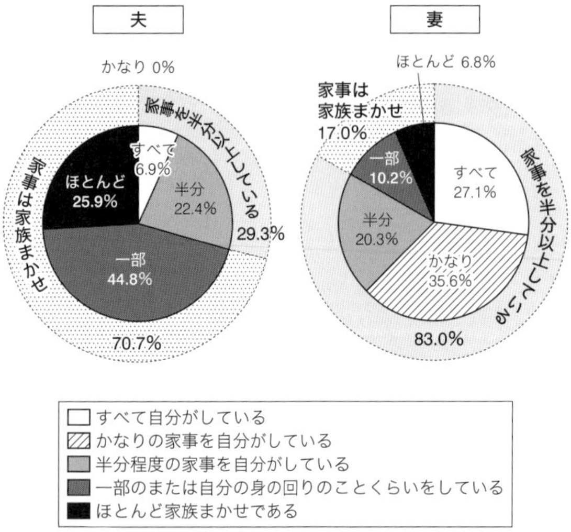

注：回答者は全国20～34歳の共働き夫婦（ともに正社員）176人

図1・12　共働き女性の家事負担[12)]

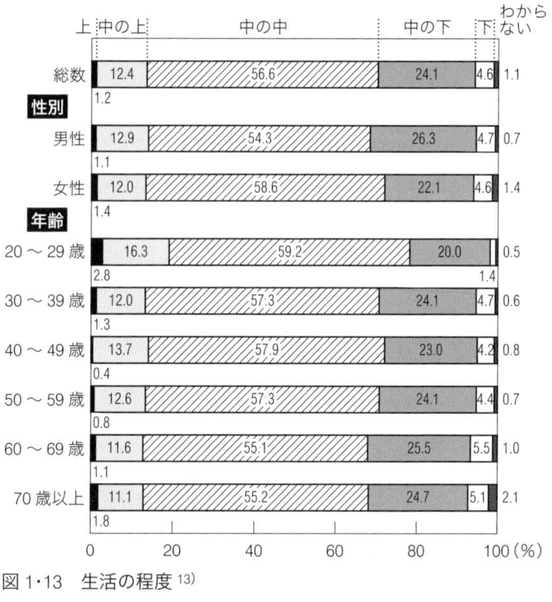

図1・13　生活の程度[13)]

なお、2014 年度の国民生活世論調査では、図 1・13 に示すように 2004 年に比べ「中の中」「中の上」が増加し、「中の下」が減少しているが中（中の上、中、下を含む）にあてはまるとする人が 93.1％となり、現在も中流階層意識は強い。

ちなみに女性に「中の中」が多く、「中の下」は男性に多い。また中流と意識しているものは 20 ～ 29 歳の若い人に多く、60 歳以上のものは他年代に比べ少ない。

ただし、この意識の決定要因は世帯や自身の所得の高低であるともいわれていることから、生活に対する意識が変化していることが伺える。

2）生活機能の外部化

家族・家庭・結婚に関する意識の変化において述べたように、「男は仕事、女は家庭」という生活に対する価値観は変化した。

外食産業の発達やインスタント食品やレトルト食品などの開発、コンビニエンスストア、クリーニング会社などの発展により、これまで各家庭で行われていた調理、洗濯など多くの家事作業が社会化・簡便化されるようになった。冠婚葬祭においても住居外の施設やサービス産業の利用により、家庭が持っていた機能の多くが外部化されるようになった。このことは女性の就労を高めると同時に、個性的な住生活を生み出すこととなったといえよう。

さらに、高度情報化社会の進展により住宅内に SOHO（small office home office）と呼ばれる在宅勤務という新しい勤務形態も実施され、家庭生活も大きく変化している。

3）合理的・近代的な生活様式

わが国では、木造で和室から構成された住宅が主流を占めていたが、現在は鉄筋コンクリート造などの非木造で、洋室からなる住宅が増加している。

まず、戦後の日本における住空間構成（生活要求でもある）の変化は、1955 年の公団住宅によるダイニングキッチンを取り入れた、いわゆる DK 型に始まる。このダイニングキッチン形式は、小住宅における生活の合理性（食寝分離）を追求した結果、生まれたものといわれている。その後、独立住宅を中心に各家族員のプライバシーを尊重したいという要求から、家族の生活の場（公室）と個人の生活の場（私室）を分けた、LDK 型の平面構成からなる住宅が作られるようになった。それ以後、この公私室分離の原則をとった LDK 型住宅が広く建てられるようになったが、公室（居間、台所、食事室）の組み合わせにより、この 3 室が一体化した LDK 型、居間を独立、食事室と台所を一緒にした L・DK 型、台所を独立、居間と食事室を一体化した LD・K 型、それぞれを独立させた L・D・K 型など、多種多様な住宅が作られ、今日に至っている。

中でも住宅設備・台所設備などの発展、家族との交流や家族の家事作業参加などへの要求により、台所の形式（システムキッチンの導入）も大きく変化している。

そのほか、センサー一つで住宅内のあらゆる部分をコントロールできる“インテリジェント住宅”、また余暇の増大により住生活を楽しむためのセカンドハウスや趣味のための部屋、リビングルームを重視した住宅なども出現し、住宅・住生活はいま、まさに多様化の時代といえる。

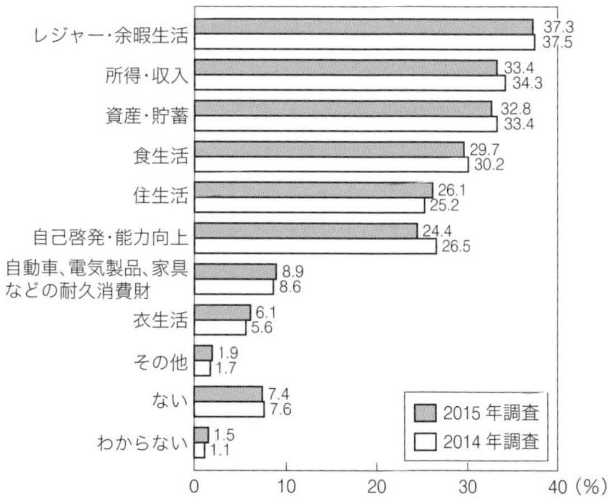

図 1・14　今後の生活の力点　複数回答 14)

4）生活に対する力点も変化

「国民生活に関する世論調査」(2015年）による今後の生活に対する力点についての結果を示したのが図1·14である。「レジャー・余暇生活」(37.3%）が一番多く、次に多いのが「所得・収入」(33.4%)「資産・貯蓄」(32.8%）である。続いて「食生活」「住生活」を25～30%があげているが、「衣生活」は6%にすぎない。

ちなみに2001年に実施した同様の調査結果と比べると、「レジャー・余暇生活」に次いで「所得・収入」が力点となっているのは同じであるが、2001年には次に多いのが「自己啓発・能力向上」であったのに対し、2015年には「資産・収入」となり、金銭面を重視する傾向がみられる。

5）商品化時代における住宅のあり方

戦後の消費生活の最大の特徴は、耐久消費財の普及といわれている。住宅においても廉価で高品質で、しかも大量生産できるプレハブ住宅の出現により、住宅の商品化がなされるようになった。

この「住宅も商品である」という考え方への変化により、前述したように住宅は約30年周期で建て替えられ、多くの廃棄物を出し、かつ限りある資源を乱用してきた。しかし、資源や産業廃棄物など多くの地球環境問題に直面した今日、これまでのすぐ建て替える方法ではなく、住み手の家族生活の変化に合わせて住まいをリフォームするか、あるいはライフスタイルに合わせて住み替えるかの選択が望まれる。

したがって、リフォームしながらも長く住み続けられる高質、高性能な住宅の建設、また住み替えがしやすいような中古住宅市場の活性化が必要である。

【参考・引用文献】

・建設省編『建設白書　2000年版』ぎょうせい、2000年
・国土交通省編『国土交通白書　平成15年版』ぎょうせい、2003年
・国土交通省編『国土交通白書　平成16年版』ぎょうせい、2004年
・国土交通省編『国土交通白書　平成16年度　年次報告』ぎょうせい、2005年
・内閣府『国民生活白書 平成15年版』ぎょうせい、2003年
・総務省統計局監修『統計でみる日本2005』㈶日本統計協会、2005年
・国土交通省住宅政策課監修『住宅経済データ集　2005年版』住宅新聞社、2005年
・生活情報センター『住まいと暮らしのデータブック　2004年版』2004年
・都市住宅学会編『データで読みとく都市居住の未来』学芸出版社、2005年
・三浦展『下流社会―新たな階層集団の出現』光文社新書、2005年
・総務省統計局「国勢調査」平成22年度
・不動産流通センター「不動産業統計集」2015、2016年
・不動産経済研究所「全国マンション動向調査」2015年

【図表出典】

1）国土交通省「住宅着工統計」
2）総務省「住宅・土地統計調査」2013年
3）日本建築センター『Housing in Japan』
4）国土交通省　中古住宅流通促進・活用に関する研究会 2013年
5）国土交通省「住宅経済関連データ」2015年度
6）（公財）住宅リフォーム・紛争処理支援センター「住宅リフォームの市場規模」2015年
7）住宅リフォーム推進協議会「インターネットによる住宅リフォーム潜在需要者の意識と行動に関する調査報告」2014年
8）国土交通省「住宅市場動向調査」2015年
9）総務省統計局統計調査部国勢統計課「国勢調査報告」および国立社会保障・人口問題研究所「人口統計資料集」
10）内閣府「高齢社会白書」2014年
11）内閣府「男女共同参画社会に関する世論調査」2009年
12）内閣府「若年層の意識実態調査」2003年
13）内閣府「国民生活に関する世論調査」2014年
14）内閣府「国民生活に関する世論調査」2015年

第２章

住宅のリフォーム

2・1
リフォーム計画

1　リフォームの動き

1 リフォームの定義

アメリカではもっぱらリモデル（remodel）という言葉が使われているが、日本ではリフォーム（reform）という言葉がすっかり定着している。一般に新築という言葉に対し、既存の住宅に何らかの手を加えることを「リフォーム」と呼んでいる。リフォームはもともと、改革、改善、改良という意味があり、単に壊れた部分を新しくするのは修理または営繕という。ここでは「生活スタイルを改善するため、または予測される将来の生活の姿を考慮に入れた住まいの改革、改善、改良」を「リフォーム」と定義する（図2･1）。

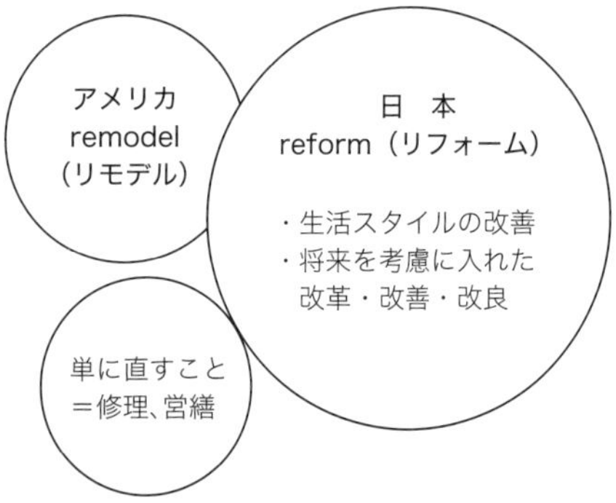

図2･1　リフォームと修理・営繕の違い

2 住宅リフォームの今後の展開

1）法改正の内容から見る今後のリフォーム動向

現在の国土交通省の掲げる建築方針は、どのような方向をむいているのだろうか。一つの指針として建築基準法の改正がある。建築基準法は、その時代時代に合った内容とするため改正を繰り返すところに一つの特徴があり、その改正の内容から国が目指す方向を読み取ることができる。

2）法改正の背景　フローの時代からストックの時代へ

2005年6月に行われた建築基準法の法改正では「フローの時代」から「ストックの時代」へ移行したことを踏まえ、ストック時代に合致した内容が盛り込まれている。フローの時代とは、スクラップ＆ビルドの考え方が主流で、「とにかく建てる、新築重視」の時代である。それに対し、ストック時代のいまは「いかに既存建物を有効活用するか」がポイントとなっている。

3）ストック時代になったといえる背景

以下に述べることから、ストック時代であることを伺うことができる。

・近年総世帯数を住戸数が上回り、量的な住宅不足が解消された。
・中心市街地では、既存建築物の床面積が余剰気味である都市が多数存在する。
・不動産ストックの資産価値向上に、関心が集まっている。
・住宅のリフォームや既存ビルのコンバージョンが、新たな投資分野として注目を集めている。

4）災害・事故などの切迫性の高まり

2003年の宮城県沖地震では、古い木造建築を中心に、1000棟以上の建築物が崩壊した。また、1995年の阪神・淡路大震災では、大きな被害を受けた建築物の94％が現在の耐震基準を満たさない建築物であったこと、地震直後に亡くなった約5300人のうちの約9割が、木造住宅を中心とした家屋の倒壊によって圧死したことなどを踏まえ、とくに1981年以前に建てられた建築物への被害が顕著であることから、早急な耐震補強が必要とされている。

5）建物ストック対策の必要性

「既存建築物の安全性の確保」は阪神・淡路大震災によって改めて認識されたが、耐震基準を満たしていない既存不適格建築物住宅は1400万戸あると推計され、現行最低基準を満たさない建物ストックが膨大な数で存在しているとして、早急な安全確保を図ることが必要であるとされた（図2・2）。

以上のような背景を踏まえ、住宅の改修、改築がしやすい環境づくりと、既存建築物の維持・管理について強化された改正内容となっている。

6）法改正の具体的な内容

既存木造住宅向けの改修基準の整備

これまで木造建築物（基礎に鉄筋がなく建築基準法に不適合）については、小規模であっても増改築の際には一体の鉄筋コンクリート造の布基礎にしなければならなかった。このことは、建替え同然の措置が必要となり、改修を断念して危険な状態のまま放置されるケースが多く見られた。法改正後は、既存の基礎の周囲を鉄筋コンクリートで補強するなどの一定の補強を行ったものに限って、小規模な増築などを可能にしている（図2・3）。

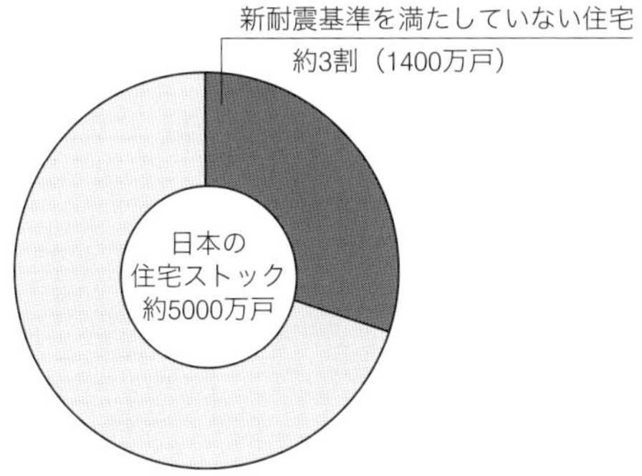

図2・2　日本の住宅ストックのうち新耐震基準を満たしていない住宅の割合

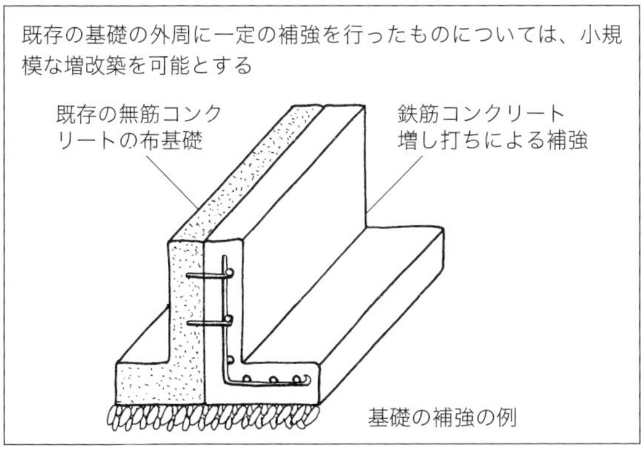

図2・3　法改正後[1)]

3 住宅リフォームの市場の問題点

1）未熟な法的整備

最近テレビで大々的に取り上げられて注目されるリフォームであるが、注目をあびるにつれ、悪徳リフォーム業者なども出現し、高齢者に無理やり契約を結ばせたり、不要な工事で法外な工事費をとるなどの問題が表面化してきた。これら悪徳業者が出現する背景としては、リフォームにあたっては請負金額が1500万円を超えなければ建設業許可が必要でないこと、住宅リフォームが成長市場であることや、新規参入業者の乱立などがあげられる。

2）日本の資産評価法

日本の住宅は、いわゆる耐用年数が短いために住まい手のリフォーム意識が低いといわれる。欧米の住宅は、住まい手によるリフォームが盛んに行われているが、それはリフォームして住宅の維持を行うと住宅の資産価値が上がり、転売の時に成果が出るからである。

日本の住宅の平均耐用年数は約30年といわれ、アメリカ（103年）やイギリス（141年）に比べる

表2・1　耐用年数比較[2)]

フランス（'90）	86年
ドイツ（'87）	79年
日本（'93）	30年
アメリカ（'91）	103年
イギリス（'91）	141年

耐用年数比較は住宅総数を年間新設戸数で割ってその国の住宅平均建替え年数を割り出したもの

と、アメリカの1/3以下、イギリスの1/5程度となり、極めて短い（表2･1）。

この30年という数字は、「日本の固定資産税評価による償却期間」とほぼ一致する。税法での固定資産税評価による償却期間は、木造住宅が25年から35年、鉄骨造住宅で30年〜40年、鉄筋コンクリート住宅で60年と設定されている。すなわち税法上では、すべての住宅の資産価値が決められており、どんなに手入れした中古住宅を市場に出しても、住宅の評価はこの法定耐用年数によって取引される。いわゆる、「何造築何年」という評価の仕方である。現在のこのような税法と、それをもとにした資産評価のやり方のため、「手を加えて長く住む」「手を加えて市場に放つ」といった動機付けが弱くなってしまったものと推測できる。

4 住宅リフォーム市場の活性化のために

今後は、「住宅の平均耐用年数30年、それ以上は資産価値なし」という、いままでの日本の住宅政策をどう変えていくかが大きな課題と考えられる。法定耐用年数を基準として、一律的な住宅評価を行ってきた公的機関先導の評価基準とは違う評価基準を根付かせるべきである。

リフォームされた優良な中古住宅をいかに評価するかについては、まず中古住宅の不透明さをクリアなものにすることで、適正な評価を行えるようにすることが大切である。中古住宅の不透明さは、「新築時はどんな建物だったのか」「建てられてからどのような維持管理がなされてきたのか」「修理･修繕はどの程度の頻度で行われてきたのか」など、住宅に対する管理の仕方をはっきりさせて、物件ごとに見比べる条件が整うことでクリアにできる。

2000年に「住宅の品質確保の促進等に関する法律」が施行され、新築住宅の性能の公平な評価が行えるようになり、また2002年には既存住宅のための評価も行えるようになった。住宅の細かな記録とこれらの評価を利用することなどで、中古物件が淘汰され、良好な中古市場やリフォーム市場が成熟してゆくことが期待される。住宅の細やかな記録の例として「家歴書」がある。図2･4に家歴書の参考例、およびリフォームの記録の参考例を示す。

5 リフォーム市場の将来予測

公益財団法人住宅リフォーム・紛争処理センターが推計した住宅リフォーム市場規模によると、1996年に約9兆円でピークを迎えた住宅リフォーム市場規模は、その後2009年に5.6兆円まで下降したが、再び上昇し2015年には7兆円規模となっている。民間の予測によると、住宅リフォーム市場の定義は異なるものの、2030年には7.3兆円規模（2015年比約12%増）になると予測している。

2010年をピークにわが国の少子・高齢化が進み、総人口が減少、世帯数も2015年をピークに減少に転じると予測されているが、住宅ストック数では2008年時点で住宅数が世帯数の1.15倍、2030年には1.2倍になる見込みであり、多くの住宅が「リフォーム適齢期」を迎えるため、住宅リフォーム市場の主要分野である設備の修繕や維持に関する分野が成長すると予測される。政府の政策的な後押しによるリフォーム件数の増加などを加味し、緩やかであるが市場全体が成長すると見込まれている。

2 リフォームの種類

リフォームの種類について旧建設省が示した分類を参考に述べる。ここでは単なる修理や営繕も、広くリフォームとして捉えている。

1 規模で分類する

リフォームをその工事規模で分類すると、大規模リフォーム、中規模リフォーム、小規模リフォームがある。

家歴書（参考例）			
所有者名			
住宅の概要			
所在地		着工日	年　月　日
規模・構造	木造　地上　階	確認済証	年　月　日
敷地面積	m^2	中間検査	年　月　日
建築面積	m^2		年　月　日
延床面積	m^2		年　月　日
建ぺい率	%	完了検査	年　月　日
容積率	%	竣工日	年　月　日
新築工事関係者			
設計者	連絡先		
監理者	連絡先		
施工者	連絡先		
リフォームの履歴			
年　月　日	リフォームの概要（別紙）		

リフォームの記録（参考例）	
リフォームの理由	
リフォームの概要	
場所・部位	
工事の内容	
設計者	
施工者	
メ　モ	
添付書類リスト	リフォームの内容が分かる書類、図面、写真などを添付する ・契約書 ・工事費内訳書 ・リフォーム報告書 ・改修図、竣工図（その他図面） ・工事写真

図2･4　家歴書、リフォームの記録（参考例）[3)]

小規模リフォームとは、例えば網戸の張替え工事など、代金数千円程度のものも含む。一般的に新築するだけの工事金額がかかると、リフォームではなく新築を選ぶ人が増えるため、大規模リフォームの上限は、平均的な戸建てを新築する際の費用の70～80％程度と考えてよい。なお古民家再生など、その他の事情により、新築より費用がかかるとしてもリフォームを選ぶ場合もある。

2010年度の住宅リフォーム市場規模約6兆円のうち、一定以上の規模の増改築など大規模リフォームは約16％が該当し、残りはキッチン、トイレ、浴室の更新などの中規模リフォームと家具・インテリアの購入など小規模リフォームが占めている。

工事件数からいうと、中・小規模のリフォームがほとんどを占め、最も多く行われていることを示している。

2 工事の内容で分類する

工事の内容で分類する場合、リフォームの種類は「維持」「補修」「改修」の3つに分類することができる。

旧建設省のリポート「新建設市場の将来予測」(1998年度) では、リフォーム・リニューアル市場のことを「新建設市場」と捉え、将来的な市場としてどの程度発展するか予測している。リフォームは住宅を、リニューアルは非住宅を対象としている。この報告書では、リフォーム・リニューアル市場 (＝新建設市場) を「建築物の機能の低下速度を抑制したり、機能を向上させることにより、建築物の物理的・社会的寿命を延ばす活動、およびその周辺活動により形成される市場」と定義している。

なお、「維持」「補修」「改修」を以下のように定めている。

・維持…機能のレベルの低下速度を弱める行為。
・補修…陳腐化した機能を竣工時点のレベルまで回復させる行為。
・改修…竣工時点を上回るレベルにまで機能を高める、あるいは新たに付加する行為。

「維持」とは、日ごろの清掃・点検・メンテナンスを指す。建物の内部外部の清掃、建物本体の点検、空調・設備・電気・給排水関係の点検、簡単な修理・修繕などが含まれ、家の状態の維持に努める行為をいう。

「補修」とは、壊れたり古くなった部分や機器を修繕することを指す。外壁の再塗装、屋根の防水修繕、コンクリート部分の劣化修繕、間仕切りの変更、室内の仕上げ材の交換・張替え、空調機器、給排水衛生設備、電気設備、防災設備の修繕などを行い、竣工した時点の性能まで引き上げることをいう。

「改修」とは、劣化した住まいの性能、機能などを建設当時より良く改善すること、増築など建物の一部を変更することを指す。内容としては、バリアフリー化などの高齢化対応、ITなど情報化対応、防犯システム導入などの防災・安全化、浴室やキッチン設備などを刷新する快適性の向上、断熱材やサッシの性能を高める省エネ・省力化、家族構成の変化に対応した間取り変更・レイアウト変更などのスペースの有効活用、イメージ向上のための内外装のデザイン更新などがあげられる。増築とは現在の住まいの床面積を増やすことで、基礎から作るため手間と

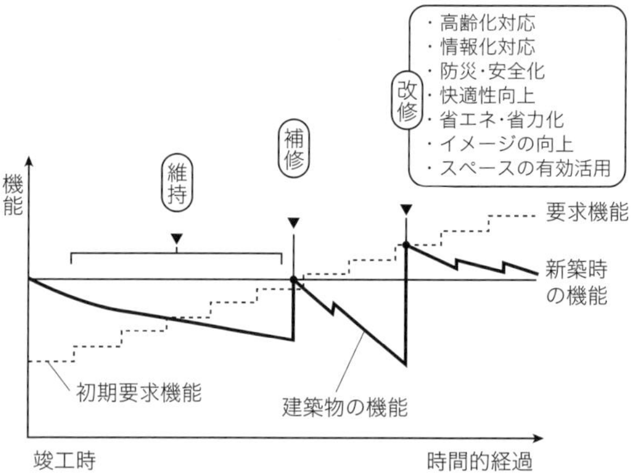

図2・5　維持・補修・改修のイメージ図[4)]

予算が必要になる。

工事内容と工事金額を組み合わせて、大雑把ではあるが、「維持」＝小規模リフォーム、「補修」＝中規模リフォーム、「改修」＝大規模リフォームと捉えてよい。

住宅は竣工してすぐ劣化が始まる。縦軸を機能、横軸を時間としてみると、家の機能は時間経過とともに落ちていく。そこで適宜、維持、補修、改修といったリフォームによって手を加えて、劣化を防ぐことになる。維持、補修は新築時の機能まで戻し、改修は建設当時以上の機能や性能を持たせる。時間とともに劣化は進むので、これを繰り返して家の機能や性能を保っていく。維持・補修・改修のイメージを図2･5に示す。

3 これから伸びる住宅リフォームの種類

これからのリフォーム市場の中で、どのような内容のリフォームが増えるかについては、「補修」「改修」の伸びが大きく、「維持」は横ばいであろうと予測できる。住宅ストックの多くが老朽化を迎えるため、補修や改修を行って元の状態に近づけるリフォーム、具体的には住宅リフォームで主要分野となっているキッチン、トイレ、浴室など住宅設備の修繕や刷新、外壁、内装材のリフォームなどが見込まれている。

また、2011年の東日本大震災後に省エネ性や耐震性に対する意識の高まりがみられ、窓の断熱化や太陽光発電システムの設置、エネファームやエコジョーズなど高効率給湯器の設置などによる省エネ化、耐震化改修等の需要も今後高まると予想される。

3 リフォームプランニング

1 リフォームとライフサイクルの関係

住まいは人間の暮らしの器であり、人の生活は中味である。人の生活は時間の経過とともに年をとり、年をとるにつれていろいろな変化が起こるものである。結婚、子育て、子どもの成長、親との同居、子どもの巣立ちと、家族状況は変化するが、このような時にリフォームが必要になってくる。家族の生活が年数の経過とともに変わっていく様子を「ライフサイクル」というが、ライフサイクルとリフォームは深い関係がある。

2 リフォームの醍醐味

リフォームのプランニングを行う上で決め手といわれるものは、いろいろな工夫やアイデアである。限られた予算と技術の可能性の中で、知恵と工夫の結果が住まい手の希望や生活に一致した時、そこには期待以上のすばらしい空間ができる。これこそがリフォームの醍醐味といえる。

3 既存部との取り合い

全面リフォームでない限り、既存部分とリフォーム部分との境には必ず「取り合い」が発生する。この部分の仕上がりが違和感なくできるかどうかで、リフォームの手腕も問われる。腕の見せ所であると同時に、ユーザーの満足度もここで違ってくる。「見切り」となる枠や建具の扱い方がポイントとなるが、見切りをやたら入れればいいのではなく、壁、天井は「面」で捉えて処理したい。新しくリフォー

写真2･1　軽量鉄骨造の住宅リフォームの例

ムした場所に既存部分が突出してくる時は、逆にインテリアデザインとして取り入れると、意外な効果が得られる。

写真2･1は、軽量鉄骨造の住宅リフォーム例である。ここでは、2室の間にある間仕切りを取り払って1室としている。取り払った間仕切りの中にあった鉄筋のブレースを残し、ブレースの形そのままに、まわりを覆って仕上げた。ブレースの形がインテリアデザインとなり、空間にアクセントを付けている。

4 快適性

通風、日照、温湿度の管理、遮音性、臭いなどは、目に見えない五感に感じる部分である。そして、快適さに大きく影響を与える部分である。リフォームの成功・失敗も、この「五感で感じて目に見えない部分」をどうクリアしたかによるといってよい。家の中の空気や熱の流れを考えると、細かく仕切って遮ることは逆効果で、視線を遮りたければカーテンや置き家具、半透明のスクリーンなどを利用し、柔軟な対応によって風や視線や光、熱を自然に流せるようにすると快適性はプラスになる。

5 設備機器による調節

快適性をアップさせるためには、適切な設備機器の設置も有効である。そのためには現状の調査をし、足りない性能をカバーする計画をたてる。その際、以下の事項を注意したい。

・性能のよい機械設備を入れても、断熱性能と整合していないと成果が出ない。
・インテリアとの適合性、つまり納まりもよく考えて見た目の快適性も保つこと。
・機械設備類の設置位置には、個々に注意を要すること。

6 視覚的な効果を入れる

視覚的な快適性を得るためには、平面と断面を同時に計画する。吹抜けや段差など、縦方向のダイナミックな空間構成の演出を効果的にできる。写真2･2に吹き抜けの例を示す。これは新築住宅の写真であるが、リフォームでもこのような吹き抜けは可能である。断面も一緒に考えていないと、このような魅力的な吹き抜けはできない。

7 使いやすさ

日常的によく使うものの配置や、電化製品の配線を考慮して計画をたてると、使いやすい家になる。電化製品は従来からあるものの他に、オーディオ、パソコン、ファクシミリなどの機械が、多くの家庭で利用されるようになった。収納にあたっては、出し入れの簡単な収納が使いやすい。

また、面積が限られている場所の建具は、開き戸よりも引き戸のほうがスペースを有効に活用でき、使い勝手の良い部屋になる。引き戸を付ける場合は、壁がなくなって、コンセントやスイッチ、手摺などが付けられなくなることがあるので注意が必要である。

写真2･2　視覚効果のある吹き抜けの例（提供：F. A. D. S（藤木建築研究室））

8 便利さ

便利さとは、納めるべきものがきちんと収納され、掃除がしやすく、必要なものがすぐ出せるように用意されている状態をいう。コンセントの数や、収納計画などへの配慮が必要である。収納計画にあたっては、持っているものを調べてそれに合わせて行うとよい。

9 新しくする、イメージを変える

基本的にリフォームの場合は、大きくガラッと変えるほうが、でき上がりの満足度も高いようである。それは「こんなに変わるの？」といった驚きであり、新鮮さであり、「リフォームしてよかった」という喜びに通じる感覚である。もともと暗い水まわりなどは思い切って明るく、狭いところは開口部や間仕切りなどの工夫で広くみせるようにするとよい。思い切ったイメージチェンジが、成功の大きなポイントといえるだろう。

とはいえ高齢者にとっては、長年身にしみこんだ使い勝手や感覚を、変えないほうがいい場合もある。安全で高齢者向けに良いとされるIHクッキングヒーターも、ガスに長年親しんでいる人には、かえって不自由に感じたり危険だったりすることもあるので注意を要する。

10 好みの反映、遊び空間

良質な住まいといえば、構造耐力や遮音性、省エネルギー、バリアフリーなどに代表される「住まいの機能」と、間取りなどの「生活上の機能」が整っていることに加え、これからのリフォームは、家族の健康や精神的価値観が満たされること、空間、形、色などに遊びやゆとりがあり、好み、趣味が反映されていることも大切な条件といえる。

住まいの間取りは、玄関、廊下、リビング、台所など、使用目的のはっきりした空間で構成されている。こうした空間はもちろん必要なものであるが、余暇の過ごし方が多様化し、生活スタイルが変化してくると、目的が限定されない、遊び心のある空間が求められるようになってくる。家族との団欒に、趣味に、スポーツに、いままでの住空間プラスゆとりの空間などを考えてみるのもよい。

1）遊び空間の例

■家族団らんの場

家族が集まりくつろぐ空間を、リビング以外にもう一つ作る。例えばリビングの隣に明るい半屋外空間の温室を作り、植物を育てたり観賞するスペースを設けるなど。

■アウトドアリビング

人を呼んでパーティができるアウトドアリビングを作る。例としてウッドデッキを示す（写真2･3）。家族で利用するほか、ゲストを呼んでバーベキューもできる。リビングやキッチンに近い位置にあると便利である。

2）くつろぎの場所の例

■バスルーム

出窓を取り付けるだけでも空間に広がりができる。

写真2･3　ウッドデッキ（提供：住まいのアトリエ）

また、坪庭に面する計画にすれば、半屋外の開放的なバスルームになる。サウナやジャグジーをつけてスパのようにしてもよいだろう。

■小屋裏空間

天窓を設けて星をみる部屋に。家族で寝そべり、星の鑑賞をして楽しむスペース。

■屋上バルコニー

庭が狭い場合などは屋上バルコニーを設け、グリーンを楽しむスペースを作る。

3）趣味の部屋・趣味の空間の例

■書斎

部屋の一角に机や本棚を設置する例を示す（写真2･4）。一見造り付けのように見えるが、ここは賃貸住宅なので取り外して移動することが可能な造りになっている。

■防音仕様のピアノ室

既存サッシの内側に樹脂サッシを付けて防音二重サッシにし、壁、天井、床下に遮音性を持たせて、和室をピアノ室に改装した例を示す（写真2･5）。床は畳から縁甲板フローリングに変更した。防音室にすることで断熱性も上がり、一石二鳥である。

■ホームシアター

防音仕様の部屋に大スクリーン、音響設備をつけて家族で楽しむ。

■ペットと暮らす家

内装をペット対応としたり、脱臭装置、洗い場、ペットトイレ等をつけて、ペットとともに快適に暮らせる家にする。また、ペット用のドアや踏み段など、ペットが思う存分遊べる空間と仕掛けを作る。

4）好みの反映の例

■色彩を工夫する

せっかくリフォームで内装を変えるのであれば、住まい手の趣味が反映された色彩で個性を表現するとよい。

各室の色彩は、使用目的や機能によって決まる。みんなが集まるリビングはくつろげる色彩に、個室は個人の好みの色彩、というように。色彩計画のポイントは、床・壁・天井などの基調となる部分はシンプルな色を用い、ワンポイントにラグ、カーテン、照明器具、壁掛けの絵などを利用する。これは取替えも利くので、いろいろ楽しむことができる。

■ニッチを付ける、飾り棚を付ける

ニッチとは花瓶や絵画などを置く、飾るための壁のへこみのことで、もともとは「隙間」という意味である。家の間仕切壁は構造にもよるが、内部が空洞になっていることが多いので、その部分を飾るスペースとして有効利用することもできる。

設置場所としては玄関を入ってすぐ目に付く場所、またはトイレ内に設けて本棚として利用するのも一つのアイデアである。壁をへこませて設置するため、出っ張らず、狭い空間でも邪魔にならない。照明器具を埋め込んで光の演出をすると、いっそう遊びの

写真2･4　デスクと本棚（提供：F. A. D. S（藤木建築研究室））

写真2･5　二重サッシ

ある空間になる。

ニッチを作るタイミングは、リフォームで壁の仕上げを変える時、また間仕切りを変更する時であり、一緒に行うと効率的である。ただし照明を付ける時は、電気工事が発生するので注意したい。写真2·6にニッチの例を示す。

11 収納計画

1）収納計画の基本

収納は、ただあればいいというものではない。いま持っているものを洗い出し、それに合わせて収納を考えることが基本である。ただしマンションなど、スペースが限定された部分での収納は、部屋を少しでも広く使う工夫、デッドスペースを探し出して活用する工夫が必要である。例えば、畳スペースを二重床にしてその下に収納を設ける、壁や梁の出っ張りを利用して収納を壁に沿って設け、視覚的に広がりを持たせるなどの工夫が考えられる。

2）共有スペースの収納

特にものがあふれがちな台所まわりでは、お皿一枚から細かい家電まで、きちんと把握して収納計画を行うとすっきりする。来客のあるリビングなどでは、扉つきの収納があると急な来客時にさっと収納できるので重宝である。扉つきの収納を多くして「隠す」と、部屋全体がすっきり見える。

写真2·6　玄関の脇に付けたニッチの例（提供：GHKグッドホーム カネコ）

食器棚を造り付けにし、扉ですべて隠せるようにした例を写真2·7に示す。

3）家族構成によって変化する収納

子育て時代、子どもたちの結婚・独立、老親との同居といったライフサイクルの変化は収納の仕方に大きな影響を及ぼす。子ども時代の洋服は細かいものが多く、「たたんでしまう」ことが多い。したがって引き出し収納が多く必要であるが、子どもの成長に伴いクローゼット利用が増える。

たくさん引き出しが必要な場合、造り付けにすると応用が利かないので、市販の収納ケースなどで対応するなど、ライフスタイルの変化にフレキシブルに対応できるようにしたほうがよい。また、婚礼家具に代表されるたんすセットは、現在造り付け収納が主流になっているので、置く場所にこまる場合もある。

写真2·7　隠す収納（提供：GHKグッドホーム カネコ）

4　リフォーム特有の注意点

リフォームには、新築と異なり様々な制約がある。その中で、「住まいながら施工する」、「近隣への配慮」という視点から、注意すべき事項を述べる。

1 住まいながら施工する

1）工事手順が違ってくる

住まいながら施工する場合と、一時的に別の場所に引っ越ししてもらう場合とでは、工事の手順が異なる。リフォームの場合、住まいながら工事を行うケースが多いことが、新築と大きく異なる点である。住まいながらの工事は、工事をする側も特別な心配りが必要なので、やりづらい面があるが、住まい手はもっと不便な思いをする。したがって工期や工程をしっかりと決め、それを守るよう心がけなければならない。

2）荷物の問題

家具が多い場合は、一時的にどこかに預けてもらうことを検討する。

3）引越ししたほうが費用が安くなるケースもある

大規模工事の場合は、一時的に引越しをしたほうが効率的に工事を進めることができる。また部屋ごとに仕上げるよりも、工事部分全体を工種ごとに進めるほうが工期が短くなり、結果的に費用が安くなる場合もある。

2 住まい手への配慮

先にも述べたように、住まいながらのリフォームでは現場イコール生活の場となるので、生活の妨げとならないよう特別な配慮が必要である。

1）工程・段取り

住まい手の居住空間を残さなければならないため、段取りとしては一つの部屋ごとに仕上げ、住人に移動してもらい、次の部屋の工事に取りかかるような工程を組み、工事の範囲を広げることはなるべく避ける。風呂、トイレ、キッチンなどの設備に関わる電気工事、水道工事、ガス工事の時には、一時的に使えなくなることがあるので、住まい手と密な連絡が必要である。

工事が長引くと住まい手の疲れもたまる。したがって工事期間の延長が必要な時は、早めに申し出て理解を求めるようにしたい。

2）ごみの飛散防止

ごみやほこりが飛び散らないように、養生をしっかり行う。これは、近隣に向けても必要な配慮である。

3）作業時間

新築の場合は作業時間の延長などが気兼ねなくできるが、リフォームの場合は住まい手の生活リズムを守るためにも、時間厳守で時間内に区切りよく済ますことができるような段取りが必要である。

4）音

住まい手の中には小さな子ども、高齢者、受験生がいるなど、様々な条件がある。このような人々の生活自体に影響を与えないように、音への気配りが大切である。材料の切断など、大きな音を伴う作業のうち、他の場所で済ませられるものは、済ませてから搬入するなどの配慮が必要である。

5）臭い

主に塗料の臭いは、住まい手の体調に影響を与えることがあるので、事前に説明して換気に配慮する。

6）工具の取扱い・資材・道具の整理整頓

工具などを片付けなかったり、資材や道具の整理整頓をしないでおくと、住まい手に思わぬ怪我を負わせたり、既存建物に傷を付けたりすることがある。工事をしていない部屋でも、養生や資材置き場に使わせてもらう場合がある。そのような部屋については、住まい手に気を付けてもらうよう注意を促すとともに、責任を持って片付けるなど、作業マナーを徹底する。高齢者や小さな子どもがいる場合は、とくに注意を要する。

7）住まい手の健康を守る

住まい手の健康を害することなく工事をすることは、一番留意したい点である。工事に使用する材料の中には、VOC（ホルムアルデヒドなどの揮発性有機化合物）を含むものもある。これらVOCを含むおそれのあるものを施工する時は、前もって住まい手に伝えることはもちろん、空気がまわりの部屋に流れ込まないような配慮が必要である。施工後は心がけて換気をするなど、住まい手の健康には十分注意を払うこと。希に木の香りに反応する人もいるなど、想定外のことが起こることがある。問題が出るようであれば即対策をとることである。

3 近隣への配慮

1）事前説明の必要性

工事中は、工事車両、騒音、資材搬入など、近隣に何らかの迷惑をかけることになる。工事を予定通り進めるためにも、工事後の良好な近隣関係を保持するためにも、事前に近隣に工事の説明をしておくことが大切なポイントである。事前説明を受けた場合と、全く受けない場合とでは、心証の違いは明らかである。隣家の敷地を借りないと、足場を組んだり、はしごをかけたりできないケースもある。気持ちよく貸してもらうためにも、気を付けたいことである。

2）車の出入り問題

近隣へ迷惑をかけないよう、事前に住まい手と相談して、工事車両の駐車場対策をとること。道が狭い、駐車禁止の場所ではパーキングを利用するなどの配慮が必要である。駐車する場所が遠い場合は、工事効率が落ちることがある。車が止めにくいところでは、車の出入りが重ならないように工程を工夫する。

3）工事中の騒音

リフォーム工事中は、大工工事や解体時だけでなく、電動工具を使用する関係で、ほとんどの工程で音が発生する。マンションリフォームでは時間制限があり、9時～17時までなどの決まりがある場合もある。日曜日、早朝、夜に工事時間帯がかかる場合は、なるべく音の出ない作業を選んで行うこと。

4）工事中の臭い、ほこり

外壁の塗装をする際は臭いが出る。隣戸が近接している場合、洗濯物に臭いがつく可能性があるので、事前に説明し、部屋干ししてもらうなどの対策が必要である。

外壁塗装を行う時は、隣戸の車にも養生を行うほうがよい。

5）資材搬入経路の養生

マンションでエレベーターを使う時は、エレベーター内も養生すること。資材搬入にエレベーターを使えるかどうかは、工事効率に影響が出る。4階以上でエレベーターが使えない場合は、大変効率が悪くなる。

6）増築する場合

増築を行った時には、その増築が法的な問題が何もなかった場合でも、景観が変わったこと、日当りが変わったことで、戸惑う近隣も多く出る。事前によく説明してトラブルを防ぐ。また、新しく窓を設ける場合は、隣の家の窓の向かい側を避けるか、窓ガラスを曇りガラスにするなどの配慮が必要である。

2・2 リフォームの際に注意を要する各種関連法規

1　建築基準法

1 建築基準法の目的

建築基準法は、「建物の敷地、構造、設備および用途に関する最低の基準を定めて、国民の生命、健康および財産の保護を図り、もって公共の福祉の増進に資すること」を目的として1950年に交付された。

このように建築基準法は、「最低限の基準」でしかない。例えば法42条（道路の定義）で、建築基準法上の道路は幅員が4m以上なくてはならないと定められているが、これは消防車や救急車が容易に近づけるためや、火災の延焼防止のために設けられた基準である。

建築基準法は、単に建築行為を規制することが目的ではなく、国民が安全・安心して暮らせる社会を築くことが目的であり、関係する技術者は自らのモラルを持って、さらに高い基準を保てるよう努めるべきなのである。

1）時代に合わせて改正を行う

建築基準法は非常に柔軟な法律で、時代に合う内容にたびたび改正が行われている。地価高騰の影響を受けて、地下室の容積緩和を盛り込んだ1994年の改正、阪神・淡路大震災を経て構造規定の抜本的な見直しを行った1998年の改正、建材に使う有害物質から起こる健康被害の多発から、シックハウス規制が組み込まれた2002年の改正、住宅ストック数が満たされ、それを有効活用するための規制が組み込まれた2005年の改正などである。なお2005年の改正では、既存建物の有効活用を主眼に置いた法改正が行われていることから、今後国を挙げてのリフォーム、リニューアルの推進が行われていくと推察できる。

2）住宅の品質確保の促進等に関する法律

建築基準法を補うように、2000年には「住宅の品質確保の促進等に関する法律」、いわゆる品確法が制定された。こちらは名前の通り「住宅の品質を確保する」ことが目的の法律で、建築基準法より上回る性能基準が定められている項目がある。品確法については、後に詳しく記述する。

3）建築基準法と品確法の違い

建築確認申請は、建築基準法第6条第1項で定められた建物にはすべて必要となる。品確法はその適用や申請が「任意」であり、そこが大きく異なる点である（図2･6）。

しかし、この建築基準法と品確法は同じ法律であり、重要性には差はない。

2 役所への届出（確認申請）

リフォーム工事でも、書類を整え役所に申請を出さなければならない場合がある。建築基準法第6条第1項によると、新築、増築（面積の増えるリフォ

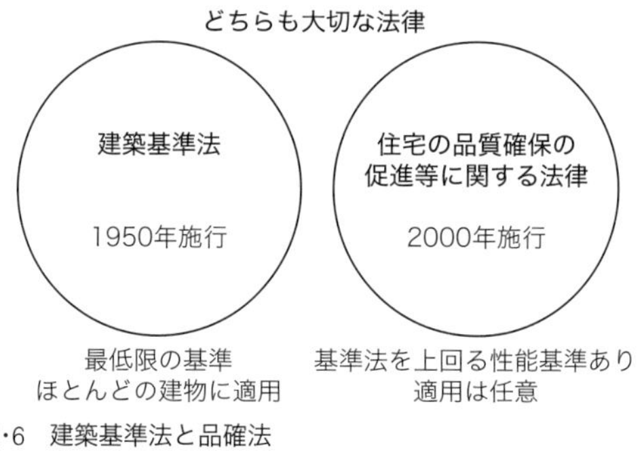

図2･6　建築基準法と品確法

ーム）をする場合、改築、移転する場合、大規模の修繕、大規模の模様替えをする場合、リフォームした後の建物が 1）に示す①～④に該当するようになった場合は、事前の届出（確認申請）が必要とされている。参考に新築、増築、移転の違いを、図 2･7 に示す。

1）確認申請が必要な建築物

次の①～④に該当する場合には確認申請が必要となる（法第 6 条第 1 項、表 2･2 参照）。

①表 2･2 の第一号から第三号までに該当する建築物を建築する場合

②増築する場合には、増築後の建築物が表 2･2 の第一号～第三号に該当する場合

③これらの建築物の大規模の修繕または大規模の模様替えをしようとする場合

④第四号に該当する建築物を建築する場合

③の大規模の修繕・大規模の模様替えとは、建築物の主要構造部の一種以上について、半分以上を修繕、模様替えすることをいう。建築物の主要構造部

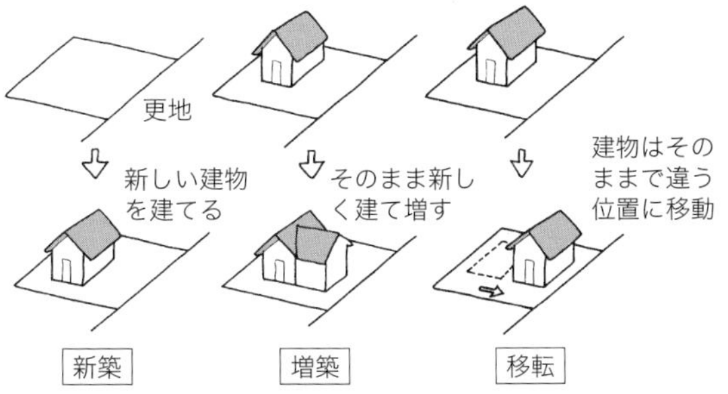

図 2･7　新築、増築、移転の違い

表 2･2　第一号建築物～第四号建築物

第一号建築物	共同住宅などの特殊建築物でその用途に供する部分の床面積が 100m^2 以上の場合
第二号建築物	木造の建築物で 3 階建て以上、または延べ面積が 500m^2 以上、高さが 13m 若しくは軒の高さが 9m を超えるもの
第三号建築物	木造以外の建築物で 2 階建て以上、または延べ面積が 200m^2 を超えるもの
第四号建築物	前記以外の建築物で都市計画地域、準都市計画地域内または都道府県知事が指定する区域内における建築物

とは、「壁」「柱」「床」「梁」「屋根」「階段」を指す。

これら主要構造部の半分以上に手を加えリフォームする場合も、「大規模修繕、大規模模様替え」に該当し、確認申請が必要になる。

2）確認申請が不要な建築物

・防火地域、準防火地域外における増築、改築、移転をする場合で該当部分が 10m^2 以下の場合（法第 6 条第 2 項）。

・床面積の増加がなく、柱や壁などの大幅な改変を行わない一般的なリフォーム。

例）塗装を塗りなおす、室内の壁紙や床材の変更、キッチンの入れ替えなどのリフォーム（図 2･8）。

マンションの専有部分のリフォームでは、役所への届出は要らないが、管理組合などに届出が必要な場合があるので確認する。

確認申請の必要がない場合でも、間取りの変更を行う際には、居室の採光・換気・排煙などや内装材、天井の高さなど、法を守った内容になっているかを確認することが必要である。

3）確認申請に関わる検査

確認申請を提出した建物については、一定の用途・規模により中間検査が、竣工後に竣工検査がある。竣工検査で適法とみなされると「検査済証」が発行され、申請は終了する。

図 2･8　リフォームで届出の要らないものの例

3 建築基準法の成り立ち

建築基準法は、大きく「単体規定」と「集団規定」に分けられる。その内容を図 2･10、表 2･3 に示す。

役所への届出

確認申請や検査は、以前は特定行政庁の建築主事のみが行ってきました。1998年5月に施行された改正建築基準法により、民間開放が行われ、従来の特定行政庁の他に「民間の指定確認検査機関」が確認検査業務を行えることになりました。

民間の指定機関が行うようになったことで、窓口の混雑が緩和される、確認申請審査に要する時間が短縮されるなどの利点が生まれました。東京都に限ってみると、2000年度以降は50%以上の確認・検査業務が民間指定確認検査機関によるものになるなど、確認業務は民間に確実にシフトされているようです。

特定行政庁は、これからの「ストック」の時代に向けて、新築に対しては徐々に民間に任せ、「既存建築物をどう維持、管理・活用していくか」を主眼に取り組む方針を明らかにしました。今後の法改正は、「ストックの時代」の流れに沿ったものとし、阪神・淡路大震災、新潟県中越地震を踏まえて「耐震」に力が入れられます。これから「住宅リフォーム」に関わっていこうとしている皆さんも、「耐震対策、耐震改修」はリフォームの一つのポイントとして認識しておきましょう。

図2·9　確認申請の流れ

■リフォームする時ここに注意！

既存建築物が建てられた時と法規制が変わっている可能性があるので、確認申請が不要なケースであっても現在の法に照らし合わせて必ずチェックすること。

単体規定と集団規定のおのおのの内容について、リフォームに関わる部分を中心に述べていく。

集団規定
- 都市計画法で定められた地域のみ適用
- 健全な環境確保が目的
- 建物の用途地域、面積制限、高さ制限、防火地域など

単体規定
- すべての建築物が対象
- 個々の建物の安全、衛生、防火等の基準を確保することが目的
- 各種構造、耐火、防火性能、内装制限、採光、換気など

その他

確認申請・建築協定などの各種手続き　など

図2·10　建築基準法の成り立ち

表2·3　単体規定と集団規定

単体規定	建物用途ごとに、構造、設備、避難などを規定している。すべての建物にかかる。シックハウスや構造、防火、避難に関する建物個々の規定
集団規定	建築基準法の上位概念を扱う都市計画法で定めた広い範囲を規定する。防火地域など、建物のみではなく街全体を守るための規定が定められている。建ぺい率、容積率、道路斜線などの建築の面積制限や高さ制限、用途地域、防火地域など

4 単体規定

単体規定とは、建築基準法の中でも「個々の建物の安全、衛生、防火等の基準を確保するため」に定められたものを指し、集団規定が都市計画区域および準都市計画区域内の建築物に適用されるのに対して、単体規定は一般的にすべての建築物を対象に適用される。具体的には建築基準法の第2章およびそれに関する政令、条例等に規定されている。単体規

表2·4　単体規定の内容

- 各種構造、工法、材料制限
- 耐火・防火性能の規定、防火区画、内装材料の使用制限
- 避難通路、排煙、消火設備、敷地内避難経路
- 避雷針、工事現場の防災など
- 排水・汚水処理、採光、換気、防湿など

定の内容を表2･4に示す。この中でリフォームするにあたって、特に関係してくることが「内装材料の使用制限」、「採光、換気」である。この2つについてみる。

1）内装制限

法第35条の2、令第112条、128条の3の2～129条

「内装制限」とは、火災発生時の延焼を防ぐことを目的として、建築物の用途、構造、規模に準じて燃えにくい内装材を使うように定めた規定である（表2･5）。

戸建て住宅の場合、火気使用室（台所、暖炉のある居間など）の壁および天井の室内に面する部分の仕上げは準不燃材料以上としなければならない（図2･11）。

コンロまわりは燃えにくい仕上げ材にしなければならない。建築基準法では、キッチンなど火を使う部屋の内装を仕上げるための材料として、燃えにくい素材を「不燃材料」「準不燃材料」「難燃材料」と定めている。図2･12に燃えにくい材料の例を示す。

キッチンと他の部屋との間に50cm以上の垂れ壁

表2･5　内装制限一覧表　令第128条の3の2～129条

<table>
<tr><th rowspan="2">用途等</th><th colspan="3">制限の対象となる構造と用途に供する床面積</th><th colspan="2">内装制限（天井・床）</th></tr>
<tr><th>耐火建築物</th><th>準耐火建築物</th><th>その他</th><th>居室</th><th>通路等</th></tr>
<tr><td>①劇場、映画館、演芸場、観覧場、公会堂、集会場</td><td>客席が400m^2 以上</td><td colspan="2">客席が100m^2 以上</td><td rowspan="3">不燃材料
準不燃材料
難燃材料
→3階以上の天井は準不燃材料*1</td><td rowspan="9">不燃材料
準不燃材料</td></tr>
<tr><td>②病院、診療所（患者の収容施設のあるものに限る）、ホテル、旅館、共同住宅、寄宿舎</td><td>3階以上の部分の合計が300m^2 以上</td><td>2階部分の合計が300m^2 以上</td><td rowspan="2">床面積の合計が200m^2 以上</td></tr>
<tr><td>③百貨店、マーケット、展示場、カフェー、飲食店等</td><td>3階以上の部分の合計が1000m^2 以上</td><td>2階部分の合計が500m^2 以上</td></tr>
<tr><td>④地階・地下工作物内の①～③の用途</td><td colspan="3" rowspan="3">全部</td><td rowspan="3">不燃材料
準不燃材料</td></tr>
<tr><td>⑤自動車車庫、自動車修理工場</td></tr>
<tr><td>⑥排煙上の無窓居室（天井高6m超を除く）</td></tr>
<tr><td rowspan="3">⑦階数（大規模建築物）*2</td><td colspan="3">階数3以上で延べ面積500m^2 超</td><td rowspan="3">難燃材料*1</td></tr>
<tr><td colspan="3">階数2で延べ面積1000m^2 超</td></tr>
<tr><td colspan="3">階数1で延べ面積3000m^2 超</td></tr>
<tr><td>⑧火気使用室</td><td>適用外</td><td colspan="2">階数2以上の住宅の最上階以外の階にあるもの、住宅以外の建築物（主要構造部が耐火構造の場合を除く）</td><td>準不燃材料</td><td>適用外</td></tr>
<tr><td rowspan="3">⑨11階以上の部分</td><td colspan="3">100m^2 以内に区画された部分</td><td>制限はないが⑦による規定が適用される*1</td><td>不燃材料
準不燃材料</td></tr>
<tr><td colspan="3">200m^2 以内に防火区画（特定防火設備）された部分</td><td>準不燃材料（下地共）*1</td><td>不燃材料
準不燃材料（下地共）</td></tr>
<tr><td colspan="3">500m^2 以内に防火区画（特定防火設備）された部分</td><td>不燃材料（下地共）*1</td><td>不燃材料（下地共）</td></tr>
<tr><td rowspan="3">⑩地下街</td><td colspan="3">100m^2 以内に区画された部分</td><td>制限はないが④、⑥による規定が適用される</td><td rowspan="3">不燃材料
準不燃材料
（下地共）</td></tr>
<tr><td colspan="3">200m^2 以内に防火区画（特定防火設備）された部分</td><td>[地下道]
不燃材料（下地共）</td></tr>
<tr><td colspan="3">500m^2 以内に防火区画（特定防火設備）された部分</td><td>不燃材料（下地共）</td></tr>
</table>

＊1: ①②③⑦⑨に該当する建築物の居室の壁では床面から高さ1.2m以下の部分を除く
＊2: ⑦欄のうち②欄の用途で31m以下の部分については②欄が適用される
・内装制限が適用される建築物の部分は、「居室」および「居室から地上に通ずる主たる廊下、階段その他通路の壁および天井の室内に面する部分」である
・内装制限の規定で、2以上の規定に該当する場合は厳しい方が適用される
・内装制限の規定は、スプリンクラー設備その他これに類するもので自動式のものおよび令第126条の3の排煙設備の規定に適合する部分には適用されない
・⑨⑩欄の規定でスプリンクラー設備その他これに類するもので自動式のものを設けた部分は、防火区画の床面積が2倍まで緩和される

(不燃材で覆われたもの) がある場合は、キッチン内だけの内装制限ですむが、垂れ壁のないワンルームの場合は部屋全体の内装が制限される (図 2･13)。

火気使用室の内装制限では、次に該当する位置にある火気使用室は除外される。図 2･14 に制限を受けるキッチンの位置を示す。

・平屋建て
・2 階建て以上の建物で最上階にあるもの
・主要構造部が耐火構造のもの

火は上に向かって燃え広がるため、「火気使用室」が耐火構造だったり上部に部屋がない場合には、延焼のおそれが少ないと考えられているからである。

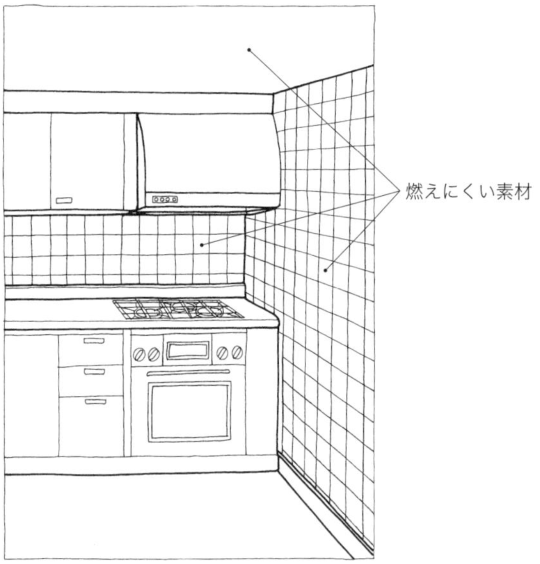

図 2･11　火気使用室の内装制限

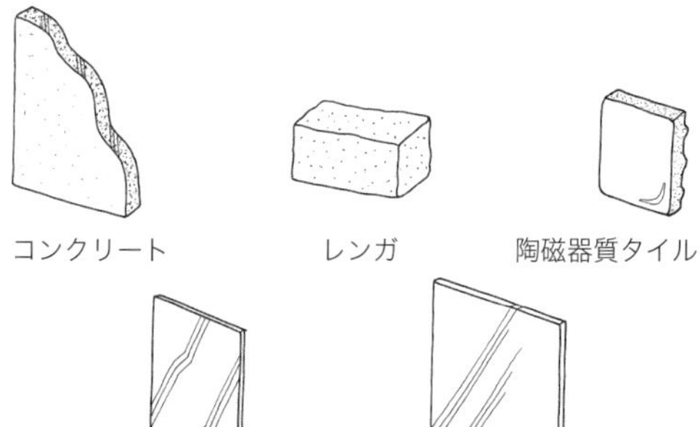

図 2･12　燃えにくい材料の例

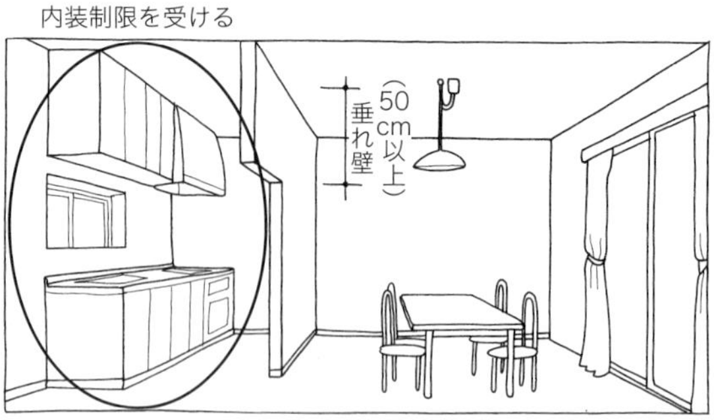

図 2･13　垂れ壁

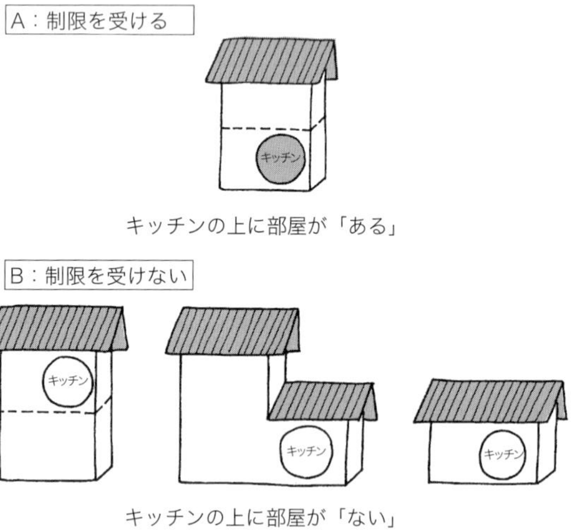

図 2･14　制限を受けるキッチンの位置

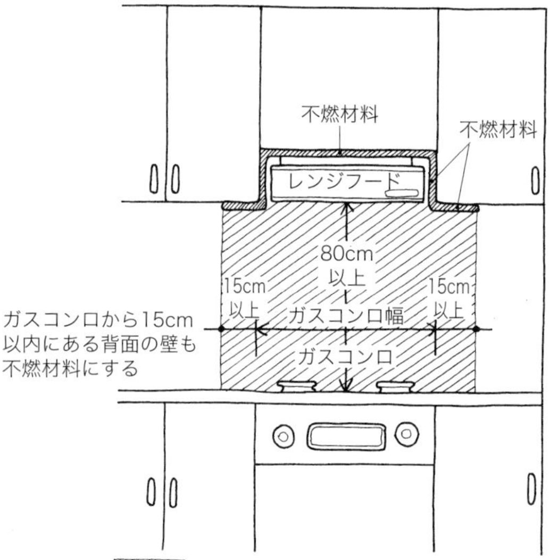

図 2･15　消防法によるコンロまわりの制限

また、躯体部分がコンクリートでできている共同住宅も、この制限から外れる。

この建築基準法のほかに、消防法による制限がある。図2･15に示すように、ガスコンロと壁は15cm以上、コンロ上部の換気扇とは80cm以上離さなければならない。またコンロ周辺の吊戸棚の材質にも制限がかかるので、キッチンまわりのリフォームの際にはこれらの規定に注意しなければならない。

2）用語の定義　難燃材料、準不燃材料、不燃材料

建築基準法では燃えにくい材料を、「難燃材料」「準不燃材料」「不燃材料」として定めている。通常の火災が発生した時に、燃焼しないこと、変形・溶融・亀裂その他損傷を生じないこと、避難上有害なガスや煙が発生しないことなどが求められる。これは火災の延焼を食い止めるほか、避難する時間を確保することを目的としているからである。以下に、避難に要求される時間と代表的な材料を示す。

表2･6　難燃材料　平成12年建設省告示第1402号

材　料	厚　さ
石膏ボード＊	7mm以上
難燃合板	5.5mm以上

＊：ボード用原紙の厚さが0.5mm以下のものに限る

表2･7　準不燃材料　平成12年建設省告示第1401号

材　料	厚　さ
石膏ボード＊1	9mm以上
木毛セメント板	15mm以上
硬質木片セメント板＊2	9mm以上
木片セメント板＊3	30mm以上
パルプセメント板	6mm以上

＊1：ボード用原紙の厚さが0.6mm以下
＊2：かさ比重が0.9以上のもの
＊3：かさ比重が0.5以上のもの

表2･8　不燃材料　平成12年建設省告示第1400号

材　料	厚　さ
（以下は厚さ規定なし）コンクリート、レンガ、瓦、陶磁器質タイル、繊維強化セメント板、鉄鋼、アルミニウム、金属板、ガラス、モルタル、しっくい、石、ロックウール、グラスウール板	
ガラス繊維混入セメント板	3mm以上
繊維混入ケイ酸カルシウム板	5mm以上
石膏ボード＊	12mm以上

＊：ボード用原紙の厚さが0.6mm以下

■難燃材料（令第1条第六号）

避難に要する時間5分（表2･6）

■準不燃材料（令第1条第五号）

避難に要する時間10分（表2･7）

■不燃材料（法第2条第九号）

避難に要する時間20分（表2･8）

3）シックハウス対策による内装制限

法第28条の2、2003年7月施行

シックハウスとは、室内の化学物質の影響で「目がチカチカする」「のどが痛い」「めまいや吐き気」「頭痛」などの症状があらわれることで、「シックハウス症候群」と呼ばれる。それにより健康を損なうことがないように、「建材」や「換気設備」を規制する法律で、2003年7月に「化学物質による室内空気を防止するための規制」が建築基準法に加えられた。

■内装制限の対象

住宅、学校、事務所、病院などのすべての建築物の「居室」の内装が規制対象となっている（図2･16）。この場合の「居室」とは、建築基準法でいう「居室」の他に、「居室」と建具のアンダーカットなどにより、相互に通気がある廊下や洗面所、玄関、浴室、便所等も対象になる場合があるので注意を要する。なお一般的に「居室」とは、居住、執務、作業、集会、娯楽などの目的で長時間、継続的に使う

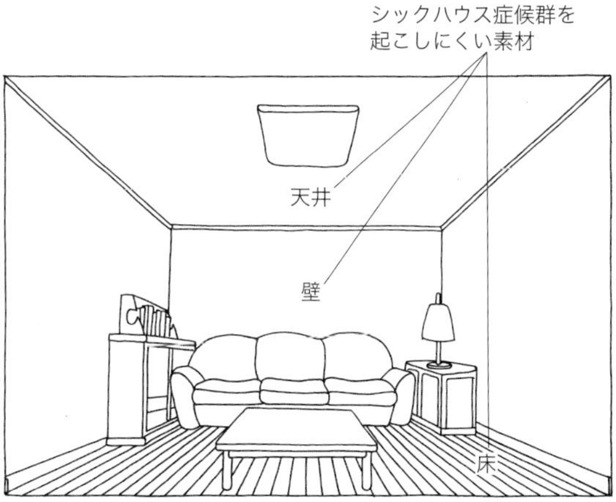

図2･16　居室の内装に制限がかかる

室のことをいい、住宅では居間、寝室、応接室、娯楽室、書斎、アトリエ、食堂、台所などが該当する。

■規制される化学物質

建築基準法で健康上、支障があると指定されている化学物質は「クロルピリホス」と「ホルムアルデヒド」である。

○クロルピリホス

クロルピリホスは有機リン系の防蟻剤で、木造の床下などに広く使用されていたが、現在、クロルピリホスを含む建築材料の使用は禁止されている。

○ホルムアルデヒド

ホルムアルデヒドはVOC（揮発性有機化合物）の一つで、住宅に使われる建材や接着剤などに防腐・殺菌剤として含まれていると、空気中に拡散し、目がチカチカしたり目まいや頭痛など、シックハウス症候群のような障害を起こす可能性がある。

■ホルムアルデヒド対策

ホルムアルデヒド対策として、内装仕上げの制限、

表2·9　ホルムアルデヒドを発散する恐れのある建材17品目一覧

①合板	普通合板、コンクリート型枠用合板、構造用合板、天然木化粧合板、特殊加工化粧合板など
②木質系フローリング	一般的にフローリングといわれているもの。無垢フローリング、単層フローリングは含まない
③構造用パネル	木材の小片を接着剤を用いて接着し熱圧成形等を行ったパネルで、床、壁、屋根の下地などに使われる
④集成材	人工乾燥し大きな節や割れなど木の欠点を取り除いたひき板を木目にそって長さ・幅・厚さの方向に集成接着したもの。集成材、構造用集成材 軸材（柱、梁、長押、鴨居、敷居、窓枠、枠材、階段の手摺、支柱、側板など）は規制対象外
⑤単板積層材	単板の繊維方向を互いに直角となるよう貼り合わせ、板面に平均的に強度を持たせたものが合板であるのに対し、繊維方向を揃えることにより、縦方向の強度を重視して新しく開発されたもの
⑥ MDF	繊維状にほぐした木材に接着剤を加えて板状にしたもの
⑦パーティクルボード	木材などの小片を主な原料として、接着剤を用いて成形熱圧した板
⑧その他の木質建材	木材のひき板、単板または小片その他これに類するものをユリア樹脂系などの接着剤で面的に接着し、板状に成型したもの
⑨ユリア樹脂板	「ユリア樹脂」とは、尿素とホルムアルデヒドとを縮合させて得られる熱硬化性樹脂のこと
⑩壁紙	ビニル壁紙など
⑪接着剤（現場施工・工場での二次加工）	壁紙施工用でん粉系接着剤、ホルムアルデヒド水溶液を用いた建具用でん粉系接着剤、ユリア樹脂、メラミン樹脂、フェノール樹脂、レゾルシノール樹脂またはホルムアルデヒド系防腐剤を用いた接着剤
⑫保温材	ロックウール保温材、グラスウール保温材、フェノール樹脂系保温材など
⑬緩衝材	浮き床用ロックウール緩衝材、浮き床用グラスウール緩衝材など
⑭断熱材	ロックウール断熱材、グラスウール断熱材、ユリア樹脂またはメラミン樹脂を使用した断熱材
⑮塗料（現場施工）	アルミニウムペイント、油性調合ペイント、合成樹脂ペイントなどでユリア樹脂、メラミン樹脂、フェノール樹脂、レゾルシノール樹脂またはホルムアルデヒド系防腐剤を用いたもの
⑯仕上げ塗料	内装合成樹脂エマルション系薄付け仕上塗材、軽量骨材仕上塗材などでユリア樹脂、メラミン樹脂、フェノール樹脂、レゾルシノール樹脂またはホルムアルデヒド系防腐剤を用いたもの
⑰接着剤（現場施工）	酢酸ビニル樹脂系溶剤形接着剤、ゴム系溶剤形接着剤などでユリア樹脂、メラミン樹脂、フェノール樹脂、レゾルシノール樹脂またはホルムアルデヒド系防腐剤を用いたもの

表2·10　建材の等級と内装仕上げの制限

<table>
<tr><th>建築材料の区分</th><th colspan="2">発散速度</th><th>JIS、JASなどの表示記号</th><th>内装仕上げの制限</th></tr>
<tr><td>建築基準法の規制対象外</td><td rowspan="4">少ない
⇩
多い</td><td>5 μg/m^{2}h 以下</td><td>F☆☆☆☆</td><td>制限なし</td></tr>
<tr><td>第3種ホルムアルデヒド発散建築材料</td><td>5 μg/m^{2}h ～ 20 μg/m^{2}h 以下</td><td>F☆☆☆</td><td rowspan="2">使用面積の制限あり</td></tr>
<tr><td>第2種ホルムアルデヒド発散建築材料</td><td>20 μg/m^{2}h ～ 120 μg/m^{2}h 以下</td><td>F☆☆</td></tr>
<tr><td>第1種ホルムアルデヒド発散建築材料</td><td>120 μg/m^{2}h 超</td><td>F☆</td><td>使用禁止</td></tr>
</table>

備考1：1 μg（マイクログラム）＝100万分の1gの重さ。放散速度1 μg/m^{2}h は建材1m^{2}につき、1 μg の化学物質が発散されることをいう
備考2：建築物の部分に使用して5年経過したものについては、制限なし
・F☆☆☆☆のものは面積制限なく使用できる
・F☆☆☆、F☆☆は換気状況等により「室面積の何%まで使用可」と制限がある
・F☆のものは使用自体ができない

換気設備、天井裏などの規制の3つすべての対策が必要である。具体的な内容を以下に述べる。

○内装仕上げの制限

「内装仕上げ」が該当する箇所は、床・壁・天井（天井のない場合は屋根）・開口部に設ける戸などである。国土交通省では、発散する恐れのある17品目（表2·9）を定め、換気状況などに応じて、「居室」の内装仕上げへの使用を制限している。

壁紙、カーペットなどは透過性があるとされ、それらを張った下地材（合板など）も、仕上げ材とみなされ規制対象となる。塩ビシートや畳は透過性建材ではないため、その下地材は、天井裏の制限がかかる。

それぞれの材料は、ホルムアルデヒドの発散速度によって第1種〜第3種に区分され、その区分ごとに内装仕上げの制限がかけられる（表2·10）。

表2·11に示す建材は、ホルムアルデヒドの発散がほとんど認められないことから、「告知対象外の建材」とされ、居室の内装仕上げや天井裏等に規制を受けることなく使用することができる。

これらの告知対象外建材または等級4（F☆☆☆☆）の建材を使う場合は、面積制限を受けない。

○換気設備

仮にホルムアルデヒド発散建築材料を一切使用しない場合でも、24時間機械換気設備の設置が必要である。

表2·11　告知対象外建材（ホルムアルデヒドの発散がほとんどないとされる建材）

・金属類	・畳
・コンクリート類	・石膏ボード
・天然石材	・ケイカル板
・ガラス	・化粧材（オレフィンシート、突き板、塩ビシート）
・タイル	・無機系塗材
・レンガ	・塗料*
・しっくい	・接着剤*
・無垢の木材（接着成型していないもの）	・仕上げ塗材*　など

＊：告知対象外のものに限る

換気計画では、「2時間で住宅の空気がほぼ入れ替わる程度の換気」ができる計画的な換気対策をする必要がある。また便所、浴室、台所は、汚染物質が出やすいため、集中的に排気する局所換気が必要である。なお、局所換気の対策も表示することになっている。

換気の種類には、自然換気、第一種換気、第二種換気、第三種換気がある。第一種換気〜第三種換気は機械換気になる（図2·17）。

・自然換気…最も一般的な換気方法で、ドアや窓を開け、室内外の温度差や気圧、風の力を利用して換気を行う方法。いまでは24時間換気が義務付けられているので、第一種換気〜第三種換気のいずれかの機械換気を行う必要がある。
・第一種換気…排気、給気とも機械を用いて行う換気方法で、最も換気を制御しやすい。換気を計画的に行うので、建物が高断熱高気密住宅の場合に適している方法である。
・第二種換気…給気のみを機械で行う方法で、住宅ではあまり行われない。

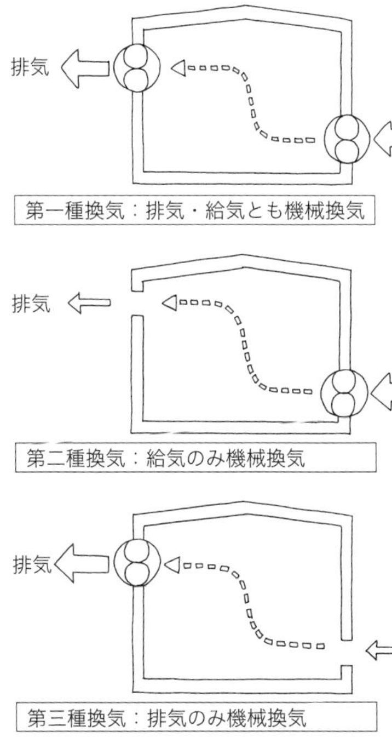

図2·17　機械換気イメージ図

・第三種換気…排気のみを機械で行う方法で、最もよく用いられる方法である。さらに壁に換気扇を取り付ける方法と、天井に換気扇を設け、ダクトで室外に排出する方法とに分けられる。

○天井裏の制限

ホルムアルデヒド対策には、「内装仕上げの制限」の他に、天井裏等の下地についての規制もある。「天井裏等」とは天井裏、床下、壁内、収納スペースなどが該当する。例えば、床材であるフローリングの下に合板が敷いてある場合、天井裏に吹き付けの断熱材などがある場合、その合板や断熱材は仕上げ材料の裏側にあって内装仕上げ材料ではないが、そこから居室にホルムアルデヒドが流入することも防がなければならないので規制の対象となる。

天井裏等に、「ホルムアルデヒドを発散する恐れのある建材17品目」（表2･9）を使用する場合には、下記①～③の措置が必要となる。

①建材による措置…天井裏には第3種（F☆☆☆）以上の建材を使う。

②気密層、通気止めによる措置…気密層、通気止めなどを設けて天井裏などと居室を区画する。

③換気設備による措置…換気設備を天井裏などにも設ける。

■ リフォーム時の注意事項

既存住宅が建築後5年以上経過している場合は、化学物質は抜けてなくなっているとみなされる。しかしカーテンや家具の新調時に、化学物質が発散される可能性があるので注意する。

現在、F☆☆☆☆の製品は広く出回り、新築のマンションなどでは内装材、天井裏等すべてF☆☆☆☆を使用しているものも珍しくない。これからは、そのような安全な建材を使用するよう心がけたい。

4）居室の採光　法第28条

住宅、学校、病院、診療所、寄宿舎、下宿などの居室には、原則として床面積に対して一定の割合以上の採光のための窓や、その他開口部を設けなければならない規定がある。採光の基準を表2･12に示す。

■ 注意事項

・窓の外に幅90cm以上の縁側が付いている場合、採光に有効な窓面積は通常の7/10として計算する。

・天窓（天井または屋根面につく窓）は、床に垂直な窓の3倍有効と計算してよい。

・障子、ふすま等で仕切られた2室は1室とみなす。

・採光有効面積は、用途地域、隣地境界線までの距離などから計算される「採光補正係数」と窓の面積より求める。

5）居室の換気　法第28条

居室には換気のための窓やその他開口部を設けること、さらにその換気に有効な面積は居室の床面積の1/20以上とするか、あるいは換気設備を設けなければならない。また劇場、映画館、集会場などの居

表2･12　採光の開口比（有効採光面積）

<table>
<tr><th colspan="2">建物の種類</th><th colspan="2">居室の種類</th><th>開口比
有効採光面積
居室の床面積</th></tr>
<tr><td colspan="2">住宅</td><td colspan="2">居室のすべて</td><td>1/7 以上</td></tr>
<tr><td rowspan="4">学校</td><td rowspan="3">幼稚園・小学校・中学校・高等学校・中等教育学校</td><td rowspan="2">教室</td><td>音楽教室(原則)
視聴覚教室</td><td>1/5 以上</td></tr>
<tr><td>教室*2</td><td>1/7 以上</td></tr>
<tr><td colspan="2">音楽教室（原則）
視聴覚教室</td><td>1/10 以上*1</td></tr>
<tr><td>その他の学校(各種学校等)</td><td colspan="2">居室のすべて</td><td>1/10 以上</td></tr>
<tr><td colspan="2">病院・診療所</td><td colspan="2">病室
談話室・娯楽室</td><td>1/7 以上</td></tr>
<tr><td colspan="2">寄宿舎・下宿</td><td colspan="2">寝室・宿泊室</td><td>1/7 以上</td></tr>
<tr><td colspan="2" rowspan="2">保育所</td><td colspan="2">保育室（原則）</td><td>1/5（1/7 *2）
以上</td></tr>
<tr><td colspan="2">保育室*2</td><td>1/7 以上</td></tr>
<tr><td colspan="2">児童福祉施設等
(保育所を除く)</td><td colspan="2">主たる用途の居室
その他の居室</td><td>1/7 以上
1/10 以上</td></tr>
</table>

＊1

・照明設備：床面からの高さが50cmの水平面において照度が200lx以上であること

・換気設備：令第20条の2に規定する自然換気設備、機械換気設備または中央管理方式の空気調和設備が設けられていること

＊2

・照明設備：床面からの高さが50cmの水平面において照度が200lx以上であること

・採光：床面からの高さが50cm以上の部分の採光上有効な開口部の面積が、室の床面積の1/7以上であること

室や調理室、浴室などで火気使用室には、換気設備を設けなければならない。

■ **換気の有効面積**

・両開き窓：窓面積全体の１倍。

・引き違い窓、片引き窓、上げ下げ窓：窓面積全体の 1/2。

・FIX（はめ殺し窓）：換気に有効な面積は 0。

・ルーバー窓：開く窓の角度により有効面積は変わる。

図 2･18 に窓の種類と有効面積を示す。

■ **地階における居室の衛生**

住宅の居室、学校の教室、病院の病室または寄宿舎の寝室などで地階に設けるものは、からぼりなどを設けて採光をとったり、壁、床の防湿について衛生上必要な措置をとることが規定されている。図 2･19 にからぼりの例を示す。

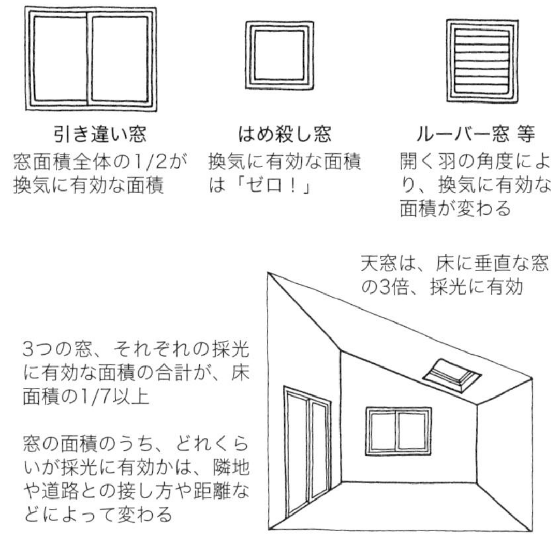
引き違い窓
窓面積全体の1/2が換気に有効な面積
はめ殺し窓
換気に有効な面積は「ゼロ！」
ルーバー窓 等
開く羽の角度により、換気に有効な面積が変わる
天窓は、床に垂直な窓の3倍、採光に有効
3つの窓、それぞれの採光に有効な面積の合計が、床面積の1/7以上
窓の面積のうち、どれくらいが採光に有効かは、隣地や道路との接し方や距離などによって変わる

図 2･18　窓の種類と有効面積

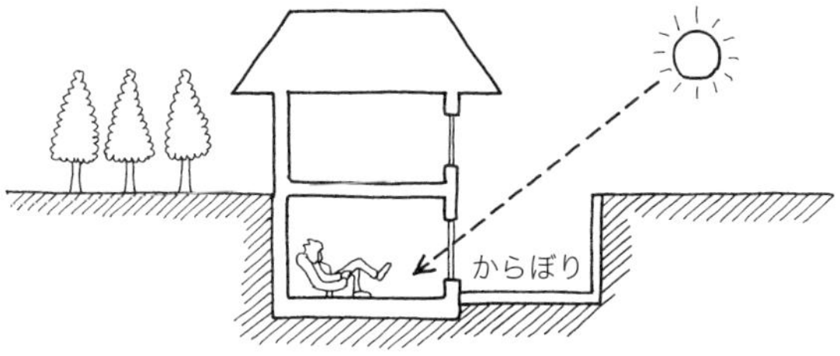
からぼり

図 2･19　からぼりの例

5 集団規定

集団規定とは、建築基準法の中でも「健全な環境を確保すること」を目的に定められたものである。

住宅の日当りや風通しなどの住環境を守るために「用途地域」が定められ、用途地域ごとに容積率や建ぺい率、高さ制限などの決まりがあり、それぞれの条件に合った建築物になるよう、一様に制限がかけられている。特に人が多く集まる地域では「防火地域制限」を設け、火災時の被害を食い止めるべく建物の構造や外壁、軒裏、窓ガラスの種類などを定めている。具体的には、建築基準法（第３章、第４章）で規定している。

先にも述べたが、既存建築物が建てられた時と法規制が変わっている可能性があるので、リフォームの際には現在の法に照らして敷地や建物のチェックをすることが望ましい。

集団規定の主な内容は次の通りである。

・接道義務

・用途地域

・容積率制限

・建ぺい率制限

・建築物の高さ制限

・防火地域制限

・建築物の形態、日影制限、など

1）接道義務

建物の敷地は、幅員 4m 以上の道路に 2m 以上接しなければならない。このように接道義務がある理由は、上下水道、ガスなどの引き込みに必要なだけではなく、救急車や消防車などが直接寄り付けるようにするためである。

道路には次のような種類がある（法第 42 条、道路の定義）。

・公道…幅員 4m（6m）以上の道路法で定められた道路。

・位置指定道路…幅員 4m（6m）以上の位置指定の

申請をした私道。

・二項道路・みなし道路…建築基準法施行以前からある幅員 4m（6m）未満の道路で、特定行政庁が指定したものは、幅員 4m（6m）未満であっても道路とみなす。この場合、道路中心線から 2m（3m）後退した線を、道路境界とする義務がある（図 2・20）。

上記のいずれにも属さない道は、道路ではなく通路とみなされ、通路のみに接している敷地には建物を建てることはできない。

■接道規定　リフォーム時の注意点

建築基準法が制定される前から沿道に建物が建っている道では、現況で 4m 未満のところもある。特に増築または建替えで確認申請を提出するようなケースでは、道路の中心線から 2m まで敷地を後退させ、道が建築基準法上の「道路」として認定されなければ、家を建てる、または増築することはできない。敷地境界線を後退させ、家の建設または増築が認められた場合でも、後退した分、敷地面積が減っているため、以前と同じ床面積の家が建てられない場合があるので注意を要する。その他、建設した時の都市計画が変更になっていることもよくあるので、現行法によるチェックを必ず行わなければならない。

2）用途地域　法第 48 条

同じ街の中に、住宅や工場、病院、商店など、様々な用途の建物が混在している場合は環境が悪化しやすい。そこで、地区ごとに建てられる建物の用途を定め、一定の秩序を与え、環境を整えるために、用途地域を指定している。用途地域により、建てられるもの、建てられないものがあるので、用途を変更するリフォームの場合は注意すること（表 2・13）。

用途地域は以下の 12 種類である。

・第一種低層住居専用地域…低層住宅のための良好な住居の環境を保護するための地域。

・第二種低層住居専用地域…主として低層住宅の良好な住居の環境を保護するための地域。

・第一種中高層住居専用地域…中高層住宅の良好な住居の環境を保護するための地域。

・第二種中高層住居専用地域…主として中高層の良好な住居の環境を保護する地域。

・第一種住居地域…住居の環境を保護するための地域。

・第二種住居地域…主として住居の環境を保護するための地域。

・準住居地域…道路の沿道としての地域の特性にふさわしい業務の利便の増進を図りつつ、これと調和した住居の環境を保護するための地域。

・近隣商業地域…近隣の住宅地の住民に対する日用品の供給を行うことを主たる内容とする商業、その他の業務の利便を図る地域。

・商業地域…主として商業その他の業務の利便を増進するための地域。

・準工業地域…主として環境の悪化をもたらすおそれのない工業の利便を図る地域。

・工業地域…主として工業の利便を増進するための地域。

・工業専用地域…工業の利便を増進させるための地域。

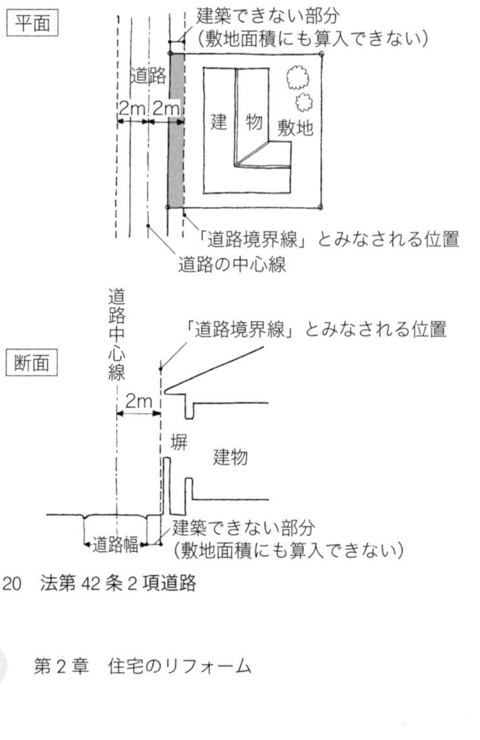

図 2・20　法第 42 条 2 項道路

表 2・13　用途地域内の建築物の主な用途制限[5)]

例　示	第一種低層住居専用地域	第二種低層住居専用地域	第一種中高層住居専用地域	第二種中高層住居専用地域	第一種住居地域	第二種住居地域	準住居地域	近隣商業地域	商業地域	準工業地域	工業地域	工業専用地域
住宅、共同住宅、寄宿舎、下宿												■
兼用住宅のうち店舗、事務所等の一部が一定規模以下のもの												■
幼稚園、小学校、中学校、高等学校											■	■
図書館等												■
神社、寺院、教会等												
老人ホーム、身体障害者福祉ホーム等												
保育所等、公衆浴場、診療所												■
老人福祉センター、児童厚生施設等	①	①										
巡査派出所、公衆電話所等												
大学、高等専門学校、専修学校等	■	■									■	■
病院	■	■									■	■
床面積の合計が 150m² 以内の一定の店舗、飲食店等	■											■④
〃　500m² 以内　〃	■	■										■④
上記以外の物品販売業を含む店舗、飲食店	■	■	■	②	③							
上記以外の事務所等	■	■	■	②	③							■
ボーリング場、スケート場、水泳場等	■	■	■	■	③						■	■
ホテル、旅館	■	■	■	■	③							
自動車教習所、床面積の合計が 15m² を超える畜舎	■	■	■	■	③							■
マージャン屋、パチンコ屋、射的場、勝馬投票券発売所等	■	■	■	■	■							
カラオケボックス等	■	■	■	■	■							
2 階以下かつ床面積の合計が 300m² 以下の自動車車庫	■	■										
営業用倉庫、3 階以上又は床面積の合計が 300m² を超える自動車車庫(一定規模以下の附属車庫等を除く)	■	■	■	■	■	■						
客席の部分の床面積の合計が 200m² 未満の劇場、映画館、演芸場、観覧場	■	■	■	■	■	■					■	■
〃　200m² 以上　〃	■	■	■	■	■	■	■	■			■	■
キャバレー、料理店、ナイトクラブ、ダンスホール等	■	■	■	■	■	■	■	■			■	■
個室付浴場業に係る公衆浴場等	■	■	■	■	■	■	■	■		■	■	■
作業場の床面積の合計が 50m² 以下の工場で危険性や環境を悪化させるおそれが非常に少ないもの	■	■	■	■								
作業場の床面積の合計が 150m² 以下の自動車修理工場	■	■	■	■	■	■						
作業場の床面積の合計が 150m² 以下の工場で危険性や環境を悪化させるおそれが少ないもの	■	■	■	■	■	■	■					
日刊新聞の印刷所、作業場の床面積の合計が 300m² 以下の自動車修理工場	■	■	■	■	■	■	■					
作業所の床面積の合計が 150m² を超える工場又は危険性や環境を悪化させるおそれがやや多いもの	■	■	■	■	■	■	■	■	■			
危険性が大きいか又は著しく環境を悪化させるおそれがある工場	■	■	■	■	■	■	■	■	■	■		
火薬類、石油類、ガス類の危険物の貯蔵、処理の量が非常に少ない施設	■	■	■	②	③							
〃　少ない施設	■	■	■	■	■	■	■					
〃　やや多い施設	■	■	■	■	■	■	■	■	■			
〃　多い施設	■	■	■	■	■	■	■	■	■	■		

□ 建てられる用途　　■ 建てられない用途

①については、一定規模以下のものに限り建築可能
②については、当該用途に供する部分が 2 階以下かつ 1500m² 以下の場合に限り建築可能
③については、当該用途に供する部分が 3000m² 以下の場合に限り建築可能
④については、物品販売店舗、飲食店が建築禁止

表 2·14　形態制限一覧 5)

<table>
<tr><th rowspan="3">制限
用途地域</th><th rowspan="3">容積率
(%)</th><th rowspan="3">建ぺい率
(%)</th><th rowspan="3">外壁の後退距離
(m)</th><th rowspan="3">絶対高さ制限
(m)</th><th colspan="5">斜線制限</th><th rowspan="3">日影規制</th></tr>
<tr><th>道路</th><th colspan="2">隣地</th><th colspan="2">北側</th></tr>
<tr><th>勾配</th><th>立上り
(m)</th><th>勾配</th><th>立上り
(m)</th><th>勾配</th></tr>
<tr><td>低層住居専用地域（第一、二種）</td><td>50
60
80
100
150
200
＊1</td><td rowspan="2">30
40
50
60
＊1</td><td>0
1.0
1.5
＊1</td><td>10
12
＊1</td><td rowspan="3">1.25／1
または
1.5／1
＊5</td><td colspan="2">制限なし</td><td>5</td><td rowspan="2">1.25／1</td><td rowspan="4">＊3</td></tr>
<tr><td>中高層専用地域（第一、二種）</td><td>100
150
200
300
400
500
＊1</td><td rowspan="8">制限なし</td><td rowspan="8">制限なし</td><td rowspan="2">20
または
31
＊5</td><td rowspan="2">1.25／1
または
2.5／1
＊5</td><td>10
＊2</td></tr>
<tr><td>住居地域
（第一、二種、準住居）</td><td rowspan="2">100
150
200
300
400
500
＊1</td><td>50
60
80</td><td colspan="2" rowspan="7">制限なし</td></tr>
<tr><td>近隣商業地域</td><td>60
80</td><td rowspan="6">1.5／1</td><td rowspan="6">31
または
適用除外
＊5</td><td rowspan="6">2.5／1
または
適用除外
＊5</td></tr>
<tr><td>商業地域</td><td>200
300
400
500
600
700
800
900
1000
1100
1200
1300
＊1</td><td>80</td><td>制限なし
＊4</td></tr>
<tr><td>準工業地域</td><td rowspan="3">100
150
200
300
400
＊1
(500
＊6)</td><td>50
60
80</td><td>＊3</td></tr>
<tr><td>工業地域</td><td>50
60</td><td rowspan="2">制限なし
＊4</td></tr>
<tr><td>工業専用地域</td><td>30
40
50
60
＊1</td></tr>
<tr><td>無指定区域</td><td>400
(100、
200、
300)
＊5</td><td>70
(50、
60)
＊5</td><td>＊3</td></tr>
</table>

＊1：これらの数値のうちから都市計画で決定される
＊2：第二種住居専用地域の北側斜線制限は、日影規制が適用される区域内には適用されない
＊3：法別表3の制限のうちから、地方公共団体の条例で決定される
＊4：日影制限のある区域に日影をつくる建築物は、その区域の制限を受ける
＊5：特定行政庁が都市計画地方審議会の議を経て指定する場合
＊6：(500）は準工業地域に限る

表 2·15　道路幅員により制限される容積率の算出方法
（12m 未満の道路に接する時）

用途地域	容積率の限度
第一種低層住居専用地域 第二種低層住居専用地域 第一種中高層住居専用地域 第二種中高層住居専用地域 第一種住居地域 第二種住居地域	前面道路幅員 (m) × 4/10 × 100
上記以外の地域	前面道路幅員 (m) × 6/10 × 100

3）容積率

容積率とは、敷地面積に対する延べ床面積（各階の床面積の合計）の限度割合のことをいい、地域の実状に応じて地域の環境を守るとともに、道路等の公共施設との均衡を図ることを目的としている。そのため容積率の最高限度を決め、これを超える規模の建築物を建てることを原則として禁じている。容積率は次の式から求められる。

容積率＝延べ床面積÷敷地面積× 100 ＝(　)％

■ 延べ床面積

延べ床面積とは、各階の床面積の合計のことである。各階の床面積とは、柱または外壁の中心線で囲まれた部分を指す。増築する時は「既存部分と増築部分の床面積の合計」が土地にかかる用途地域の容積率の限度内であることを確認する必要がある。

■ 12m 未満の道路に接する場合

特に、12m 未満の道路に接する場合は、表 2·14 に掲げた「用途地域別の容積率」により指定された値と、表 2·15 に掲げる前面道路の幅員（12m 未満の場合）から算出された値のいずれか小さいほうの値が上限となる。

○計算例

第一種中高層住居専用地域で前面道路幅員 4m、敷地面積 200㎡、指定容積率 200％の場合

4m × 4/10 × 100 ＝ 160％≦ 200％

指定容積率 (200％)、算出された容積率 (160％) の 2 つの数値のうち、小さいほうの値（160％）になる。

■容積計算の緩和措置

容積率に不算入とすることができるのは以下の部分である。これら不算入部分を工夫することで、広い面積をとることが可能となる。このほかに吹き抜けなども床面積には算入しなくてよい。

・駐車場…全体の延べ床面積の 1/5 までの駐車場。
・地下室…住宅の用途として使う床面積の 1/3 以内の地下室。ただし地下室の天井の位置が、地盤面より 1m 以下であること。
・小屋裏…天井高さが 1.4m 以下、直下階の床面積の 1/2 以下で固定階段がついていないこと。

4）建ぺい率

この規定は、敷地内に一定割合以上の空地を確保させ、建築物の採光、通風、防火等の市街地の環境条件を確保することを目的としている。なお、用途地域ごとに最高限度が定められており、これを超える規模の建築物を建築することは、原則として禁じられている（表 2･14 参照）。

建ぺい率とは、敷地面積に対する建築面積（建物の外壁の中心線で囲まれた水平投影面積）の限度割合のことである。建ぺい率は次の式で求められる。

建ぺい率＝建築面積÷敷地面積× 100=（　）%

■建築面積

建築面積とは、柱または外壁の中心線で囲まれた部分で、建物を真上から見た時の水平投影面積のことをいう（図 2･21）。

庇やバルコニーの「出」が 1m 以上の場合、先端から 1m を除いた部分も面積に入る。

また吹き抜けの上部に屋根がかかっている場合も算入する（図 2･22 参照）。

出窓は形状により、床面積や建築面積に算入されるものと、されないものとに分かれる。その形状とは、「床から窓台までの高さ」「奥行き」「出窓の天板の位置」「窓（開口部）の大きさ」などである。なお図 2･23 の A は、建築面積・床面積に含まれない条件を示している。すなわち、床から窓台までの高さ 30cm 以上、奥行 50cm 以内、部屋の天井より低く、窓の面積が一定以上の場合には含まれない。一方、

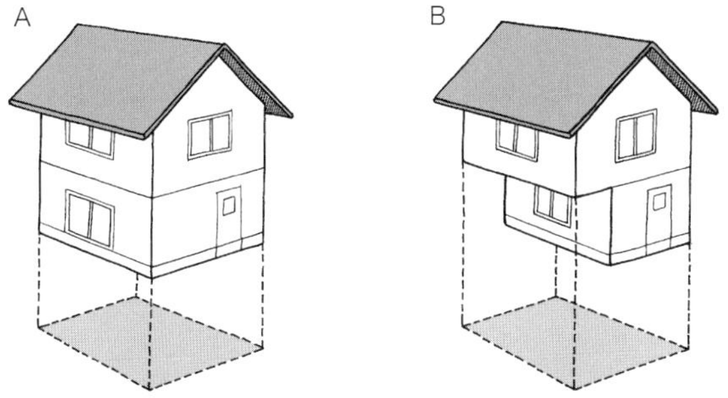

図2･21　建築面積＝水平投影面積　Bのように2階部分のみが張り出している部分も「建築面積」に含まれる

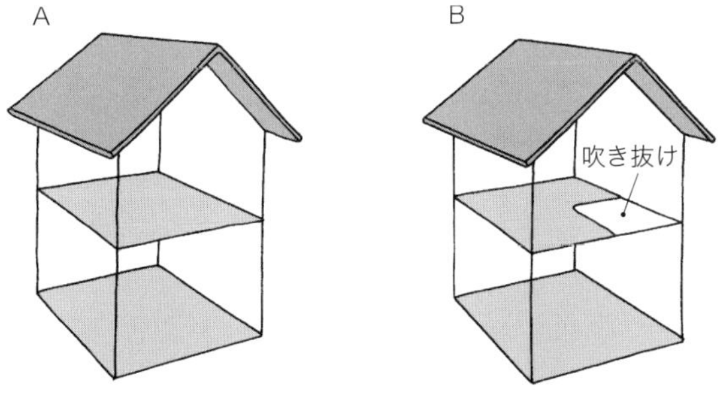

図2･22　延べ床面積と建築面積、出窓　Aの家とBの家では吹き抜けがある分、Bの家の延べ床面積は少ない。建築面積は同じ

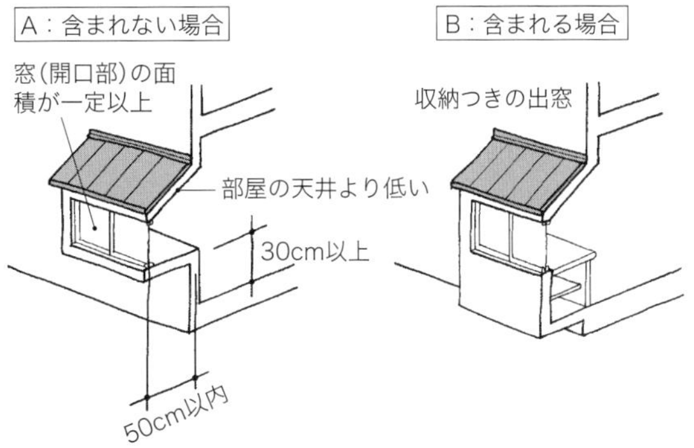

図 2･23　出窓形状と床面積・建築面積

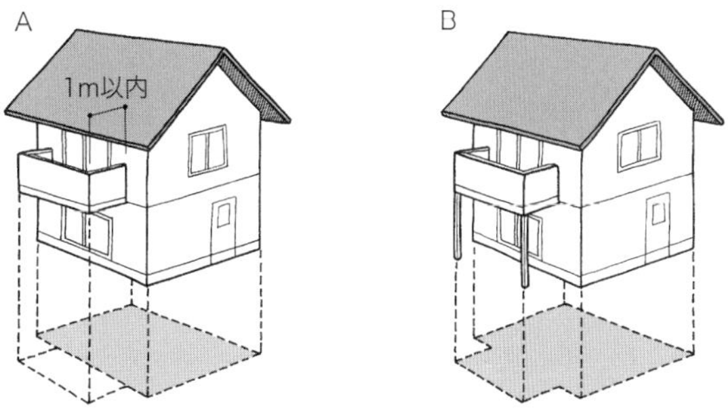

図 2･24　バルコニー

Bは、建築面積・床面積に算入される例である。

バルコニーは、形により面積の算入方法が変わる。例えば、キャンチレバータイプで突き出したタイプの場合（図2･24A）は、軒や庇と同様、先端から1mまでは建築面積には入らないが、支柱があり、両サイドに壁があるバルコニーの場合（図2･24B）は、柱、壁に囲まれた内側の部分が「建築面積」に含まれる。ただし、柱のあるバルコニーでも、床材が網状のような開放性の高い部材の場合は、建築面積に含まなくてもよい場合もある。

5）建築物の高さ制限

建築物の高さは、道路などの公共空間の採光、通風、開放性などの確保、建築物の相隣環境の確保などの観点から、次のような斜線制限を設け、用途地域や敷地の状況に応じて建てられる高さを定めたものである（表2･14参照）。

■道路斜線

道路斜線とは、敷地が接する道路の反対側の境界線から、一定の角度で上がってくる斜線制限である。道路に沿って高層の建物が並び、日当り、通風などにより影響が出ないように、前面道路の幅員との関係、用途地域や容積率との関係によって制限している。斜線の勾配は、商業系と住居系とによって大まかに決められており、住居系のほうがやや厳しくなっている（商業系1.5、住居系1.25）（図2･25）。なお、建物が道路から後退している、道路の反対側に川や公園などがある、前面道路の幅員が12m以上ある、などの場合には緩和規定がある。

■隣地斜線

隣り合った建物への影響を考慮し、一定の高さ以上の部分についてかかる斜線制限で、隣地との境界線からかかってくる制限である（図2･25）。

■北側斜線

北側斜線は、建物の北側の敷地に対して日影などの影響を軽減するために、北側の敷地境界線から真北の角度に沿ってかかる斜線制限のことである。これは第一種・第二種低層住居専用地域、第一種・第二種中高層住居専用地域のみにかかる制限で特に厳しく、北側に増築することは難しい（図2･26）。

■高度地区

用途地域内で、住み良い環境を維持するために高さに対し斜線制限（道路・隣地・北側）を設けていることについてはこれまで述べてきたが、行政ごとに、建物の高さの最高限度・最低限度を定めている地域がある。これを高度地区指定という。この場合、

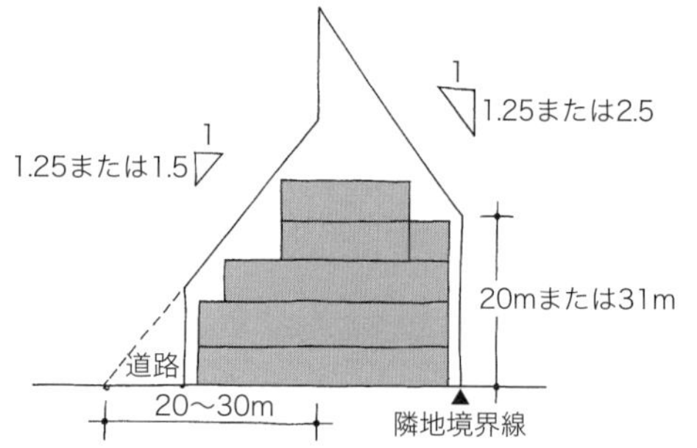

図2･25　建物高さの制限：前面道路斜線と隣地斜線（住居系用途地域の場合）

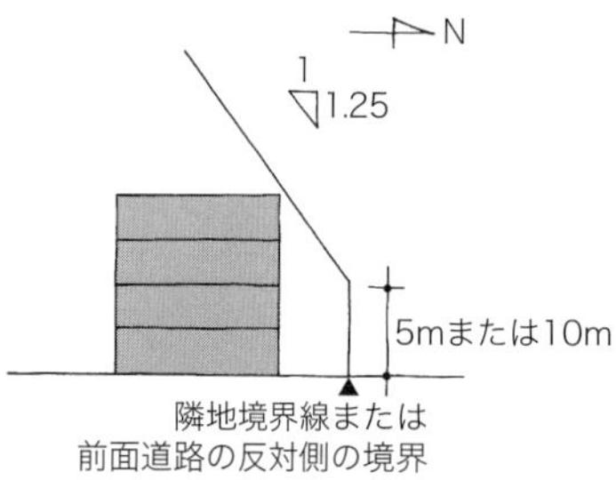

図2･26　北側斜線

表2･16　高度地区（東京都の例）

第一種高度地区	第二種高度地区	第三種高度地区
H1 ＝ 5.0m H2 ＝ 10.0m （高さ10mを超えると不可）	H1 ＝ 5.0m H2 ＝ 15.0m	H1 ＝ 10.0m H2 ＝ 20.0m

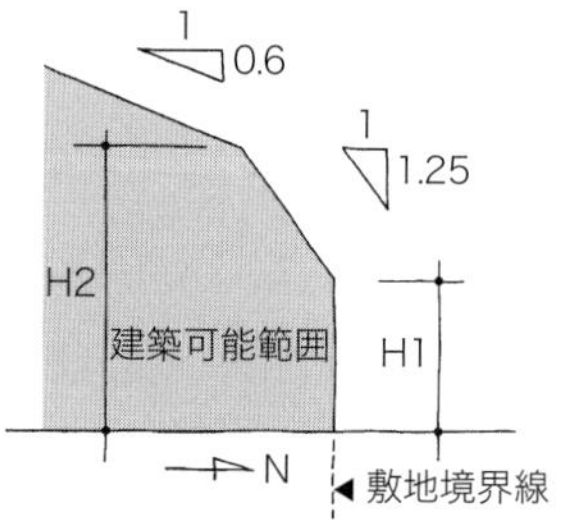

斜線制限と高度地区の規定の両方を満足する必要がある。しかも、絶対高さを制限する場合と、北側斜線により制限する場合とがあり、各行政により異なるので注意が必要である。表2･16に東京都の例を示す。

■ 絶対高さ制限

建物の最高の高さに対する制限のことである。なお第一種、第二種低層住居専用地域では隣地斜線制限はないが、建物の最高高さを10mまたは12mまでに定めている（図2･27）。

■ 外壁の後退距離

第一種、第二種低層住居専用地域では、建物の外壁から敷地境界線までの距離を1mまたは1.5m以上とするように定めている。

どのような斜線制限がかかるかについて用途地域別にチェック表にまとめ、表2･17に示す。

6）防火地域制限　法第61～67条

市街地の火災の延焼を防ぐ目的で定められた、都市計画地域特有の制度である。都市の中心部から順に、①防火地域、②準防火地域、③法22条区域と定められている。防火地域規制から、それぞれの地域で建てられる建物の構造や主要構造部の仕様の制限がある。防火上の制限をまとめたものを表2･18に示す。また、防火地域概念を図2･28に示す。

■ 防火地域

主要な幹線道路沿いで、商業・官公庁などの重要施設が集まっている地域を指す。ここでは以下のような規定がある。

・階数3以上または100㎡を超える建築物は、耐火建築物とする。

・その他の建築物は、耐火建築物または準耐火建築物とする。

・木造建築物は不可。

■ 準防火地域

防火地域よりも建物の密集が少ない地域を指し、以下のような規定がある。

・地上階数が4以上、または延べ面積が1500㎡以上

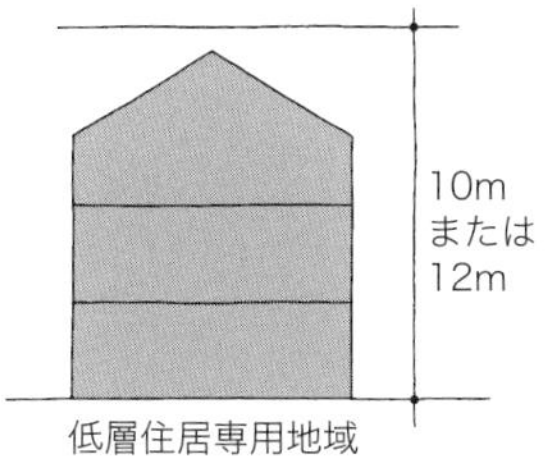

図2･27　絶対高さ制限

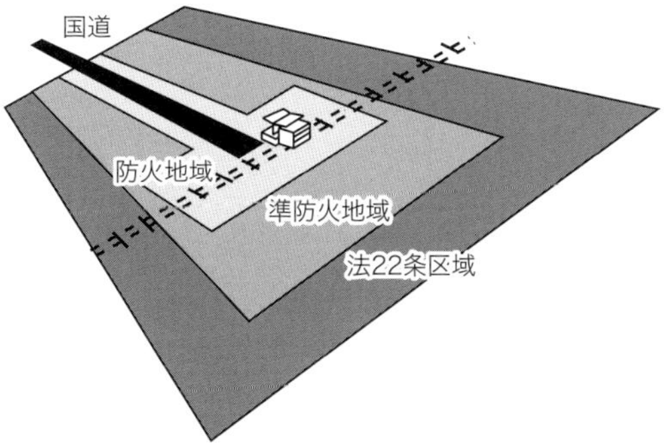

図2･28　防火地域概念図　駅や国道沿いなどの主要な部分を防火地域、そのまわりを準防火地域、さらにそこを取り巻くように法22条区域としている

表2･17　斜線制限チェック表

用途地域	前面道路斜線制限	隣地斜線制限	北側斜線制限	絶対高さ制限
（第一種・第二種）低層住居専用地域	○	×	○	○
（第一種・第二種）中高層住居専用地域	○	○	○	×
上記以外の住居地域	○	○	×	×
商業地域・工業地域	○	○	×	×

○はチェック要、×は不要

表2･18　防火上の制限一覧表

地域	規模	構造		
		耐火建築物としなければならないもの	準耐火、または耐火建築物としなければならないもの	耐火構造としなければならないもの
防火地域	階数	階数3以上のもの	左以外のもの	原則として木造の建築物は禁止
	延べ面積	100㎡を超えるもの		
準防火地域	階数	階数4以上のもの（地階除く）	階数3*のもの（地階を除く）	木造の建築物
	延べ面積	1500㎡を超えるもの	500㎡を超え1500㎡以下のもの	

*：準防火地域以内でも、一定の防火上必要な技術的基準に適合すれば、木造3階建ても可能

の建築物は、耐火建築物とする。

・地上階数が3以上で、延べ床面積が500㎡以上1500㎡以下の建築物は、耐火建築物または準耐火建築物とする。

・木造3階建ての建築物は、防火上必要な技術的基準に適合する建築物とする（令第136条の2）。

・階数2以下は制限なし。ただし、木造建築物で外壁、軒裏の延焼のおそれのある部分は防火構造とする。

図2・29に、準防火地域の延焼ラインにあたる木造住宅の屋根および外壁仕上げの例を示す。周辺の火災で発生した火の粉によって屋根が燃え上がったり、燃えぬけて内部へ延焼するなどの被害拡大を防ぐために、屋根は瓦や金属板などの不燃材料で仕上げる。外壁と軒裏は、直接火炎にさらされても30分間は内部の柱などが燃焼温度以上に上がらないようにする。そのため外壁の仕上げとしては、モルタルやタイルなどを使用するとよい。

防火地域、準防火地域内の建築物では、窓や出入口、換気口などの開口部から火災が燃え広がることを防ぐため、外部に面した開口部でかつ延焼のおそれのある部分には、準遮炎性能を持つ防火戸などの防火設備を設けて、火災を有効に防がなければならない。ただし、隣地境界線に開口部を遮るコンクリート製の壁を設けた場合は、開口部からの延焼を防ぐとみなされる（図2・30）。また、住宅防火戸仕様の雨戸ユニットや窓シャッターユニットと併用する場合は、サッシ部分を防火設備にする必要はない。

図2・31に準防火地域の防火制限を示す。

■**法22条区域（屋根の不燃化区域）**

屋根や外壁などの防火上の規制を受ける区域で、準防火地域の周辺に指定されることが多い。都市計画上ではなく建築基準法の第22条で定められているので、このように呼ばれている。なお、都市計画区域内のほとんどが対象となっており、屋根を不燃材で造るまたはふくことを義務付けられている。

防火地域における用語の定義を以下にまとめる。

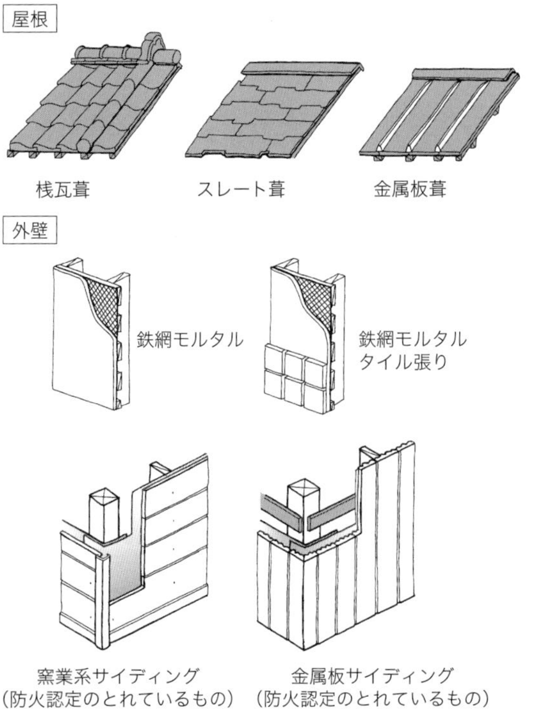

図2・29　準防火地域の延焼ラインにあたる木造住宅の屋根と外壁

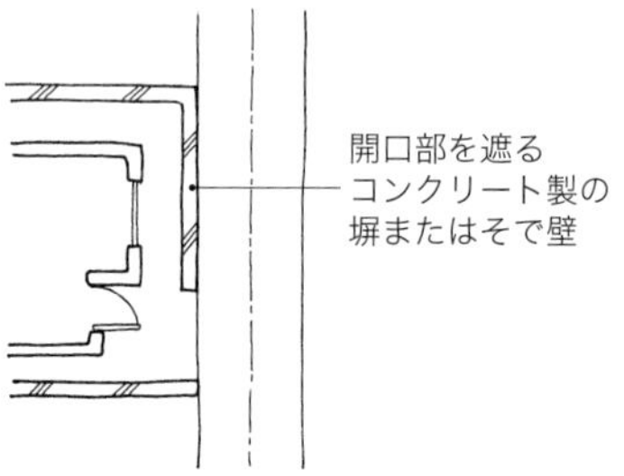

図2・30　延焼ラインにあたる開口部（ドア・窓）の防火設備

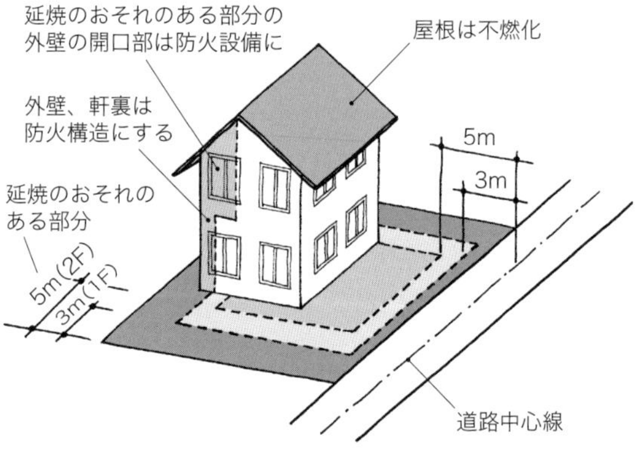

図2・31　準防火地域の防火制限

■耐火建築物

建物の主要構造部（柱、梁、壁、床、屋根、階段）を耐火構造とする、または耐火性能の技術的基準に適合させた建築物のことで、延焼のおそれのある部分に防火設備を設けている。耐火建築物は単に「燃えない」だけでなく、隣家からの火災の延焼を防止し、熱による変形や倒壊しない構造であることが必要である。

一般的には、鉄筋コンクリート造、レンガ造を指すが、鉄骨造でも鉄骨を耐火被覆することで耐火建築物に認められる。加熱後支障のある損傷を生じない時間として、1時間、2時間、3時間以上のものがある。

■準耐火建築物

耐火建築物以外で、主要構造部を準耐火構造としたもの、延焼のおそれのある部分に防火設備を設置しているものをいう。

最近の建築材料や工法の進歩により、木造でも準耐火建築物とすることが可能となったが、基本的には加熱後、45分以上支障のある損傷を生じないことが求められる。木造の場合、主要構造部を12mm＋9mmのプラスターボード2枚重ね張りで被覆することで、45分耐火となる。

■防火構造

防火構造とは、「外壁」と「軒裏」のみに規定された構造である。周囲でおきた火災に対し、30分以上の支障ある損傷を生じないことが求められる。燃えやすい木造の外壁では、ラス（鉄網）を張り、その上にモルタルを20mm以上塗れば、また厚さ20mm以上の土塗壁でも防火構造になる。そのほか、タイル張りなどで、規定の厚さ以上あれば防火構造として認められる。

■耐火構造・準耐火構造

求められる耐火時間（通常の火災発生から支障ある損傷を生じない時間）により、様々な材料を組み合わせることにより耐火構造にすることができる。材料としては、火災に強い石膏ボード、鉄網モルタル、木毛セメント板、ロックウール、グラスウールなどがあげられる。

■延焼のおそれのある部分

隣地境界線、道路中心線、または同じ敷地内の他の建築物（延べ床面積の合計が500㎡以下のものは一つの建築物とみなす）の外壁間の中心線から、1階では3m以下、2階以上では5m以下の距離にある建築物の部分を指す。なお、この延焼のおそれのある部分にある開口部（窓・出入口）には、防火戸などの防火設備を設けなければならない（図2･32）。

■防火設備

防火戸には図2･33、2･34に示す2種類がある。延焼のおそれのある部分には、どちらかを使用する（60分以上、20分以上）。

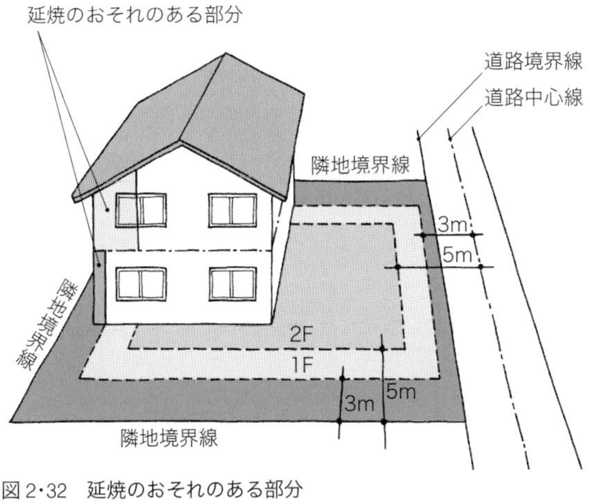

図2･32　延焼のおそれのある部分

●通常の火災で60分以上、炎を遮る
・骨組みを鉄製とし、両面にそれぞれ厚さが0.5mm以上の鉄板を張ったもの
・鉄製で鉄板の厚さが1.5mm以上のもの
・鉄骨コンクリート製または鉄筋コンクリート製で厚さが3.5cm以上のもの
・土蔵造の戸で厚さが15cm以上のもの
・上記のものを除くほか、国土交通大臣が消防庁長官の意見を聞いて、これらと同等以上の防火性能を有すると認めて指定するもの

一定の厚みのある鉄製ドアまたは防火認定のとれたアルミ製ドア

図2･33　特定防火設備（従前の甲種防火戸）令第112条第1項

中古住宅をリフォームする時の注意点

「既存不適格」と「違法建築物」の違いは？

■既存不適格建築物

既存不適格建築物とは法令の改正に伴って生じる問題で、建てた時点では法令に適した建物だったものが法令の改正により適合しなくなってしまったものをいいます。

容積率、建ぺい率、高さ制限、防火地域指定などが改正された結果、延べ床面積制限や建築面積制限をオーバーしたり、建築材料が防火構造になっていないなどで既存不適格になるケースがあります。

既存不適格の建物で増改築や大規模修繕を伴うリフォームを希望した場合、リフォームしたい部分だけの工事は認められず建物全体を現法令に適合させる必要がありました。そうなると工事の規模が大きくなり、安全性を高めるリフォームを希望していたとしても断念し、見送られることが多くありました。

■ 2004年の法改正

2004年の法改正では、「既存不適格建築物に関する規制の合理化」という観点より、「段階的な改修」ができるように改正されました。そのことによって、いままで手を付けることのできなかった既存不適格建築物も少しずつ改修することが可能となり、増築、改修などのリフォームがしやすくなりました（法86条の7、8関連）。

■違法建築物

違法建築物とは、もともと法令違反をしているもの、当初は適合していたが増改築を繰り返し、必要となる確認申請をしなかったことから、法令に合わなくなったものを指します。違反建築物に関しては、確認申請の必要なリフォームは全体をやり直す可能性があるので注意が必要です。

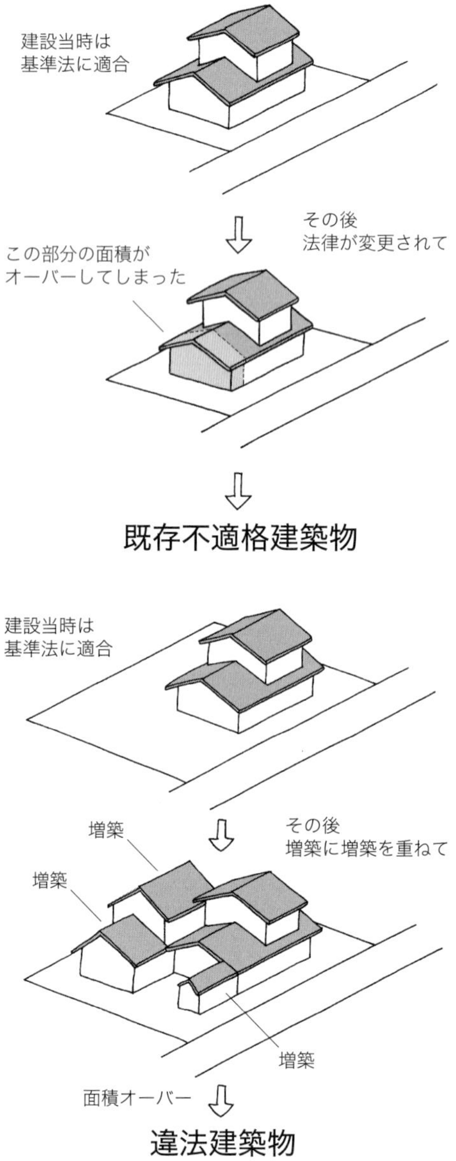

図2･35　既存不適格建築物と違法建築物

●通常の火災で20分以上、炎を遮る

・鉄製で鉄板の厚さが0.8mm以上1.5mm未満のもの
・鉄骨コンクリート製、または鉄筋コンクリート製で厚さが3.5cm未満のもの
・土蔵造の戸で厚さが15cm未満のもの
・鉄および網入りガラスで造られたもの
・骨組みを防火塗料を塗布した木材製とし、屋内面に厚さが1.2cm以上の木毛セメント板、または厚さが0.9cm以上の石膏ボードを張り、屋外面に亜鉛引鉄板を張ったもの
・上記のものを除くほか、国土交通大臣が消防庁長官の意見を聞いて、これらと同等以上の防火性能を有すると認めて指定するもの

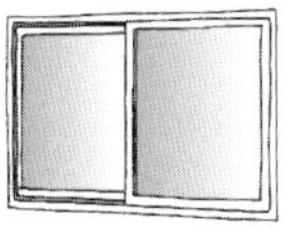
鉄またはアルミサッシに網入りガラス
＊アルミサッシに網入りガラスは大臣認定による

図2･34　防火設備（従前の乙種防火戸）法第2条第九号の2ロ、令第109条の2

2　消防法

1　消防法の目的

消防法は、火災を予防、警戒、鎮圧し、国民の生命、身体、財産を火災から保護するとともに、火災・地震などの災害による被害を軽減することを目的としている。

消防法には消防用設備規制、防炎規制などがあり、リフォームの際には適合しているかどうかのチェックを必ず行う。

リフォームの対象が戸建て住宅で、リフォーム後も同じ用途で使われる場合は、消防法上による規制は、「火災予防条例」の火気使用設備の設置位置以外の事項は考慮しなくてもよい。しかし2004年公布の消防法改正により、戸建て住宅に対してかかる規制として初めて、「住宅用火災警報器等の設置および維持の義務」が盛り込まれた。

またリフォーム後に店舗併用住宅として使う場合や、他の用途になる場合は、消防法上の規制の対象となるので注意が必要である。

2　防炎規制　消防法第8条の3

高層建築物その他指定された防火対象物においては、政令で定められた防火対象物で使われる防炎対象物品は、防炎性能があるものでなければならない、と定められている。住宅のリフォームという視点で見ると、高さ31mを超えるマンションは該当するが戸建て住宅には規制はかからないので、ほとんど対象外と考えてよい。

政令で定められる防炎対象物品としては、カーテン、布製のブラインド、暗幕、じゅうたん、展示用の合板、どん帳、その他舞台において使用する幕および舞台において使用する大道具用の合板、工事用シートなどがあげられる（図2･36）。

●防炎マーク

防炎製品

総務省消防庁の指導監督のもと、（財）日本防炎協会の防炎性能試験、審査に合格した「防炎製品ラベル」に表示されるマーク。対象製品は寝具、衣類、布張家具等。

●消防庁認定の防炎物品ラベル

消防庁登録者番号
AFE－⑬－0251
防　炎
指定確認機関名
財団法人　日本防炎協会

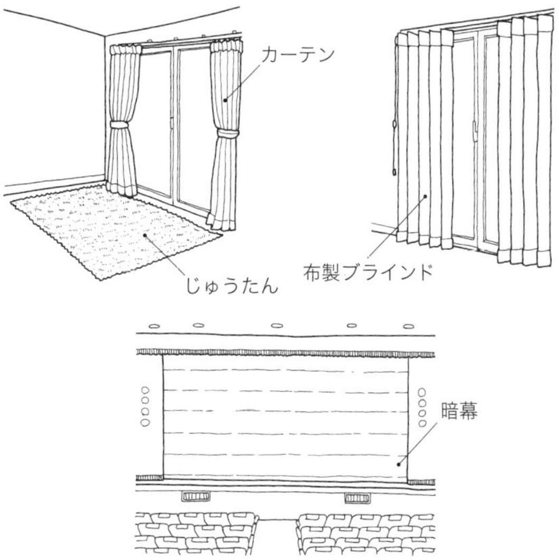

図2･36　防炎規制のかかる防火対象物

3 火災予防条例　消防法第９条、９条の３

「火災予防条例」には、各市町村で定められた規制がある。戸建て住宅のリフォームに関係するものは、「火気使用設備と可燃性の壁・天井との距離の規定」である。すなわち、ガス、灯油等を用いた暖房設備、こんろ、給湯器、ボイラーなどについて細かく規定したもので、各市町村ごとにその内容が異なるのでその都度確認すること。そのほかに前述した、2004年の消防法改正による「住宅用火災警報器等の設置義務」が重要である。

1）住宅用火災警報器等の設置義務

■参考：東京都の場合

東京都では、2004年3月31日の火災予防条例改正（2004年10月1日施行）により、住宅を新築・改築する時には住宅用火災警報器を設置しなければならなくなった（「自動火災報知設備（スプリンクラー設備・水噴霧消火設備・泡消化設備含む）」または「住宅用火災警報器に類する機械器具」または「住宅用火災警報器と同等の性能を有するもの」の設置でも可）。

表2・19　住宅用火災警報器の設置基準

設置場所	各居室*、台所、階段（面積の制限なし）	
機器の種類	煙式 ・火災以外の煙を感知するおそれのあるところ（台所など）は、熱を感知するタイプでも可	
取付位置	居室・台所	・室内に面する天井面で火災を有効に感知できる位置 ・壁面取付けの時、居室または台所の壁などにより、区画された部分が30㎡を超える時は煙式を設置
	階段	階段の天井面で火災を有効に感知できる位置

＊：「居室」とは居間、ダイニング、子ども室、寝室など常時継続的に使用する部屋で、台所、浴室、トイレ、洗面所は含まない

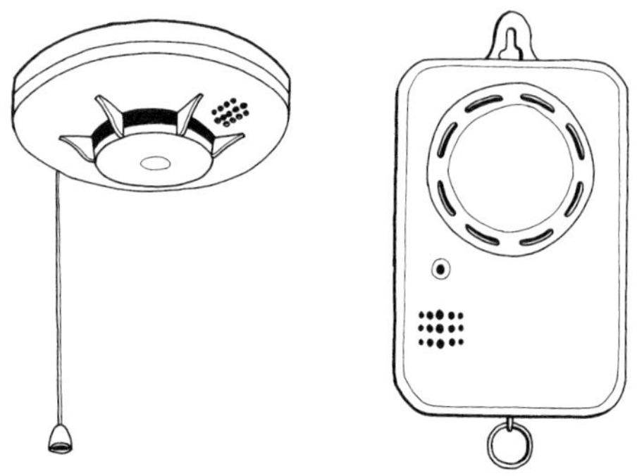

天井付タイプ　　壁付タイプ

図2・37　煙式住宅用火災警報器の例

住宅の建築主は、設置完了後15日以内に、消防署長へ届出が必要となる。その際、住宅の案内図、住宅用火災警報器の仕様書も必要である。

住宅用火災警報器の設置基準を表2・19に示す。ここで用いられる煙式警報器とは、煙を感知し火災の発生を警報音または音声で知らせるものである（図2・37）。

2）住宅用火災警報器と自動火災報知機

■住宅用火災警報器

住宅用火災警報器は、感知を行う部分と警報を行う部分が一体化しているものをいう。自動火災報知機の簡易版である。共同住宅や戸建て住宅など、既設の住まいにも後付けで簡単に取り付けることができるタイプもある。24時間監視し、煙や熱を感知することで火災の発生を警報音や音声などで知らせる。

■自動火災報知機

自動火災報知機は、感知を行う部分と受信機が別で、受信機から管理者に通報するとともに非常ベルなどの警報を発令するシステムになっているものをいう。

4 共同住宅の特例緩和措置

共同住宅には、消防用設備の設置免除を受けるために、建築構造が一定の要件（耐火構造・住戸等間の防火区画・開口部の防火措置など）を満たしているものがある。例えば、住戸内で火災が起こった時に、他住戸への延焼を防ぐために、各住戸の玄関扉を自動閉鎖式にしたり、外廊下側に付いている窓や換気口に防火性能のあるものを使ったりしている。

共同住宅のリフォームの際には、リフォーム後もその要件が満たされるよう注意が必要である。

3 マンションリフォーム関連法規と特有の注意点

1 マンションリフォーム関連法規

マンションリフォームに関連する法規等には、①建物の区分所有等に関する法律、②マンションの管理の適正化の推進に関する法律、③マンション管理適正化指針、④マンションの建替え円滑化等に関する法律、⑤管理規約などがある。

1）建物の区分所有等に関する法律

昭和37年法律第69号

この法律は区分所有法と呼ばれ、建物の区分所有、共用部分の取扱い、管理者、規約および集会、管理組合法人、復旧および建替えなどについて規定している。マンションの管理はこの法律に基づいて行われているため、マンションリフォームの際は図2·38に示すように、建築基準法と区分所有法によって制限を受けることを念頭におかなければならない。

特にマンションリフォームに関係する専有部分と共用部分の区分けは、この法律の重要な部分である。

2）マンションの管理の適正化の推進に関する法律

平成12年法律第149号

マンション管理に関する初めての法律で、初めて「マンション」の定義がなされた。「マンション」とは「2以上の区分所有者が存する建物で人の居住の用に供する専有部分のあるもの並びにその敷地および付属施設」とし、分譲マンションを指す。

3）マンション管理適正化指針

平成13年国土交通省告示第1288号

適正化法第3条に基づき国土交通大臣の告示として定められた指針で、マンション管理の主体が「管理組合」であり、適正な管理を行う義務があるとしている。

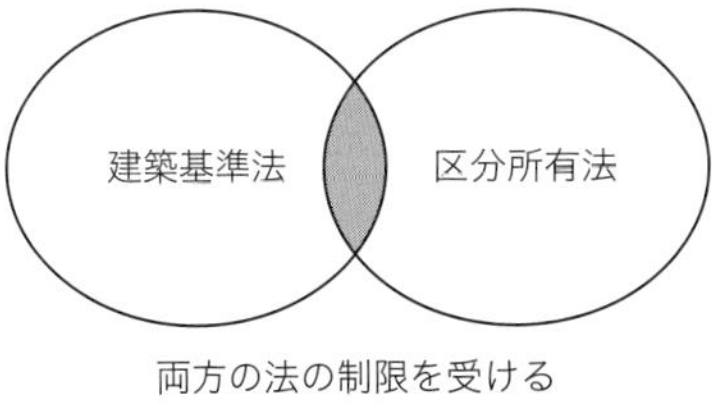

図2·38　マンションリフォームの法的制限

4）マンションの建替え円滑化等に関する法律

平成14年法律第78号

これまで難しかったマンションの建替えの円滑化を推進するために、建替組合の設立その他の仕組みを制定した法律である。

5）管理規約

区分所有法は、基本的な重要事項を定めた法律であるが、個々のマンションの実情に基づいて、さらに細かく具体的に盛り込んだものが「管理規約」である。専有部分、共用部分の考え方は、区分所有法において基本的な考え方が示されているが、個々の具体的な「共用部分」についてはマンションごとに、この管理規約で定めることになっている。したがって、マンションリフォームの関係者は、区分所有法とともに必ず内容を理解しておくことが必要である。

■ 標準管理規約

マンションの管理組合が管理規約を作成したり改定を行う場合に、一種のひな型となるのがこの「標準管理規約」である。国土交通省が、公的に標準となるものとして作成した。2003年の区分所有法の一部改正およびマンションを取り巻く情勢の変化に対応し、2004年1月に改正されている。なお、初期には「中高層共同住宅標準管理規約」という名称であったが、現在は「マンション標準管理規約」となっている。この規約は、「単棟型」「団地型」「複合用途型」の3つに分かれ、多くのマンションがこの「標準管理規約」に準じた内容で「管理規約」を作成している。詳しくは下記を参考にすること。

「中高層共同住宅標準管理規約の改正について」
http://www. mlit. go. jp/kisha/kisha04/07/070123_3_.html（国土交通省ホームページ）

■ 環境問題、防犯問題への対応の充実

なお、2004年に改正された「マンション標準管理規約」で注目したいのは「環境問題、防犯問題への対応の充実」を盛り込んだことである。例えば、窓ガラス等の開口部は専用使用権のある部分であるが、共用部分にあたるため区分所有者は基本的にリフォームできないことになっている。今回の改正で窓ガラス等の開口部など、防犯、防音または断熱等の住宅の性能向上を目的とするものに関して、管理組合が計画修繕として速やかに実施できない場合に、区分所有者の責任と負担で実施できるような細則を定めるように規定している（表2･20）。

表2･20　窓サッシ変更可能部分

・防犯対策…サッシの変更、サブロック・防犯フィルムなどの取付け
・防音対策…二重サッシ
・断熱対策…複層ガラスなどへの変更

■専有部分と共用部分

なお、マンションの専有部分と共用部分の区分としては、具体的な範囲と境界について区分所有法では定めていない。したがって「管理規約」で定める必要がある。また共用部分でも、特定の個人が使用できる部分は「専用使用権」がある。その区分について、上記の「マンション標準管理規約」単棟型では表2･21、図2･39のように定めている。

2 マンションリフォーム特有の注意点

1）リフォームできる具体的な範囲

■共用部分のリフォーム

共用部分のリフォームには「外壁その他の共用部分」が該当し、工事を行う中心は「管理組合」となる。目的は主に建物そのものの維持保全であり、定

表2･21　専有部分と共用部分

区分所有権の対象となる専有部分の範囲 （管理は区分所有者が行う）	住戸番号のついた住戸 ・ただし天井、床および壁は、躯体部分を除く部分 ・玄関扉は、錠および内部塗装部分を専有部分とする ・窓枠および窓ガラスは、専有部分に含まれないものとする ・上記の専有部分の専有に供される設備のうち共用部分内にある部分以外のものは、専有部分とする
共用部分の範囲 （管理は管理組合が行う）	①玄関ホール、廊下、階段、エレベーターホール、エレベーター室、電気室、機械室、パイプスペース、メーターボックス（給湯器ボイラー等の設備を除く）、内外壁、界壁、床スラブ、基礎部分、バルコニー、ベランダ、屋上テラス、車庫等専有部分に属さない「建物」の部分 ②エレベーター設備、電気設備、給排水衛生設備、ガス配管設備、火災警報装置、インターネット通信設備、ケーブルテレビ設備、オートロック設備、宅配ボックス、避雷設備、塔屋、集合郵便受箱、配線配管（給水管については本管から各住戸メーターを含む部分、雑排水管および汚水管については、配管継手および立管）など専有部分に属さない「建物の付属物」 ③管理事務室、管理用倉庫、集会室およびそれらの付属物

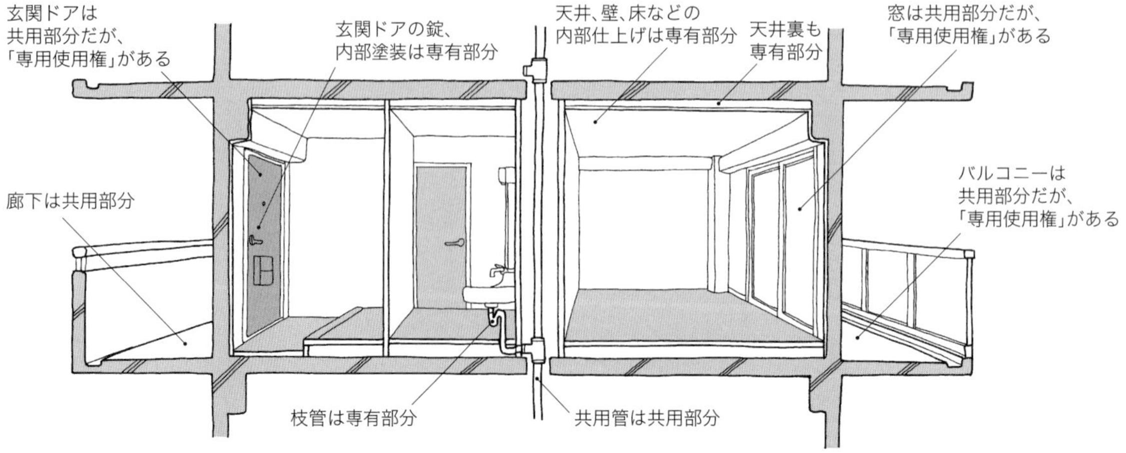

図2･39　マンションの専有部分と共用部分

期的かつ計画的に行う必要がある。こういったマンションの修繕や改修には、的確な建物診断や改修計画をたてられる経験と知識が豊富な技術者の協力が欠かせない。この技術者には、管理組合に対して工事内容を説明し、判断できるよう導く役割が求められる。

■ 専有部分のリフォーム

専有部分のリフォームは、区分所有者の「不便なところを直したい」「家族構成の変化に対応したい」「内装を新しくしたい」「設備を新しくしたい」などの発想がもとになり行うもので、工事を行う主体はその所有者になる。リフォームする範囲は専有部分に限られるので、戸建て住宅と異なり「増築」はできない。内容は、改修、修繕、設備の更新が中心となる。マンションでは、間取り、内装、設備に対しては多少オプションメニューはあるが、一般には一律仕様である。したがってマンションリフォームを行う際は、所有者が自分の生活スタイルに合わせて手直しする意味合いが、戸建て住宅に比べ非常に大きいといえる。

以下、ここでは専有部分のリフォームを対象に論ずる。

■ 専用使用権のある部分のリフォーム

専用使用権のある部分は、一般的にマンションの管理規約に表2･22のような形で定められる。専用使用部分は、区分所有権の対象となる専有部分とは異なり、リフォームにより勝手に変更を行うことはできない。この部分は、トラブルになりやすい部分なので注意が必要である。「4) リフォームにおいておきやすいトラブル事例」を参照のこと。

■ リフォームできない部分

専用使用権のある共用部分の他に、消防法や防火規定にのっとってリフォームできない部分に注意する。特にバルコニーは、消防法によって避難経路とされている場合がある。そのほか、タイルを敷き詰めて避難ハッチを有効に使えない、また、バルコニーの隔て板の付近に物置を設置し、非常時に破壊・避難できないようなリフォームは避ける。なお、マンションの窓が網入りガラスとなっている場合は、防火規定によるものなので、居住者は勝手に変えることはできない。

2) 戸建て住宅のリフォームの場合と異なる点

■ 集合体であること

マンションは、同じ敷地に多数の住宅が集合している。そのため、隣または上下住戸間で騒音やにおいの問題が発生しやすいので、注意が必要である(図2･40)。

■ 建物の構造

戸建て住宅は一般に小規模で、3階建てまでで、木造や鉄骨の軽微なものが多いため、構造体もいじりやすいのに対し、マンションは大規模、高層のものが多く、しかも構造躯体は鉄筋コンクリート造や鉄骨鉄筋コンクリート造などである。また、マンションの構造躯体は共用部分に該当するため、所有者

表2･22　マンションの管理規約で定められるバルコニー等の専用使用権の例

専用使用部分／区分	バルコニー	玄関扉 窓枠 窓ガラス	1階に面する庭	屋上テラス
①位置	各住戸に接するバルコニー	各住戸に付属する玄関扉、窓枠、窓ガラス	別添図の通り＊	別添図の通り＊
②専用使用権者	当該専有部分の区分所有者	同左	○○号室住戸の区分所有者	○○号室住戸の区分所有者

＊：マンションごとに平面図等を添付し、該当箇所を表示する

図2･40　マンションは集合体である

が勝手にリフォームすることはできない（図2･41）。

■ **管理形態**

マンションでは専有部分は所有者、共用部分は管理組合で管理を行う。さらに専有部分と共用部分の境目に関してはマンションにより異なるため、管理形態に注意が必要である（図2･42）。

■ **地面と離れた空間**

マンションは住戸の上に住戸が重なり、地面についているわけではない。専有部分のリフォームを行う場合、出入口や階段、廊下、エレベーターなどの共用部分を必ず使用しなければならない。すなわち、専有部分も共用部分に囲まれていると考えたほうがよい。したがって、共用部分の使用のために、共用部分の使用届や管理組合への届出を義務付けているケースも多い。また、マンションの他の居住者への配慮も必要である（図2･43、2･44）。

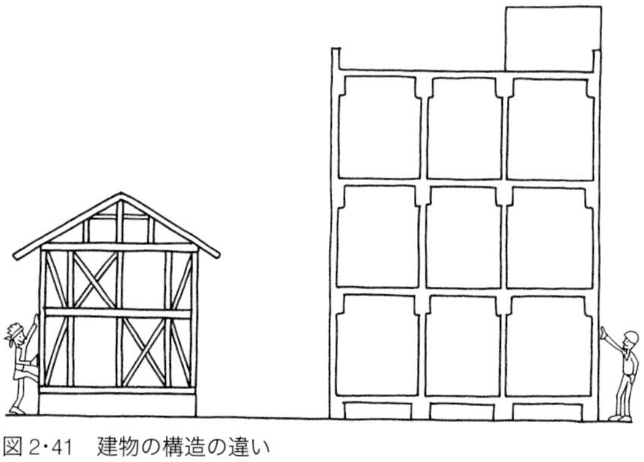

図2･41　建物の構造の違い

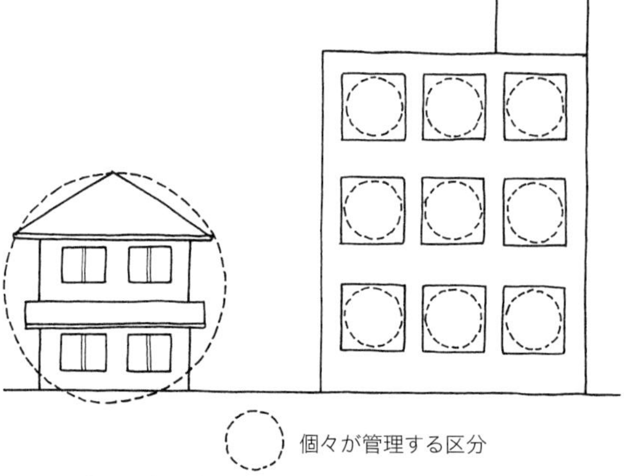

図2･42　管理形態の違い

3）マンションリフォームで注意すること

■ **管理組合への届出**

リフォーム工事を行う場合、管理組合との関係を良好に保つことが必要である。リフォームする際の「細則」を定めているケースも多く、その内容はマンションにより異なる。特に管理組合への届出を決めている場合は、施主自身から管理組合に届出をしてもらうのが望ましい。

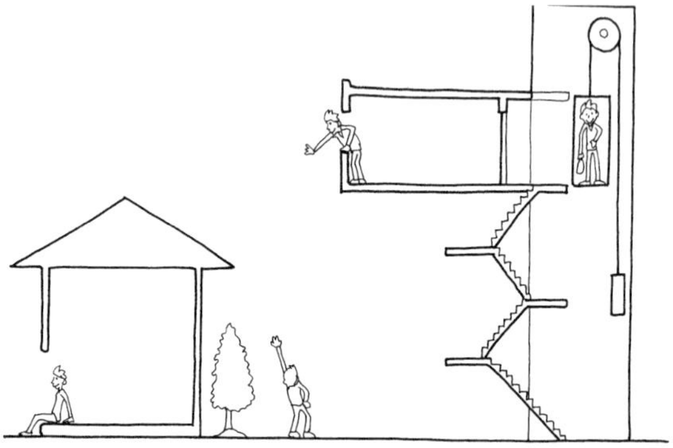

図2･43　マンションは地面と離れた空間である

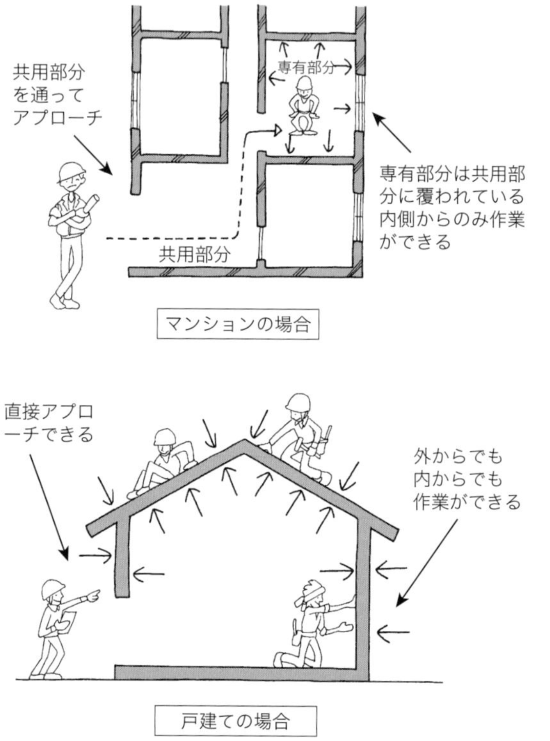

図2･44　マンションの専有部分は共用部分に囲まれている

■近隣への配慮

リフォームの際は、あらかじめ近隣住戸の承諾を取ること。資材の搬出入による共用部分の使用、工事中の騒音などで近隣住戸に迷惑をかけるので、工事前に施主により近隣住戸の承諾を取るようにする。また、施工者も工事開始前に挨拶すること。これらは、工事を円滑に進めるため、また居住者間のトラブルを避けるためにも、必ず行っておくべきことである。そのほか工事時間の厳守、慎重な資材の搬出入などにも注意が必要である。

■リフォームできるところ、できないところ

マンションでは、所有者の判断だけでリフォームできる部分とできない部分がある。しかし給排水設備配管のように共用部分と構造上一体となっている部分などは、各所有者が個々に変えても効果を発揮しない。専有部分内でも、共用部分と一体に管理するほうが適切な維持管理となる場合は、管理組合で管理するほうが望ましい。特に給排水設備の維持、修繕、取替えなどの責任区分を明確にし、管理組合で決まりを作るよう働きかけるとよい。

■作業場所の確保、資材置き場、搬入経路

スペースの限られたマンション専有部分だけで、作業場所が確保できるかどうかも重要なポイントの一つである。作業場所、資材置き場としてマンションの出入口付近、共用廊下、共用階段などを使わざるを得ない場合もある。使える場所は工程に影響を与えるので、工事が始まる前に検討しておく。なお、十分な作業スペースが確保できない場合は、他の場所であらかじめ作業して搬入する工程を組まざるを得ない。いずれにせよ居住者の通行、安全、騒音、ゴミの片付け、清掃などに細心の注意を払うことが必要である。

特に搬入にあたっては、搬入できる資材の寸法を確認すること。搬入経路でエレベーターを使う場合は、壁面を傷付けないような養生の配慮、また共用階段を使用する場合は、どのくらいまでの長さや大きさの資材が階段を回転できるかどうかの検分、そのほか玄関ドアから入る寸法について考慮すること。

表2·23　専用使用権の認められた場所でのトラブル

- ・バルコニーをサンルームにした
- ・バルコニーの手摺の色を塗り替えた
- ・1階専用庭を駐車場に変えた
- ・玄関扉の通路側の色を変えた
- ・バルコニーに空調機を設置した
- ・ルーフバルコニーを庭にした
- ・マンションの上下階、または隣同士を購入して躯体に穴を開けてメゾネット住宅にする、または2戸を1戸として面積を広げる

4）リフォームにおいておきやすいトラブル事例

■専用使用権の認められている場所でのトラブル

バルコニー、玄関扉、窓枠、窓ガラス、屋上テラス、1階に面する庭等は、専用使用権を有している部分である。すなわち、専用使用は認められているが、共用部分であることを知らないためにおきたリフォームのトラブル例を表2·23に示す。

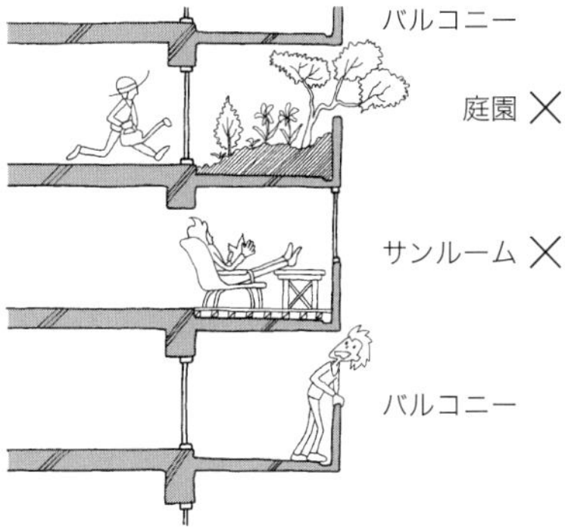

サンルームや庭園のリフォームはしない

界壁を抜いた2戸1住宅へのリフォームはできない

図2·45　違法リフォーム例

事例にあげたリフォームは、マンションの外観を損ねる、火災時などの避難に悪影響を及ぼす、荷重が加わる、構造を変えるなどの危険性があるケースである。例えば、バルコニーに空調機を設置するために勝手に躯体に穴を開けることは、マンションの構造に影響するため一般に禁止されている（図2・45）。

■近隣住戸とのトラブル例

マンションリフォームでは、近隣住戸への工事の騒音、振動、臭気、粉塵などの影響は避けられない。したがって、近隣にどのような住人がいるかの調査が必要である。特に受験生、高齢者、乳幼児、病人などがいる場合には、計画内容を変更したり、工事の仕方を考えるなどの配慮をしなければならない。

計画内容としては、例えば床の遮音性能として、畳やじゅうたんの床仕上げをフローリングに変えると一般的に音が伝わりやすくなる。遮音性能のあるフローリングにしたとしても、音についての感覚は人それぞれなので必ずしも問題は解決しない。また壁の仕上げ方法として、壁の躯体にじかに仕上げていたのを、GL工法などで躯体と壁下地のあいだに空間をとる方法を用いた場合、「太鼓現象」によってかえって音の伝達が良くなってしまうことなども考慮する。どちらにしろ、「工事前より悪くしないようにする」ことが大切である。

■音にかかわるトラブル例

現在、床仕上げをフローリングにリフォームするケースが多い。床仕上げのリフォームに関しては「管理規約」で決めているところも多い。例えば届出を出さなければならない場合、フローリングの遮音等級の指定がある場合などがある。特に、現在人気のある無垢フローリングは、規定の遮音等級をとれるかどうかを確認することが難しい。なお、二重床工法の場合は遮音性能を確保しやすいが、直張り工法の場合は確保しにくいことを知っておくこと。さらに遮音性能を高めるために、直張り工法のところを二重床工法にするリフォームをしたいというケースもあるが、建具枠との取り合いなどがうまくいかない、工事費がかさむなどの問題もある。図2・46に、フローリングの床下地の工法を示す。

マンションごとに定められた遮音等級を守るほか、小さい子どもがいるなど音が出やすいと思われる家庭の場合は、より遮音等級の良い材料を使うなど、音に関しては特に気を付けるべきである。表2・24に、フローリングの遮音等級と性能を示す。

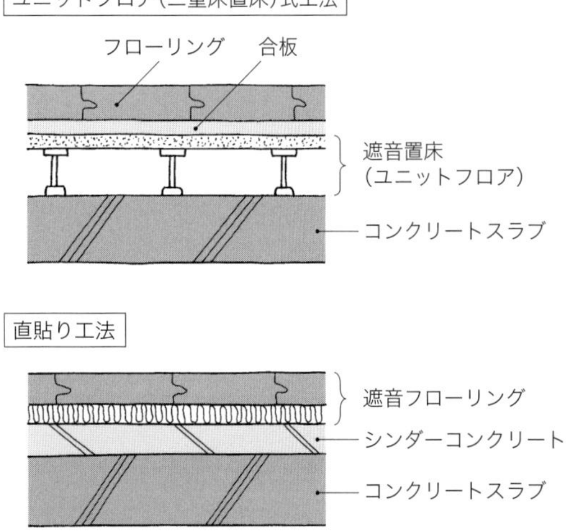

図2・46　床下地の工法

表2・24　フローリングの遮音等級と性能

遮音等級	足音など	落下音など	生活音、プライバシーなど
LL-60	やや気になる	箸を落とすと聞こえる	お互いに我慢できる程度
LL-55	少し気になる	スリッパでも聞こえる	注意すれば問題ない
LL-50	ほとんど気にならない	ナイフなどは聞こえる	やや注意して生活する
LL-45	聞こえるが気にならない	サンダル音は聞こえる	少し気を付ける
LL-40	遠くから聞こえる感じ	ほとんど聞こえない	気兼ねなく生活できる

LLの次の数字が小さいほど遮音性能は良い

2・3 住宅の性能に関する知識

1 住まいの性能

1 住まいの性能とはなにか

住まいの性能とは何のことを指すのだろうか。例えば、車を購入する際にはデザインの好みや値段の他に、馬力や燃費などの性能面からのチェックを行ってから決める。住まいに関しても同じで、間取り、価格、立地の他に、様々な性能がある。これまで住まいの性能については具体的な判断基準がなく、性能とはなにか？　といってもぼんやりしたものであり、物件ごとに比べることもできなかった。

2000年に施行された住宅性能表示制度では、住まいの性能を10分野32項目に区分し、おのおのの区分で評価基準を設け、等級で性能の成績表を付ける仕組みを整えた。この評価に関しては、国が指定した住宅性能評価機関が「住宅の品質確保の促進等に関する法律」(品確法) に基づき、公平に同じ基準で等級付けを行うため、物件ごとの比較を可能にした。

2 今後の住宅のあり方

住まいの性能についての定義がはっきりしたことや物件ごとの比較が容易になったこと、求める側の住宅選びの目が肥えてきたこと、高い技術や性能・品質の改良が進んでいること、環境問題への意識が高まってきたことに加え、2011年3月の東日本大震災や電力不足を経験し、住まいの基本性能である耐震性、省エネ性、そして地盤の安全性を重視する人が増えた。これからますます「性能面」が購入の決め手になる時代になるであろう。これからは、品質の良い住宅を建て、メンテナンスをしながら長く住む時代でもある。住まいの性能に関しての知識を深め、より良い性能の住まいづくりへ手引きすることが、リフォームに従事する技術者の大きな役割の一つである。

改築の際に耐震性能や省エネ性、バリアフリー対策などを合わせて考え、取り入れることで効果的なリフォームとすることができる。

本節では、住宅性能表示の区分や評価の内容を参考にしながら、住まいの性能アップのために、リフォーム時にどのような点に気を付けて取り込んでいったらよいかをみていきたい。

3 住宅性能表示概要

1) 開始時期

住宅性能表示とは、品確法に基づき2000年にスタートした新しい制度である。

2) 制度の目的

制度創設の目的は、住宅の品質の確保とその促進、住宅購入者が住宅を相互的に比較して購入できるなど、購入者の利益を保護すること、また住宅紛争の迅速な解決により、国民生活の安定向上と経済の発展に寄与することである。

3) 任意の制度

住宅性能表示制度は任意の制度であり、かならず受けなければならないという義務はない。この制度を利用するかどうかについては、住宅を取得する人、住宅の生産者、販売者などの任意選択となる。

4) 共通ルール

法律に基づいて、住宅の性能を表示する共通ルールとして「日本住宅性能表示基準」、住宅の性能評価の方法として「評価方法基準」が定められている。

5）「設計住宅性能評価」と「建設住宅性能評価」

設計図を審査する「設計住宅性能評価」と建物自体を審査する「建設住宅性能評価」（以上新築のみ）、既存住宅の性能を評価する「既存住宅性能評価」とがある。

設計住宅性能評価の評価書が添付されて契約した場合、評価書に記載された性能がすなわち契約内容とみなされる。建設住宅性能評価では、設計住宅性能評価書通りの内容となっているかのチェックが実際に行われる。

建設住宅性能評価、既存住宅性能評価を受けた住宅においては、万が一トラブルが起こった場合「指定住宅紛争処理機関」を利用して解決にあたることができる。

4 性能表示項目 10 分野

日本住宅性能表示基準で取り上げられる性能表示項目は、次の 10 分野に区分される（図 2·47）。

①地震などに対する強さ（構造の安定）…地震時の倒壊のしにくさや損傷の受けにくさ

②火災に対する安全性（火災時の安全）…住宅が火災になった時の安全な避難対策、燃え広がりにくさ、隣からの延焼のしにくさ

③柱や土台などの耐久性（劣化の軽減）…年月経過による柱・土台の耐久性への考慮

④配管の清掃や取替えのしやすさ、間取り変更のしやすさ（維持管理への配慮）…給排水、ガス管などの配管の点検・清掃・取替えのしやすさ、間取り変更リフォームのしやすさ

⑤省エネルギー対策（温熱環境）…暖房や冷房を効率よく行う壁や窓の断熱効果

⑥シックハウス対策・換気（空気環境）…シックハウスの原因の一つとされるホルムアルデヒドを含む建材がどの程度含まれるか、また換気設備がどの程度整えられているか

⑦窓の面積（光・視環境）…東西南北上方の 5 方向について、窓がどのくらいの割合で設けられているか

⑧遮音対策（音環境）…主にマンションの場合の、上下階、隣住戸間での音の伝わりにくさ

⑨高齢者等への配慮…高齢者や障害者が暮らしやすいための出入口の段差解消、手摺の設置など

⑩防犯に関すること…侵入を防止する性能が高いと判定された防犯部品の開口部での使用有無の表示

＊ 2015 年より必須項目は 10 分野中 9 分野から 4 分野に変更され、より導入しやすくなった。

性能表示項目は、等級や数値で表示される。等級は数字が大きいほど性能が高いことを示す。この項

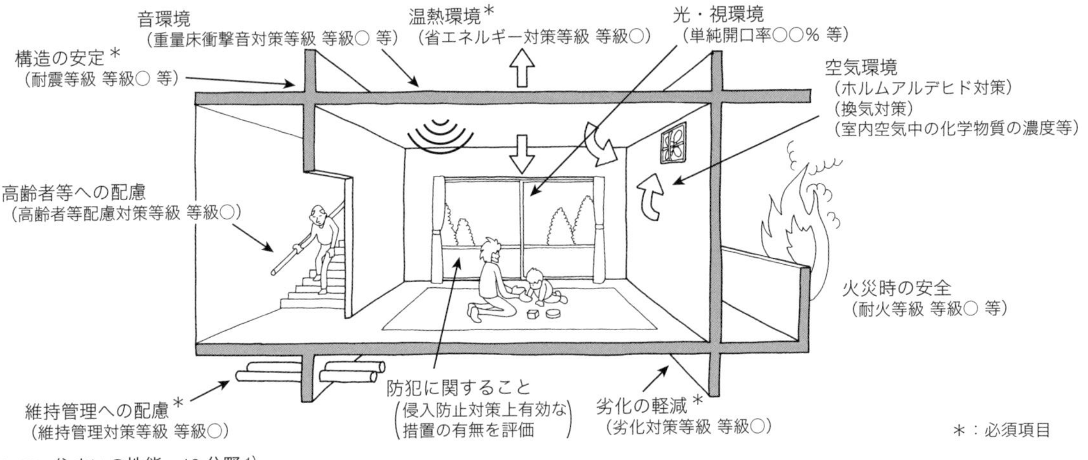

図 2·47　住まいの性能　10 分野[1)]

表2･25　住宅性能表示制度等級表示（新築の場合）

表示項目	評価内容	表示方法
1. 構造の安定	耐震、耐風、耐雪等級、地盤または杭の許容体力、基礎の構造・型式など 免震建築物かどうか	等級3 等級2 等級1 その他
2. 火災時の安全	感知警報装置設置、避難安全対策、脱出対策、耐火等級など	等級4 等級3 等級2 等級1 その他
3. 劣化の軽減	住宅に使用される材料の劣化の進行を遅らせるための対策がどの程度講じられているか／主に構造躯体	等級3 等級2 等級1
4. 維持管理への配慮	給排水管とガス管の清掃・点検および補修のしやすさ／専用配管と共用配管 間取り変更（リフォーム）のしやすさ	等級3 等級2 等級1 躯体天井高、梁、柱の室内へのでっぱりの有無
5. 温熱環境	暖冷房に使用するエネルギーの削減のための断熱化などによる対策の程度 一次エネルギー消費量	等級5 等級4 等級3 等級2 等級1
6. 空気環境	屋内の内装仕上げ等からのホルムアルデヒドの発散量を少なくする対策	等級3 等級2 等級1 その他
7. 光・視環境	居室の開口部面積と位置についての配慮	数値表示
8. 音環境 選択項目（必ずしも評価を受けなくてよい）	共同住宅の床・壁の遮音性、住宅の窓の遮音対策の程度	等級5 等級4 等級3 等級2 等級1
9. 高齢者等への配慮	高齢者や障害者への配慮のため必要な対策の程度／専用部分・共用部分	等級5 等級4 等級3 等級2 等級1
10. 防犯に関すること（2006. 4. 1～）	住戸の開口部に防犯性能部品を使用したかなど、防犯対策についての配慮	防犯部品使用の有無

等級は数字が大きいほど性能が高い

目の中には建物の最低限の水準を定めた建築基準法の規制内容と重複する項目があり、それについては基準法の性能を大きく上回らない住宅については「等級1」などの評価が下りる。例えば「構造の安定」の耐震等級などは、建築基準法と同じ性能であれば等級1、それより高い性能のものは「等級2」「等級3」と性能のお墨付きをもらうことができる。建築基準法の規制内容より良い評価をつけることができるということが、住宅性能表示制度の特徴と言ってもいいだろう。

5 住宅性能表示制度の普及状況

実際に住宅性能表示を利用している住宅は、どのくらいあるのだろうか。

新築住宅では制度運用開始（2000年10月）からの累計で、2016年11月末で設計住宅性能評価の交付2,861,610戸、建設住宅性能評価では交付2,184,294戸となっている。建設評価書が交付された住宅を年代別に見ると、2001年度15,088戸、2005年度118,399戸、2010年度154,511戸、2015年度168,991戸となっており、制度の認知とともに増加している。順調に実績を伸ばしているといえる。

詳しくは一般社団法人住宅性能評価・表示協会のホームページの「住宅性能評価の実績戸数」（毎月更新：http://www. hyoukakyoukai. or. jp/download/jisseki_jutaku. html）を参照のこと。

2 既存住宅性能表示制度

1 制度の背景と目的

既存住宅性能表示制度は、2000年4月に施行された品確法が新築住宅のみを対象としていたのに対し、その法律に基づいて既存住宅（いわゆる中古住宅）も対象としたもので、2003年8月に公布・施行されスタートした。これにより「住宅性能表示制度」は新築・既存を問わず、すべての住宅を対象とした制度となった。

既存住宅性能表示制度では、既存住宅の現況・性能に関して専門家が客観的な検査・評価を行う。その目的は既存住宅の売買をする際に物件の情報を共有し、契約の透明化と円滑化を図り、既存住宅の流通、住替えを促進すること、既存住宅の居住者が住宅の維持管理に必要な住まいの傷み具合などの情報を把握して適切な維持管理、リフォームなどを行い、既存住宅の質の確保、向上を促進することにある。

このように既存住宅の売買の活性化の他に、リフォーム市場の活性化や拡大につながることが期待されている。これまで不透明だった増改築工事の品質を、第三者が客観的に評価し保証する点に特徴があり、消費者にとっても施工者にとっても望ましい制度であるといえよう。

2 制度の特徴

「既存住宅性能表示制度」は、既存住宅の適切な維持管理、修理・リフォームを行うために住まいの傷み具合を把握する制度である（図2·48）。住宅のリフォームを行う前に、利害の絡まない第三者機関に住まいの傷み具合を検査してもらうことで、安心・的確なリフォームを行うことができる。

マンションなどでは専有部分をはじめ、エントランスホール、階段、廊下、共用配管などの共用部分の検査を受けることによって、マンションの維持管理に役立てることができる。

既存住宅の購入の際の判断として、住宅の性能を見比べることができ、判断の材料になる。また、購入後にリフォームする際の参考にできる（図2·49）。

また、リフォームに関わる仕事をするものにとって、この既存住宅の性能表示制度の内容や検査について理解を深めておくことが非常に大切である。依頼主に住宅の状況を説明できること、的確なリフォーム計画をたてるためにも、この制度の内容をよく理解しておくとよい。

3 制度の構成

■ 対象住宅

すべての既存住宅（品確法上の「新築住宅」以外の住宅）が対象となる。なお新築住宅とは、建築後1年以内で使用されたことのないものをいう。

■ 内容の詳細

既存住宅性能表示の構成は、図2·50に示すように、①現況検査による評価、②個別性能に関する評価から成り立っている。

1）現況検査による評価

現況検査による評価は、部位・事象別の判定および総合判定を行うもので、必須項目である。

現況検査により、外壁の「ひび割れ」や床の「傾き」、壁や天井の「漏水などのあと」について調べる（図2·51）。ここでは、住まいの劣化や不具合が検査対象となる。

おのおのの検査結果に基づいて、住まいの傷み具合の状況をわかりやすくするために、その住宅全体の総合的な判定を行う。これを総合判定という。

■ あくまで現況の検査である

新築では施工のプロセスを確認できるが、既存住

図2·48　住まいの傷み具合を適切に判断する

図2·49　既存住宅の性能を比較できる

宅性能表示では対象住宅の現況の検査をもって評価を行うとともに、必要な場合は新築時の図面などの審査をもって評価することもある。

■ 特定現況検査

特定現況検査は、木造部分のある住宅の土台や柱などの「腐朽」や「蟻害」の検査を行うもので選択項目である。

2）個別性能に関する評価

新築住宅の住宅性能表示制度と同様、個別性能項目ごとの性能評価を行う。既存住宅性能表示では必須ではなくオプションの選択項目となる。既存住宅の場合、新築より評価項目は少なくなる。既存住宅の評価項目は、次の 9 分野 28 項目である（図 2･52）。

1. 構造の安定
2. 火災時の安全
3. 劣化の軽減に関すること
4. 維持管理への配慮
5. 温熱環境、エネルギー消費量に関すること
6. 空気環境
7. 光・視環境
8. 高齢者等への配慮
9. 防犯に関すること

この他に、既存住宅のみを対象とした 2 項目が設定されている。

3）既存住宅性能表示の特徴は「等級 0」

既存住宅の評価の特徴は「等級 0」があることで

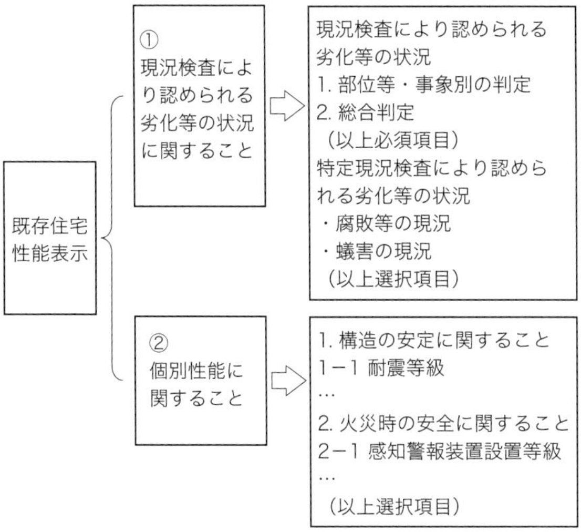

図 2･50　既存住宅性能表示制度の構成

図 2･51　住まいの劣化・不具合がわかる

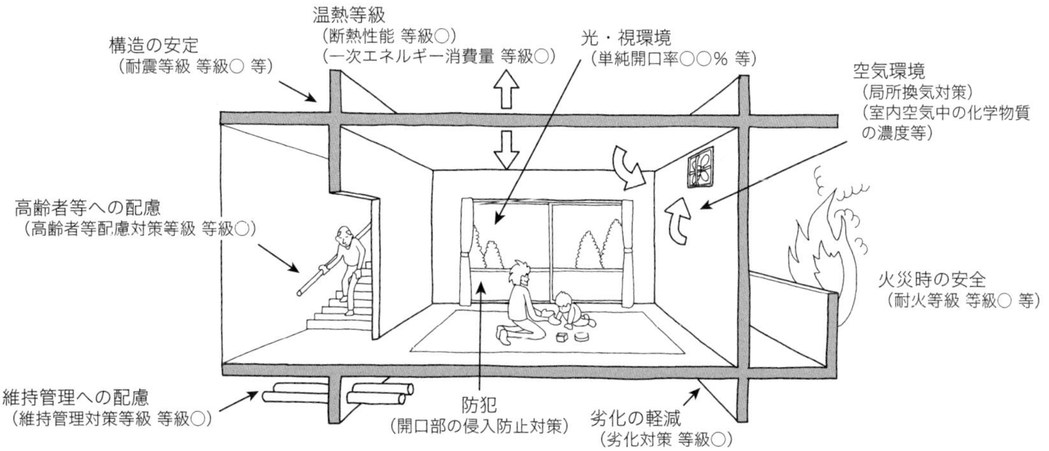

図 2･52　既存住宅性能表示評価項目　9 分野 28 項目 [1)]

ある。既存住宅の等級表示の基準は、基本的に新築住宅用の基準と同じで（表2･25参照）、この場合の等級1は「建築基準法関係規定を満たす」ことが条件となっている。新築ではこの等級1が最低ラインであるが、既存住宅ではその水準を下回る住宅を評価して表示するために「等級0」が設けられている。また高齢者等への配慮の項目では、等級2と等級1の間に「等級2－（マイナス)」が設けられている。

4）制度の利用上の注意

既存住宅の性能表示制度は、外観の目視を中心としたチェックになるため、チェックできる範囲に限界がある。

建物の状態は日々変化するので、評価結果はあくまで検査・評価時点のものであり、評価後にも変化がないことを保証しているものとは限らない。その点に注意してこの制度を活用するのが望ましい。

3　地震などに対する強さ　構造の安定

リフォームによって構造を補強し、地震に強い家にするための基礎知識を知ることが大切である。なおマンションのリフォームでは、基本的に構造体は共用部分に該当するため手を付けにくい。ここでは主に戸建て住宅についての一般的な概要を述べる。

1 リフォームする場合の既存建築物の取扱い

リフォームは新築以上に内容が複雑である。その理由としては、

・既存建物・リフォームの目的・構法の選択が多様であること

・建築主の考えが流動的であること

・方法の選択によって結果が大きく異なること

などがあげられる。

リフォームは多様な制約があり、新築と同じやり方が通じないというのが大きな特徴である。リフォーム工事が成功するか否かは、この多様な選択の中から最も適した方法を選択できるかどうかにかかってくるといえる。したがって、ケースバイケースでの判断が必要であることを肝に銘じておこう。

2 戸建て住宅の構造躯体の強さ

戸建て住宅もマンションも、新築の場合、建築基準法では以下のような構造躯体の強さを求められる。

1）地震に対する倒壊等の防止

極めて希に（数百年に一度程度）発生する地震による力（建築基準法施行令第88条第3項に定めるもの）に対して倒壊、崩壊等しない程度。

➡「数百年に一度程度発生する地震」とは、震度6～7程度（地表の加速度で400ガル程度）を想定している。これは、関東大震災の震源に近い小田原で観測された地震に相当する。

➡「倒壊、崩壊しない程度」とは、人命が損なわれるような壊れ方をしない程度を意味する。

2）地震に対する損傷の防止

希に（数十年に一度程度）発生する地震による力（建築基準法施行令第88条第2項に定めるもの）に対して損傷を生じない程度。

➡「数十年に一度程度発生する地震」とは、震度5強（地表の加速度で80ガル程度）を想定している。

➡「構造躯体が損傷しない程度」とは、大規模な工事を伴う修復が必要となる、著しい損傷が生じない程度を意味する。構造強度に影響のない、軽微なひび割れの発生などは含まれない。

3）暴風による構造躯体の倒壊等防止および損傷防止

極めて希に（500年に一度程度）発生する暴風による力（建築基準法施行令第87条に定めるものの1.6倍）に対して倒壊・崩壊せず、希に（50年に一度程度）発生する暴風による力（同条に定めるもの）に対して損傷を生じない程度。

➡「500年に一度程度発生する風により生じる力」とは、例えば東京郊外の住宅地で、高さ10mの位

置で平均風速が約35m/秒、瞬間最大風速が約50m/秒の風に相当する。これは1991年19号台風時に宮古島気象台で記録した暴風に相当する。

以上の強さは建築基準法による最低の基準である。住宅性能表示制度では、これよりさらに高い等級を認定している（表2･25参照）。

また、公共建築物で重要性の高いものは、さらに建築基準法で定める強さの1.25および1.5倍の倍率を求められる（図2･53）。

3 住宅の構法の概要

1）住宅の構法

在来構法とは、「従来からの……」という意味をもち、建築基準法施行令第3章第3節木造の規定に基づいて建てられたものを指す。現在全国で建てられている木造住宅すべてが在来構法に該当するわけではなく、大別すると図2･54のようになる。

在来構法も2×4（ツーバイフォー）工法も、一般構法の木構造に入る。在来構法が日本で生まれた建て方であるのに対し、2×4工法は北米で広く建てられている北米の在来構法である。

型式適合認定とはいわゆるプレファブ構法といわれ、一般の構法では認められない方法で、工場などで組み立てを行うなど、認可をうけた特別な企業や団体のみが建築できるものである。

2）在来構法と2×4工法の違い

在来構法が大小の軸材を直行させながら組み立てていくのに対し、2×4工法（枠組壁工法）では2×4材でフレーム（枠組）を作り、そこに構造用合板を釘で打ち付けて壁体および床版、屋根版を作る。

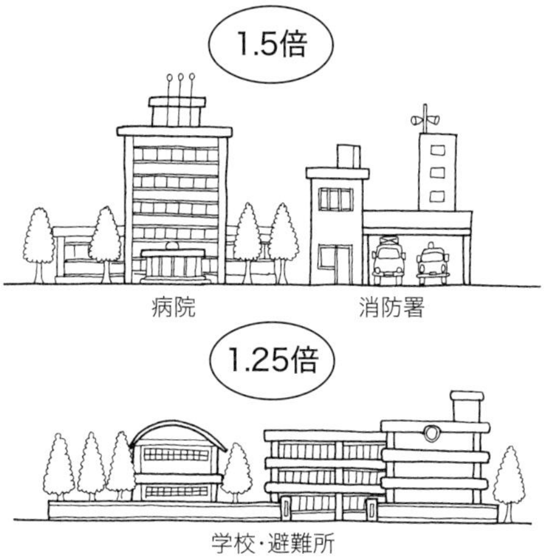

図2･53　公共建築物の構造強度

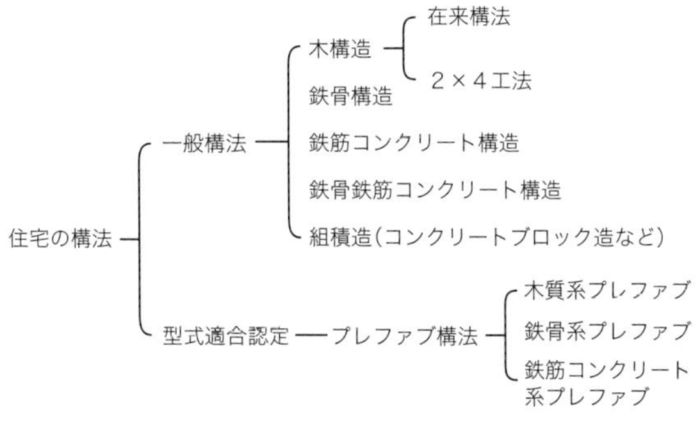

図2･54　住宅の主な構法の分類

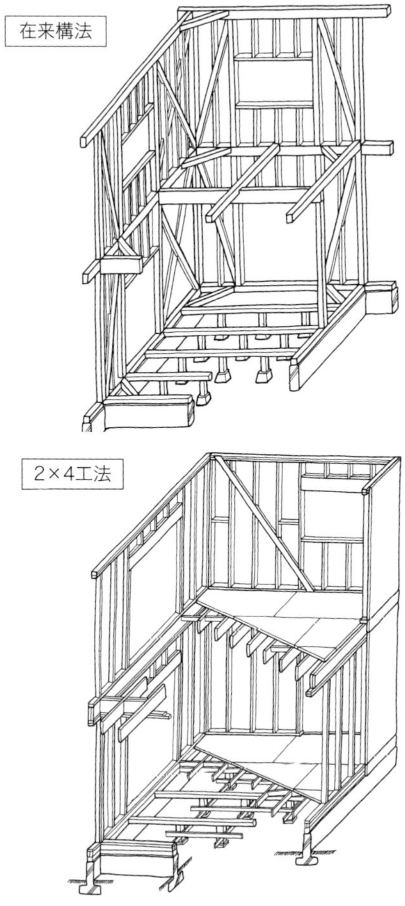

図2･55　在来構法と2×4工法[6)]

言い換えれば片面に構造用合板を張ったパネルを作り、それを組み合わせて建物全体を構成する。柱や梁がないところが、在来構法と大きく異なるところである。図2·55に在来構法と2×4工法の図を示す。

2×4工法は、壁全体が柱・梁の役割を果たしている。したがって、在来構法は増築時に柱を移動したり取り除いたり移設したりできるのに対し、2×4工法の増築では簡単に壁を取り除くことができない。図2·56に2×4工法（壁式）と在来構法（軸組み式）の力の伝達方法の違いを示す。

また、2×4工法（壁式）は面状の床と壁で力を受けるのに対し、在来構法（軸組み式）は線状の柱や梁で力を受ける。

4 地震に弱い住宅とは

1995年の阪神・淡路大震災では、多くの在来木造住宅が倒壊した。その原因をまとめると以下のようになる。

1）屋根の重さと壁量・筋交いの不足

いわゆる新耐震基準（1981年）以前に建てられたものは屋根が重く、かつ、壁や筋交いが少なく、もともと耐震性が乏しい上に老朽化の影響があったものと思われる。昭和50年代以前の建物の屋根は葺き土のある瓦葺きが多く、重い上、壁は筋交いのないものが多い。

2）土台の引抜け

柱を土台に短ほぞ差しとし、金物による補強をしていないため、地震で大きな引き抜き力が加わり、柱脚が抜け出してしまうケースが多く見られた。隅柱や耐力壁の両脇の柱は、土台から引き抜けないように、金物や込み栓などでしっかりと緊結することが大切である。図2·57に接合が不十分な耐力壁の例を示す。

3）耐力壁の配置バランスが悪い

・狭い間口に玄関と駐車場で壁のない都市型住宅
・店舗併用住宅で道路側が全面開口であるもの
・南面に掃き出し窓が多いもの

などの例があげられる。すなわち住宅の一面が開口部となり、耐力壁がバランスよく配置されていない、また、高さに対して幅が狭いので耐力的に弱い。

4）上下階の耐力伝達がうまくいかない

2階部分が1階より張り出している場合、2階の外壁にかかる地震力は、2階床面を介して1階の外壁面に伝えられるため、耐震上不利な構造といえる。

5）基礎の強度不足

基礎がコンクリートブロックによる布基礎の場合、

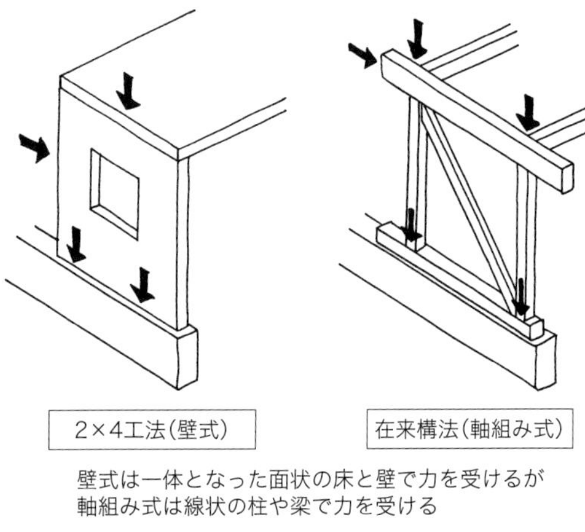

図2·56　壁式と軸組み式の力の伝達方法の違い[7]

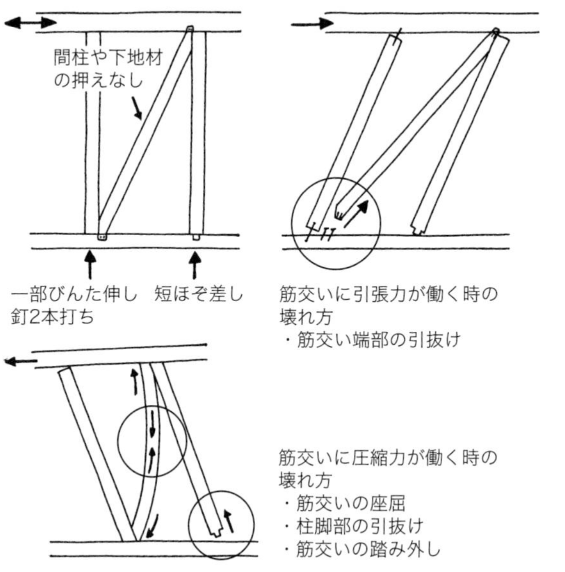

図2·57　接合が不十分な耐力壁[7]

無筋はもとより鉄筋が入っていたとしても一体化しづらく、布基礎には適していない。

6）土台や柱の腐朽、蟻害

サッシまわりの防水不良によって雨水が壁内に入り込んで土台と柱脚部を腐らせる、もしくは腐食・蟻害によって部材または柱端部・筋交いなどの端部の所要耐力が発揮されなかったものが地震に弱い。したがって、防水層が切れやすい箇所（開口部周囲、バルコニーの付け根、下屋と2階外壁の立ち上がり部など）を特に注意する。また床下に防湿コンクリートを打ち、布基礎の立ち上がりを高くとり、十分な換気口面積を確保し、土台に防腐処理材またはヒバ等の耐久性の高い木材を使うことが、床下湿気からくる腐食・蟻害の防止に役立つ。

5 地震に強い住宅とは

1）建物の重量に応じた十分な壁量をとる

建築基準法施行令第46条の壁量計算を満足させること（表2·26）。

土葺きの瓦や土塗り壁など、屋根・壁がとくに重い場合や2階バルコニーが重い場合は、必要壁量を割増して計画する。

建物の外周のぐう角のほか、建物の各所には、筋交い入りの壁または構造用合板などを釘打ちした壁（＝耐力壁という）を、つりあいよく配置する。耐力壁は、間口方向と奥行方向のどちらにも、表の割合（軟弱地盤では、それぞれの数値の1.5倍）以上にする必要がある。なお、風が強い地域では風圧力についての検討も必要である。以下に壁量の計算例をあげる。図2·58と合わせて参照のこと。

A. 間口方向

耐力壁①～⑯の合計長さは 90cm × 16=1440cm

表2·26　必要な壁の割合（壁長さ（cm）／1階の床面積（㎡））

	平屋	2階建ての1階
瓦葺など重い屋根	15	33
金属板、スレートなど軽い屋根	11	29

壁倍率を2.0とすると 1440cm × 2.0=2880cm

これを床面積で割ると、

2880 ÷ 72.0=40（cm/㎡）

これは、表2·26中の33cm/㎡より大きいのでOK。

B. 奥行方向

耐力壁a～kについて同様の計算を行うと、

90 × 11 × 2 ÷ 72.0=27.5（cm/㎡）

これは、33cm/㎡より小さいので耐力壁を増さなければならない。

壁倍率とは壁の強さを表すもので、筋交いが入っていると1.5、合板を打ち付けたものは2.5程度。図2·59に代表的な耐力壁と倍率を示す。壁の構造がわかっている場合は、その構造に対する倍率を使う。

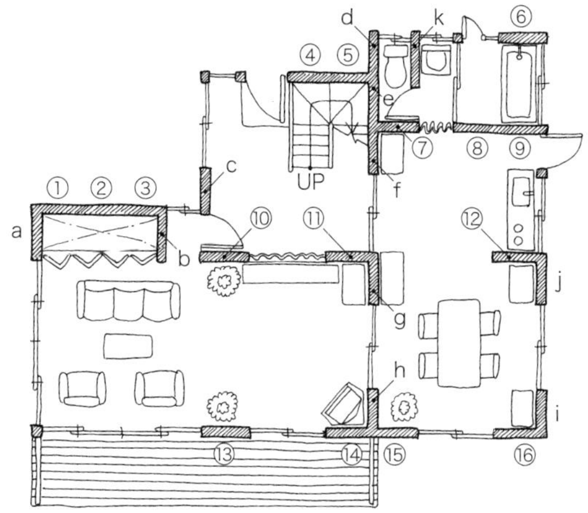

図2·58　計算例
2階建て、瓦葺の1階部分。黒く塗りつぶしたのが耐力壁。長さ90cmで1枚と数える。1階の床面積を72㎡とする

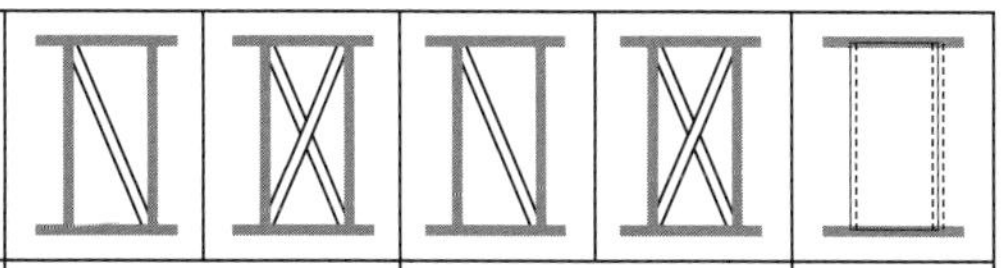

名称	30×90筋交い 片筋交い	30×90筋交い たすき掛け	45×90筋交い 片筋交い	45×90筋交い たすき掛け	構造用合板
倍率	1.5	3.0	2.0	4.0	2.5

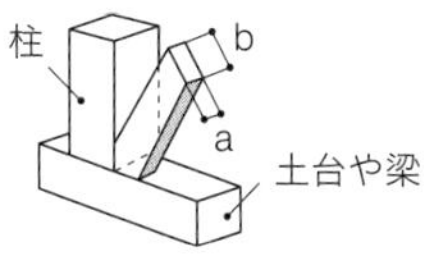

筋交いの30×90、45×90等は、左図のa、bの寸法をいう
倍率とは、筋交いの強さを示す

図2·59　代表的な耐力壁と倍率

2）壁の配置バランスを良くする

阪神・淡路大震災の倒壊原因で、耐力壁の配置不良があげられている。偏った耐力壁の配置では、弱いところに地震力が働き、かえって危険である。

平成 12 年建設省告示第 1352 号による「軸組み配置の 1/4 ルール」で確認すること。

図 2･60 に、バランスの良い壁の配置例を示す。バランスの良い壁配置にするためには、以下のような点に注意するとよい。

・外周の 4 面とも 1/4 以上を耐力壁とする。
・1 階コーナー部は L 字に外壁を配置する。
・大きな凹凸のあるプランは、長方形に分割して各々に上記の壁配置ルールを適用する。
・出隅には壁を設ける。

3）上下階の力の伝達を明快に

上下階の力の伝達が明快な軸組みを、図 2･61 に示す。

・上下階の耐力壁をなるべく一致させる。
・2 階の隅柱はなるべく 1 階の柱の直上に合わせる。
・下屋の 2 階外壁面直下には、耐力壁線を設けるよう計画する。
・下屋やオーバーハングの水平構面は構造用合板で固める。
・屋根面から 2 階耐力壁に力が伝達するよう小屋筋交いを入れる。

4）接合部はしっかり緊結する

筋交い端部、耐力壁の柱脚、隅柱の柱脚はしっかり緊結する。土台は、基礎にアンカーボルト（径 1.2cm、長さ 40cm 程度）で緊結する。緊結位置は、耐力壁の両端部 20cm 以内程度、土台の継手・仕口の脇などとし、そのほかは間隔 2.7m 以下とする。

5）基礎を丈夫にする

基礎は必ず鉄筋コンクリート造の布基礎かべた基礎とし、コンクリートブロック基礎にはしない。地盤が悪ければフーチングの厚さや幅を大きくし、根入れ深さ（地盤面からフーチング底辺の深さ）を深くする。

布基礎は、建物の外周部と内部の耐力壁の通り部分に設置する。形状は逆 T 字型で、構造は一体の鉄筋コンクリート造が標準的である。逆 T 字型の底辺にあたる部分をフーチングといい、建物の荷重を分散して地盤に伝える役割を果たす（図 2･62A）。

べた基礎とは、布基礎部分とそれに囲まれた建物

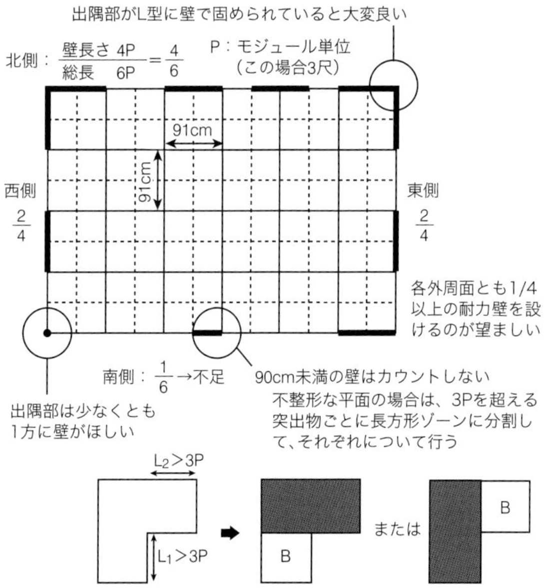

図 2･60　バランスの良い壁の配置例 7)

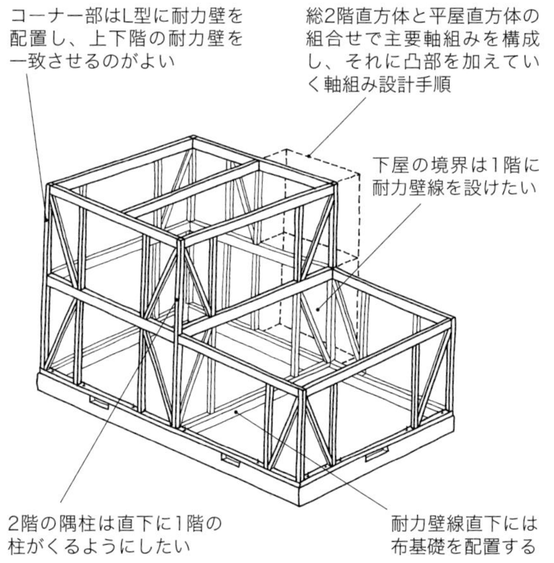

図 2･61　上下階の力の伝達が明快な軸組み 7)

の下部全体を、鉄筋コンクリート造の板状にしたものと一体化し、強固に接続させるものである（図2・62B）。

6）土台や柱は腐りにくくする

床下の換気を十分にとり、床下には防湿シートか防湿コンクリートを敷く。土台に使う樹種は、ヒノキ、ヒバなどの腐りにくい樹種を使用するか、防腐防虫処理剤を塗布するのが好ましい。サッシなどの開口部の防水にも注意する。

7）建物の一体性を高める

大きな空間、細かい凹凸の多い屋根や外壁、大きな吹き抜け、外周3面に接する吹抜けなどは、避けたほうがよい。

6 リフォームでの工法上のポイント — 地盤、基礎

1）地盤

リフォームに限らず、地盤の良し悪しは構造耐力上非常に重要である。軟弱地盤では常に不同沈下などの障害が起こりやすいだけでなく、地震時には建物の被害も大きくなる（図2・63）。

2）地盤の種類

軟弱な地盤とされるのは次のような地盤である。

- 大河川の三角州や中小河川の川沿い
- 沼・水田・湿地・谷・海岸などを埋め立てたところ
- 丘陵地などで敷地の全部または一部が盛り土になっているところ

3）地盤の調査

一般には木造2階建ての建物で床面積1m^2当たり約300kg、鉄骨造の建物で約600kg、鉄筋コンクリート造で約1.5トンもの重さがかかる。もし地盤沈下が起こった場合、その責任は建物を設計した設計者にあるとされる。設計者は事前に地盤調査を行い、軟弱地盤だと判明された場合には、適切な地盤改良をする必要がある。

地盤調査の方法として、住宅ではスウェーデン式サウンディング法（SS式）という簡易な方法がとられることが多い。これは住宅地盤の強度を調べるのに、最も一般的な試験方法である。スクリューポイントを取り付けたロッドの頭部に1kN（100kg）まで加重を加えて貫入を測り、貫入が止まったらハン

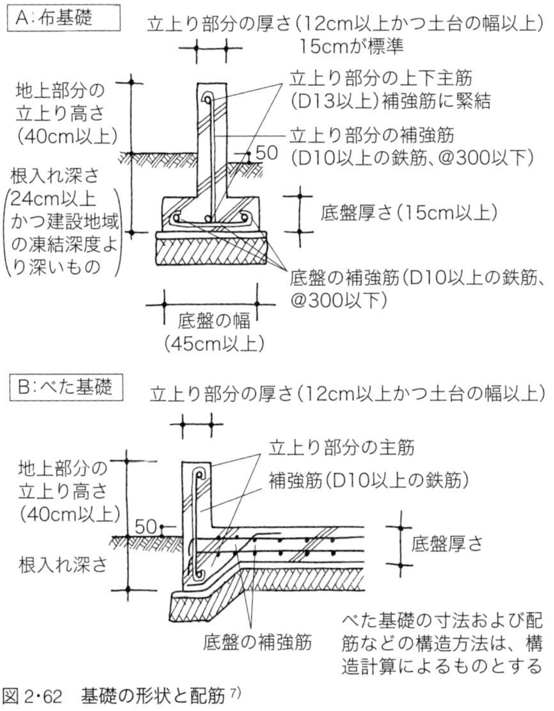

図2・62　基礎の形状と配筋[7]

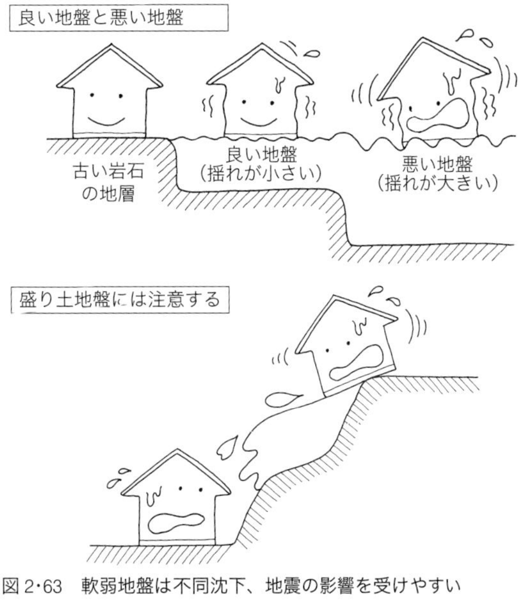

図2・63　軟弱地盤は不同沈下、地震の影響を受けやすい

ドルに回転を加えて地中にねじ込み、25cm ねじ込むのに必要な半回転を測定する。図 2·64 に、スウェーデン式サウンディング法（SS 式）を示す。

新築住宅の約 1/3 が、何らかの地盤補強工事を必要としているというデータもある。住宅の地盤調査を行う場合は、建物の四隅と建物の中央の 5 ヶ所に行う。同じ敷地でも南側と北側で地層が変化している場合があるからである。

スウェーデン式サウンディング法による地盤調査費用の目安は、1 敷地で約 8 万円程度である。

4）基礎の確認

1 階を増築する場合は基礎を新しく作る必要があり、また 2 階を増築する場合は既存の基礎のままでよいかの検討が必要である。いずれにしろ増改築する際には、既存の基礎を調べておく必要がある。

木造住宅の基礎については、建築基準法施行令第 42 条第 2 項に「土台は基礎に緊結しなければならない」とある。また建築基準法告示第 1347 号に、基礎の構造方法として、「基礎は鉄筋コンクリート造にせよ」と詳しく書かれている。いずれにせよ新しく設ける場合は、地盤の状態にかかわらず、鉄筋コンクリート造の布基礎またはベタ基礎以上とすべきである。

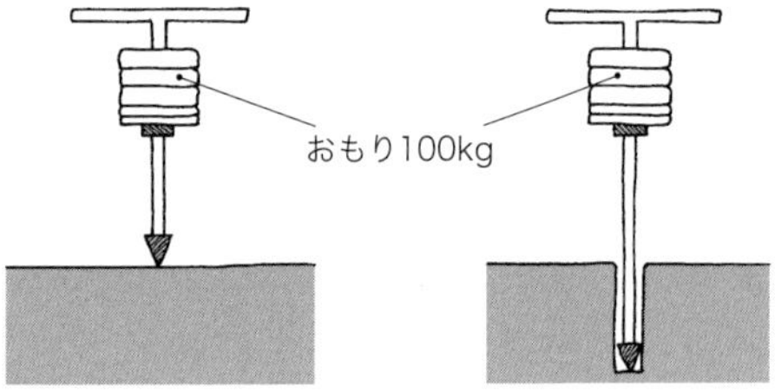

図 2·64　スウェーデン式サウンディング法

5）基礎の調査・種類・現状

基礎がどのようになっているかを知るために、新築時の図面などがあれば参考になるが、図面が違っていたり、施工時に図面通りに作られていないなどのケースも考えられる。したがって基礎は、実際に調べる必要があると考えたほうがよい。

既存の木造住宅の基礎は、大体次の 3 つに分けられる。図 2·65 に、それらの基礎を示す。

A：鉄筋コンクリート造の布基礎

B：無筋コンクリート造の布基礎（フーチングなし）

C：その他の基礎（石積み、玉石など）

1950 年の建築基準法施行令制定以前の建物においては、ほとんどが C に該当する。このままでの増築は不可な上、このような基礎の住宅は上部構造も筋交いが不足しているなど、耐震・耐風性に関わる問題点が多い。リフォーム時には既存部分の補強が必要である。

6）現況調査の要点

基礎の現況を調べる時の要点をまとめると、以下のようになる。布基礎であることが前提である。

・ひびわれの有無

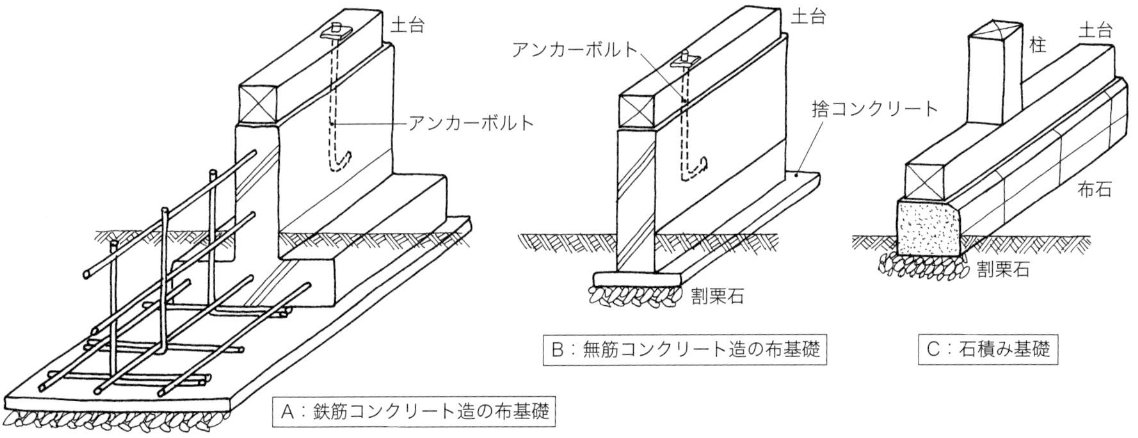

図 2·65　基礎の種類

・不同沈下の有無
・錆の有無
・床下換気は充分とれているか

まずひび割れが確認されなければ、いまのところ不都合はないと判断できる。もし幅の広いひび割れがあちこちにある場合は、不同沈下を起こしている可能性がある。そのような場合は、リフォームの有無にかかわらず、既存部分の基礎の補修・補強をするべきである。

7）既存基礎の扱い方・補修・補強

リフォーム時における既存基礎の取扱いの原則は、「既存・新設の両方の基礎を一体化し、かつ構造的に充分に安全であること」である。既存と新設の基礎を一体化しないと、その境目のところで鉛直方向のずれが出やすく、上部の家自体に大きな悪影響を及ぼすことになる。

小規模なクラックの補修は、エポキシ樹脂等のコーキングで、錆の出ている部分はコンクリートを打ち直す等の補修を行う。

補強の方法としては、既存の基礎部分に沿って新たに鉄筋コンクリート造の基礎を打設して一体化する、既存基礎に鋼製の梁を沿わせて一体化する、などの方法がある。図2･66に、既存基礎の補強方法の例を示す。

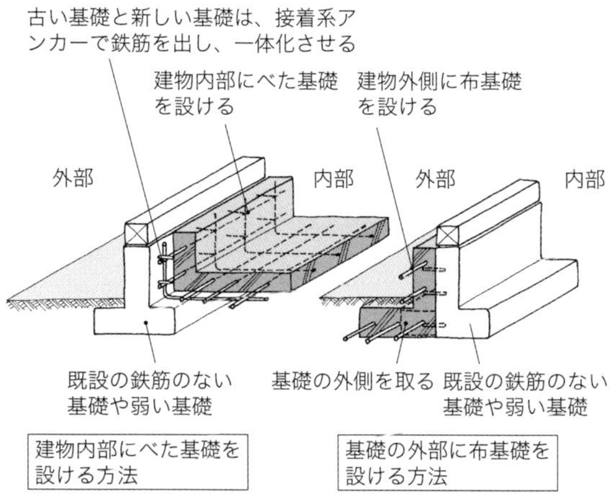

図2･66　既存基礎の補強方法の例

7 リフォームでの工法上のポイント―軸組みの確認

1）構造的に強いかたちとは

一般的な木造一戸建ての場合、新築であっても構造的な配慮に乏しいものが多くみられる。リフォームする際の動機を考えると、構造的に強くしたいということからリフォームするケースはいまのところ少ないが、リフォームの際に同時に構造的な側面を見直し、より安全な建物にするように計画することは、たいへん意味のあることである。構造的に強い建物とは、

・建物形状が単純明快である
・2階はなるべく建物の中央付近に乗っている

などがあげられる。図2･67に、構造的に強い形の建物とそうでない建物を示す。

2）柱の配置

一般の木造在来構法は、可変性に富むためリフォームしやすいということは前に述べた。しかし、柱などを無秩序に配置しないようにしなければいけない。柱を配置するにあたってのポイントを示す。

①1階の床面積でおよそ1.5㎡に1本の割合で柱が立っていること。
②柱の間隔は少なくとも2間以下（1間は約1.81m）にする。
③①および②ができない場合は、構造計算によって

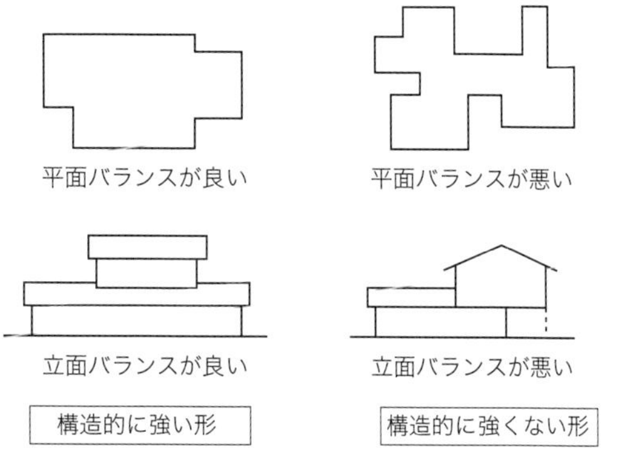

図2･67　構造的に強い形の建物とそうでない建物

横架材または柱を補強する。

3）接合金物を追加する

リフォームで筋交いを追加する場合は、既存の筋交いにも筋交いプレートを設けるとよい。筋交いプレートは、筋交いと柱や土台、梁がばらばらにならないようにするという役割を果たす。筋交いプレートは内部のみのリフォームでも取り付けることができる。

また柱の浮き上がりを防ぐため、柱と土台や梁を固定する金物を取り付けるとよい。図 2・68 に、柱を基礎に固定する後付けホールダウン金物を示す。

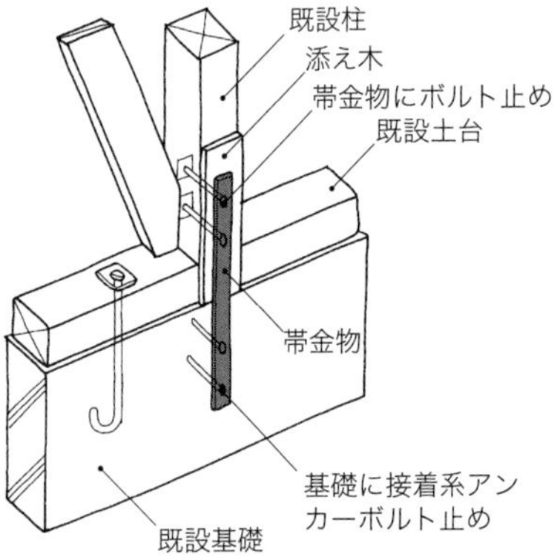

図 2・68　後付けホールダウン金物

4　火災に対する安全性　火災時の安全

1　住宅における火災対策のニーズ

現在の火災の実態を踏まえ、「火災の安全」に関して住宅購入者にとって必要な項目は次の通りである。

A. 自分の家が大きな火事にならない

B. 万が一火事になっても逃げられる

C. 近隣で火事が起こりにくい

D. 近隣の火災に巻き込まれない

E. 近隣の火災からもらい火をしない

A、B の自住戸火災（自分の家から出火した火災）対策としては、住戸外への避難の容易さと脱出手段が整っていることが重要である。C ～ E の他住戸火災（自分の家以外の家から出火した火災）に関しては、マンションのケースでいうと避難経路である共用廊下や直通階段への避難の容易さと脱出手段の対策が重要となる。

火災対策の性能を評価する住宅性能表示制度では、主に「安全な避難、脱出」と「延焼の防止（もらい火をしない）」に主眼を置きながら、評価項目と適用範囲を定めている。

それでは、住宅性能表示制度ではどのような観点から評価を行うかについてみる。

2　火災時の安全、4 つの観点

①火災時に火災を知らせてくれる住宅用火災警報器や自動火災報知機など、感知警報装置の設置による自住戸火災の早期覚知のしやすさ。

②火災時の脱出対策の有無。

③外部からの延焼のおそれのある部分にある開口部の耐火時間。

④外部からの延焼のおそれのある部分にある外壁、軒裏の耐火時間。

それぞれの内容を詳しくみると次のようになる。

1）火災時の早期覚知

消防法の項で述べたように、2004 年 6 月に改正消防法が交付され、2006 年 6 月からすべての住宅に火災警報器などの設置が義務付けられた。既存住宅についても 2011 年 6 月までに順次義務化が終了しているが、調査によると、まだ約 3 割の世帯が未設置であった（2011 年 6 月時点）。普及率が 90%を超えたアメリカでは火災による死者数が半減したといわれ、火災の早期発見の効果がわかっている。今後、未設置の既存住宅をリフォームする際は、必ず取り付けるようにする。

2）火災時の脱出対策

火災時にすばやく避難できるかどうかは、非常に重要な事項である。戸建て住宅の場合、2 階建てまでは特別な脱出対策は問われない。3 階建て以上の場合、「3階部分に避難器具を設置する」または「バルコニーから直接地上に出られる直通階段に出られる」、といった避難対策をとると火災時の避難が容易になる。「避難器具」とは、避難はしごや緩降機、避難用タラップなどを指す。マンションではもともと隣戸に逃げられるようにバルコニーがつながっていたり、バルコニーのどこかに避難器具が設置されたりと、避難対策がとられているケースが多い。リフォームの際に、それらを塞いで脱出の妨げにならないよう注意しなければならない。

3）延焼のおそれのある部分（開口部）

延焼のおそれのある部分とは、隣地境界線などからの距離が1階で3m、2階以上で5m以内の部分をいう。この部分を火災に強い造りにしておくことは、隣戸からの類焼・延焼を防ぐ上で大きな役割を果たす。1階部分と2階以上の部分で範囲が異なるのは、火は上に行くほど燃え広がるからである。この延焼のおそれのある範囲にある開口部は、窓ガラスの場合は網入りガラスなどの乙種防火戸以上、戸では甲種防火戸にするなどの措置が求められる。

4）延焼のおそれのある部分（外壁、軒裏）

外壁部分も、火熱を遮断する時間をどれだけ有するか（60分・45分・20分相当）で性能が評価される。

防火地域、準防火地域などの密集地ではこのような配慮が求められるが、それ以外の低密集地では延焼のおそれのある部分でも、それほど外壁の耐火性能が必要でない場合もある。ケースバイケースで的確な判断を下すようにしたい。

5　柱や土台などの耐久性　劣化の軽減

住宅に使われている材料は、時間の経過とともに腐ったり錆びたりして劣化する。劣化が生じると、建替えなどの必要性が生じることがある。

住宅性能表示上では、劣化の軽減は、「住宅に使用される材料の劣化の進行を遅らせるための対策がどの程度されているか」という観点で評価をしている。適用範囲は戸建ての住宅および共同住宅である。

建築基準法が定める対策をとった場合、住宅性能評価上では等級1の評価になる。住宅性能表示では、＋αの性能として等級2、等級3が定められている。等級2は通常の自然条件と管理のもと二世代（おおむね50～60年）まで持つような対策がとられていること、等級3は同条件で三世代（おおむね75～90年）まで持つような対策がとられているものに与えられる。

この劣化に関する耐久性の部分は目に見えないため、ともすればおざなりになりがちである。しかし、住まいを長持ちさせるためには非常に重要な事項である。住宅性能表示制度を利用する、しないにかかわらず、リフォームの際にここで学ぶ劣化への措置の知識を使い、よりよい住まいづくりを心がけたい。

劣化の軽減の措置が採られているかは、主に次にあげた項目①～⑧で、定められた基準以上かどうかで判断できる。

①外壁の軸組み等の処置
②土台の防腐・防蟻の基準
③浴室・脱衣室の防水の基準
④地盤の防蟻の基準
⑤基礎の高さの基準
⑥床下の防湿・換気の基準
⑦小屋裏の換気の基準
⑧構造部材等（建築基準法）の基準

住宅性能表示制度を利用する場合は、とる等級によって細かい検討が必要であるが、ここではどのような措置をとると劣化対策として有効かどうかを知ることを目的に、大まかな措置の内容を載せる。

1　外壁の軸組み等の処置

劣化対策として、次の1）～3）に掲げる防腐・防蟻措置のいずれかを行う。1）かつ2）の処置では、等級３相当の対策をとっているとみなされる。

劣化対策を行う範囲を図２･69に示す。外壁の軸組みなどのうち、地面からの高さ1m以内の部分に措置を行う。なお防蟻措置に関しては、北海道、青森県は不要である。

処置を行う範囲は、外壁部の柱、間柱、筋交いまたは合板、下地材（胴縁を含む）など。薬剤処理を行う場合は、柱・間柱の木口、ほぞまで行い、柱の室内側の見えがかりは行わない。

1）外壁を通気構造等とする

防腐・防蟻対策の一つとして、外壁の工法について基準がある。壁体内に通気層を設け、また外壁の仕上げと軸組みの間に空間を設けて軸組みが直接雨水に接触しないような対策をとる。真壁構造などで、柱が直接外気に接する構造の場合は軒の出を90cm以上とする。これは住宅性能表示での、等級２、３に該当する処置である。

2）外壁の軸組み等の各部位ごとに、次のいずれかの措置を行う

軸組みを、「柱」、「柱以外の軸組み･下地材」、「合板」に分けて、おのおのについて次に示す防腐・防蟻の処置方法をとる。

■ 柱の防腐・防蟻の処置

柱の防腐･防蟻の処置について表２･27に示す。表中のいずれかの処置をとればよい。

■ 柱以外の軸組み・下地材の防腐・防蟻の処置

柱以外の軸組み・下地材（間柱・筋交い・胴縁など）には、表２･29のいずれかの処置をとる。

■ 合板の防腐・防蟻の処置

合板の防腐・防蟻の処置については、構造用合板を使用し、薬剤処理を行う（等級２相当）。

■ その他

外気を通気構造としない場合に、外壁の軸組み等にK3相当の防腐・防蟻処理（表２･30）を行う場合も、等級３と同等とみなされる。

3）その他

1）、2）と同等以上と確かめられた措置を行う。

2 土台の防腐・防蟻の基準

土台は、土台に接する外壁の下端に水切りを設け、かつ次のいずれかの防腐・防蟻対策をとること。

表２･27　柱の防腐・防蟻の処置

措　置	備　考
薬剤処理*1を行った製材、集成材*2を使う	
耐久性区分D1 *3の樹種の製材、集成材を使用する	等級２は小径の指定なし、等級３では小径12.0cm以上
より大きな径の製材、集成材を使う	等級２で12.0cm以上、等級３で13.5cm以上
土台の基準と同じD1の中の特定の樹種を使う	等級３のみ

＊１：薬剤処理…有効な薬剤を塗布、加圧注入、浸漬、吹付け、接着剤に混入したものを指す
＊２：集成材等に該当するもの
　1. 集成材のJASに規定する化粧ばり構造用集成材
　2. 構造用集成材のJASに規定する構造用集成材
　3. 構造用単板積層材のJASに規定する構造用単板積層材
　4. 枠組壁工法構造用たて継ぎ材のJASに規定する枠組壁工法構造用たて継ぎ材
＊３：耐久性区分D1に該当する樹種およびヒノキ等に該当するものは、表２･28参照

表２･28　JASに規定する耐久性区分D1

JASの区分	耐久性区分D1に該当するもの
イ．針葉樹の構造用製材	ヒノキ*、ヒバ*、スギ、カラマツ、ベイヒバ* ベイヒ*、ベイスギ*、ベイマツ、ダフリカカラマツ
ロ．枠組壁工法構造用製材	ダクラスファー、ウェスタンラーチ、ヒバ*、ダフリカカラマツ、タマラック、カラマツ、スギ、パシフイックコースト イエローシーダー、ヒノキ*、ベイヒバ*、タイワンヒノキ*、ウェスタンレッドシーダー*
ハ．広葉樹製材	ケヤキ*、クリ*、クヌギ、ミズナラ、カプール、セランガンバツ、アピトン、ケンパス

＊：ヒノキ等に該当するもの

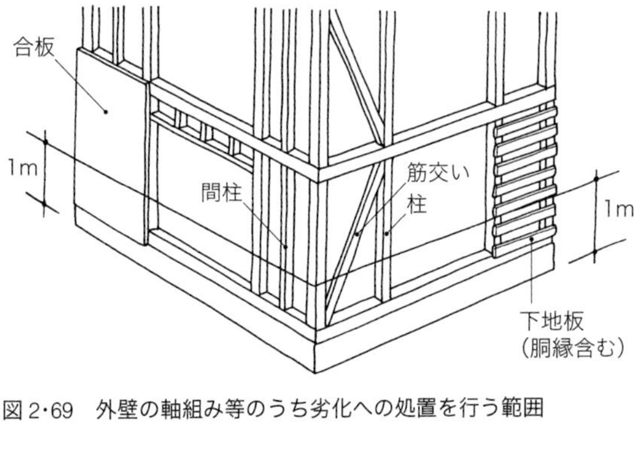

図２･69　外壁の軸組み等のうち劣化への処置を行う範囲

・表2·31に示す樹種を使うこと。

・K3以上(表2·30参照。ただし北海道と青森はK2以上)の防腐・防蟻処理をとること(各等級共通)。

3 浴室・脱衣室の防水の基準

浴室の軸組み等・床組・天井、脱衣室の軸組み等・床組は、次のいずれか(①〜③)の防水措置をとるか、または外壁の軸組み等の防腐の基準(等級2相当)の措置を行うこと。

等級3を取る時は、外壁の軸組み等の防腐の基準(等級3相当)の措置を行うこと。以下は各等級共通。

①防水上有効な仕上げを行っていること。

②浴室はJISで規定されたユニットバスを使用すること。

③その他、上記と同等の防水上有効な措置をとること。

ただし、腰壁部分をコンクリートもしくはコンクリートブロックで作った場合(図2·70)は、この措置をとらなくてよい。

■防水措置、防腐措置の留意点

防水上有効な仕上げとは、ビニールクロス、ビニール床シート等があげられ、下地にも耐水性のある下地材である耐水石膏ボード、耐水合板などを用いること。

防水処置を行う場合は、浴室の軸組み等・床組・天井、脱衣室の軸組み等・床組に行うこと。浴室または脱衣室が2階以上にある場合、床組の下地板まで防腐措置を行うこと。

4 地盤の防蟻の基準

基礎の内周部および束石の周囲の地盤に、以下のいずれかの防蟻措置を行うこと。ただし、基礎断熱工法(P.81コラム参照)を用いる場合は1)に限る。この基準は、北海道、青森県、岩手県、秋田県、宮城県、山形県、福島県、新潟県、富山県、石川県、福井県には適用しない(各等級共通)。

1)地盤・基礎

地盤を鉄筋コンクリート造のベタ基礎にするか、もしくは布基礎の場合に、布基礎と鉄筋で一体となったコンクリートを基礎の内周部(住戸の下に該当する部分)の地盤上に一様に打設する(図2·71)。このような処置では、地盤がコンクリートで覆われて

表2·29 柱以外の軸組み・下地材の処置

措 置	備 考
薬剤処理*1した製材、集成材*2を使う	
耐久性区分D1 *3の製材、集成材等を使用する	等級2相当
土台の基準(表2·31参照)と同じD1の中の特定の樹種を使う	等級3相当

＊1、＊2:表2·27に同じ

表2·30 K3相当の防腐・防蟻処理

・JASに規定する製材の保存処理の性能区分のうち、K3以上の防腐・防蟻処理をいい、JIS K 1570に規定する木材保存剤またはこれと同等の薬剤を用いてK3以上の性能を有する処理を含む。
・その他上記と同等以上と確かめられた措置を行う。

表2·31 土台の防腐防蟻の基準樹種

ヒノキ、ヒバ、ベイヒ、ベイスギ、ケヤキ、クリ、ベイヒバ、タイワンヒノキ、ウェスタンレッドシーダー

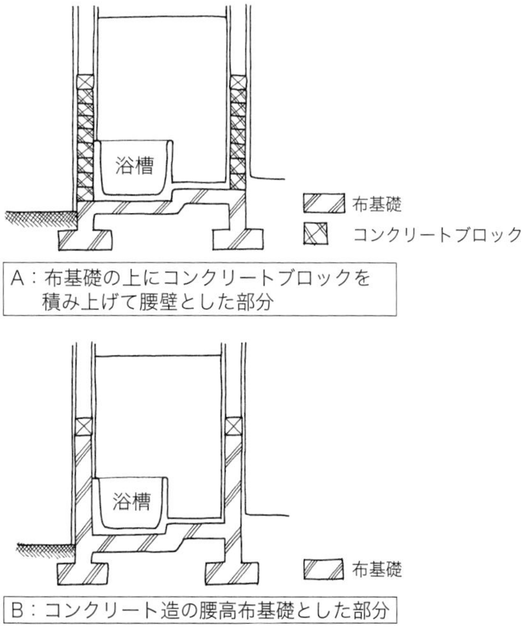

図2·70 1階の浴室まわり このA、Bの措置が取ってある場合は、3①〜③の防水措置をとらなくてよい

いるために防蟻性があるとみなされる。

2) 防蟻に有効な土壌処理を行う

土壌処理を行う部分は、外周部基礎の内側および内部基礎の周辺20cm、並びに束石などの周囲20cmとする。

㈳しろあり対策協会認定の土壌処理剤、㈳日本木材保存協会認定土壌処理用木材防蟻剤、または同等の効力を有するものとする。

3) 上記と同等の防蟻性能があると確かめられた措置

1)、2) と同等の性能があると認められた措置には、床下土壌面からのシロアリの進入を阻止する防蟻効果を持つシートを床下の土壌表面に敷設する工法などがある。

5 基礎の高さの基準

蟻の上りづらい高さとして、地面から基礎上端までの高さを400mm以上とすること（各等級共通・図2·72）。なお、建築基準法では300mmでよい（平成12年建設省告示第1347号第1条）。

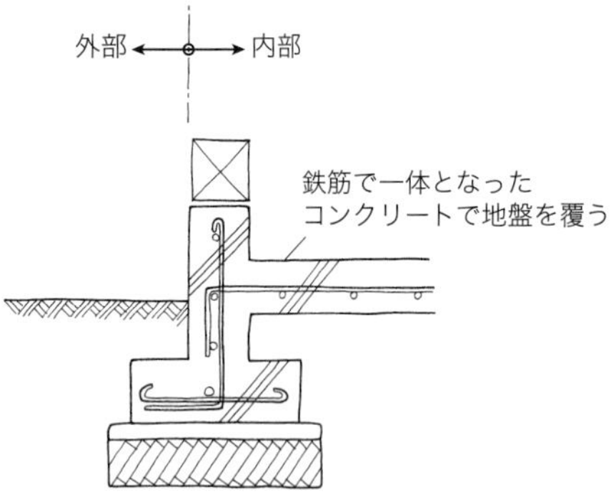

図2·71　布基礎の場合、鉄筋で一体となったコンクリートを地盤上に打設する

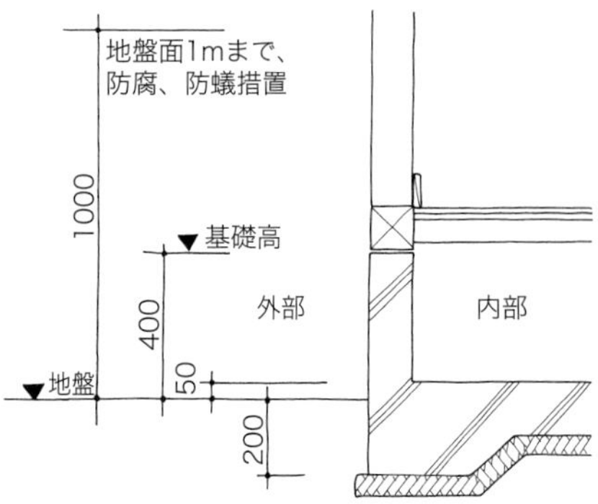

図2·72　基礎の高さ

6 床下の防湿・換気の基準

建築基準法では、木造住宅で1階の床高が45cm以上あり、床下換気口が5mごとに設けられている場合には床下防湿の基準がなく、防湿対策をとらなくてもかまわないことになっている（令第22条）。しかし一般的には、床下にコンクリートを打つか、防湿シートを敷くことが多い。建築基準法より高い性能を定めることができる住宅性能表示では、より高い性能基準として以下のような内容を定めている。

■床下防湿処理

次の①〜③までの措置をとること。

①床下を厚さ60mm以上のコンクリートで覆う。基礎断熱工法は100mm以上（図2·73A）。

②厚さ0.1mm以上の防湿フィルムで覆う。基礎断熱工法では重ね幅300mm以上、かつ厚さ50mm以上のコンクリートまたは乾燥した砂で押さえる（図2·73B）。

③上記と同等の防湿性能があると確かめられた材料。

基礎断熱工法の場合、用いる断熱材は温熱環境基

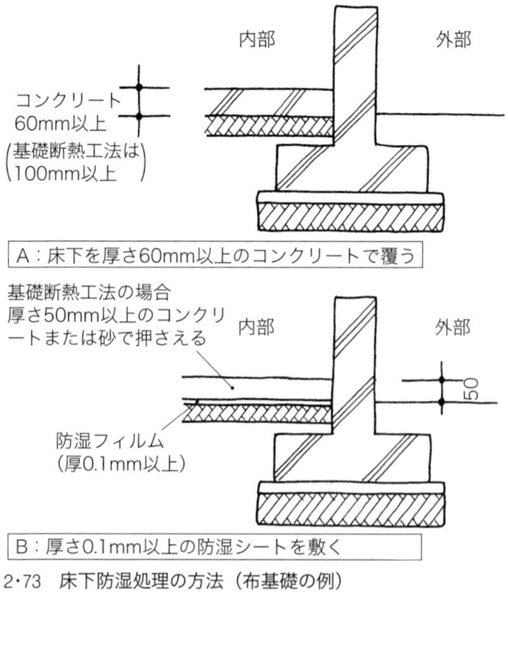

図2·73　床下防湿処理の方法（布基礎の例）

準の地域区分（表2･36参照）、断熱材区分（表2･38参照）に応じて、表2･32の厚さを確保する。

■床下換気措置

①～③のいずれかの措置をとる。ただし基礎断熱工法で、床下の防湿処置をしたものを除く。

①壁の長さ4m以下ごとに有効面積300㎠以上の換気口をとる。

②壁の全周にわたって1m当たり有効面積75㎠以上の換気口をとる。

③上記と同等の換気性能があると確かめられたもの。

表2･32　基礎断熱工法：地域と断熱材の種類

地域	断熱材の種類		
	A-1、A-2	B	C、D、E
Ⅰ地域	65mm	60mm	50mm
その他の地域	35mm	30mm	25mm

7 小屋裏の換気の基準

真夏の小屋裏はたいへん暑くなり、木材に必要な水分まで奪い、耐久性が落ちる恐れがある。小屋裏がある場合は、適切な換気を行うことが大切である。建築基準法では、小屋裏換気の規定は特にない。以下に、住宅性能表示で建築基準法以上の性能である

床下断熱と基礎断熱

床下は、地面に最も近く、常に湿気にさらされている。床下の断熱方法としては、「床下断熱」と「基礎断熱」に大きく分けられる。

■床下断熱

1階の床のすぐ裏側に断熱材を施工する方法で、現在最も普及している工法。床下換気口を設けて換気を行う。しかし、施工によって性能に差が出やすく、欠陥が出やすいことや、十分な換気量を確保しないと、結露やカビが発生しやすいという欠点がある（図2･74）。

■基礎断熱

床下断熱に代わる断熱技術として、もとは北海道などの寒冷地で確立した断熱工法が「基礎断熱」である。床下断熱と違うところは、床下換気口を持たずに基礎のコンクリート部分で断熱区画を設け、密閉する点である。床下も室内のような状態になる。床下断熱工法にした場合は、床下の温度・湿度が床下換気口からの外部環境に影響されやすいのに対して、基礎断熱工法を用いた場合は、外からの湿気を取り込まない、施工が簡単、床下を収納庫として利用できるなどのメリットがある。

基礎断熱工法はもともと寒冷地において、床下の結露防止、断熱性能がアップするなど、床下環境の改善として注目されたが、温暖地においてもその利点が認められ、広がりつつある。基礎断熱工法には、外側断熱（図2･75）と内側断熱（図2･76）がある。

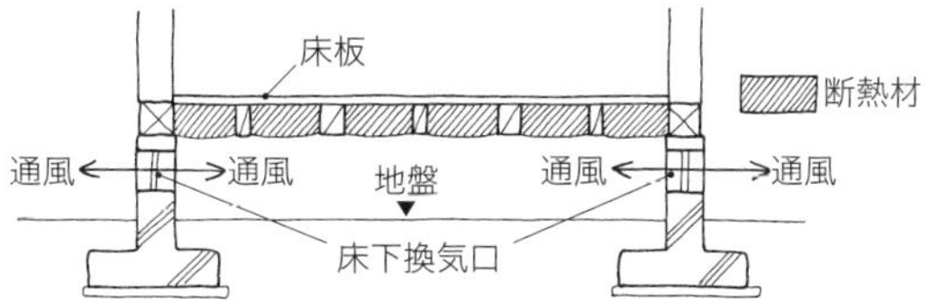

図2･74　床下断熱

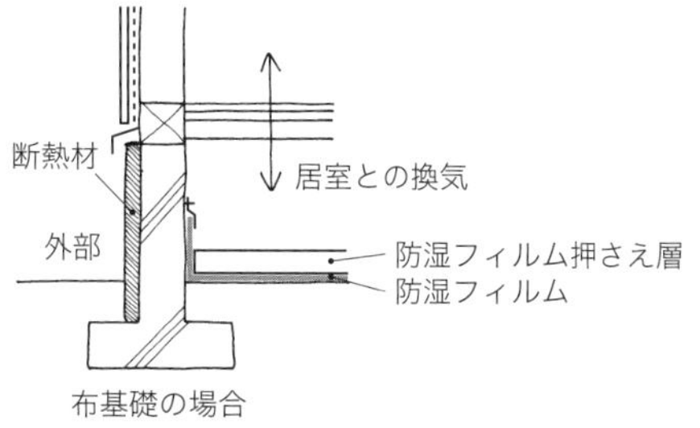

図2･75　基礎断熱工法（外側断熱）

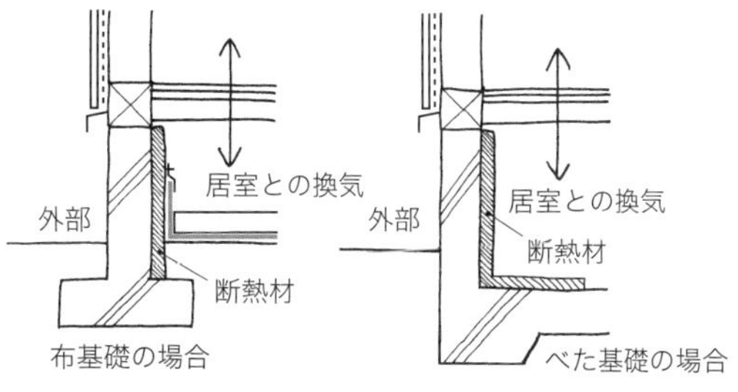

図2･76　基礎断熱工法（内側断熱）

等級 2、3 の仕様について述べる。

以下の 4 つの方法のうちのいずれかを行う。ただし屋根断熱で、小屋裏が室内と同じ環境の時は適用しない。

1）小屋裏給排気

屋外に面する小屋裏の壁の換気上有効な位置に、2 以上の換気口を設けたもの。換気口の有効面積の天井面積に対する割合を 1/300 以上とする（図 2･77）。

2）軒裏給排気

軒裏の換気上有効な位置に、2 以上の換気口を設けたもの。換気口の有効面積の天井面積に対する割合を、1/250 以上とする（図 2･78）。

3）軒裏給気・小屋裏排気

軒裏に給気口を設け、かつ屋外に面する小屋裏の壁に、排気口を垂直距離で 90cm 以上離して設けたもの。給気口および排気口の有効面積の天井面積に対する割合を、それぞれ 1/900 以上とする（図 2･79）。

4）軒裏給気・排気塔排気

軒裏に給気口を設け、かつ小屋裏の頂部に排気塔の排気口を設けたもの。給気口および排気口の有効面積の天井面積に対する割合を、それぞれ 1/900 以上、1/1600 以上とする（図 2･80）。

8 構造部材等（建築基準法）の基準

建築基準法の劣化の軽減に関する下記の項目を満たすこと。等級 1・2・3 共通。

①令第 37 条（構造部材の耐久性）

②令第 41 条（木材の品質）

③令第 49 条（外壁内部等の防腐措置など）

④令第 80 条の 2（構造方法に関する補足）

6 配管の清掃や取替えのしやすさ

維持管理への配慮

建物を長い間維持管理するためには、メンテナンスが容易にできなければならない。20 ～ 30 年程度で大規模なメンテナンスが必要といわれる設備配管を、たやすく点検、清掃、補修ができるような配慮をしているかがポイントとなる。

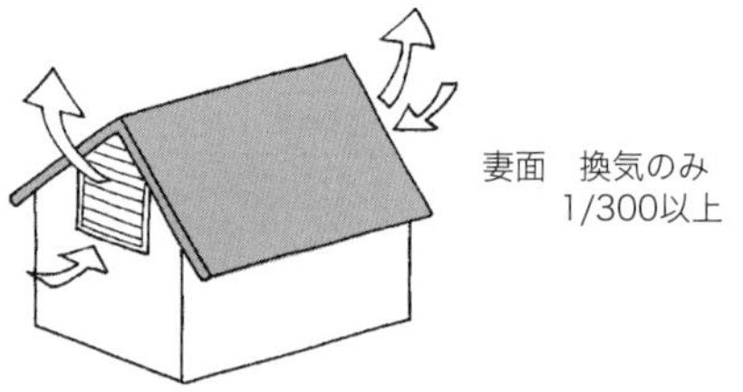

図 2･77　小屋裏給排気

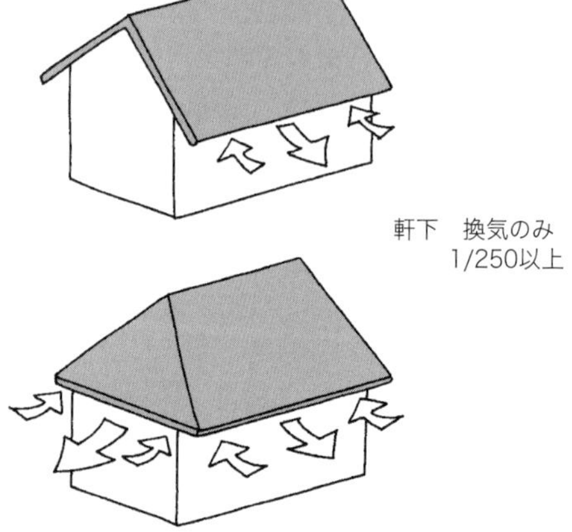

図 2･78　軒裏給排気

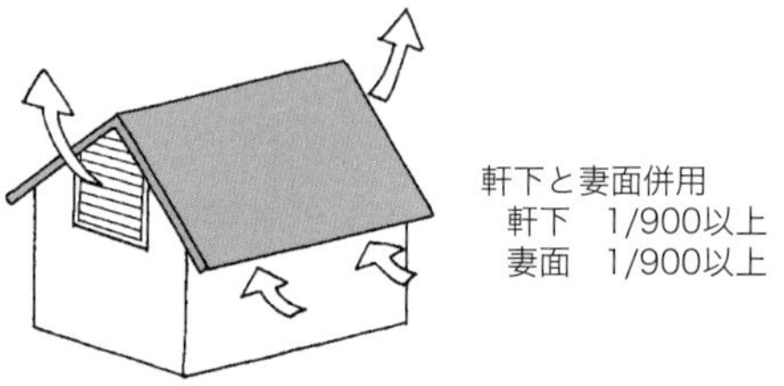

図 2･79　軒裏給気・小屋裏排気

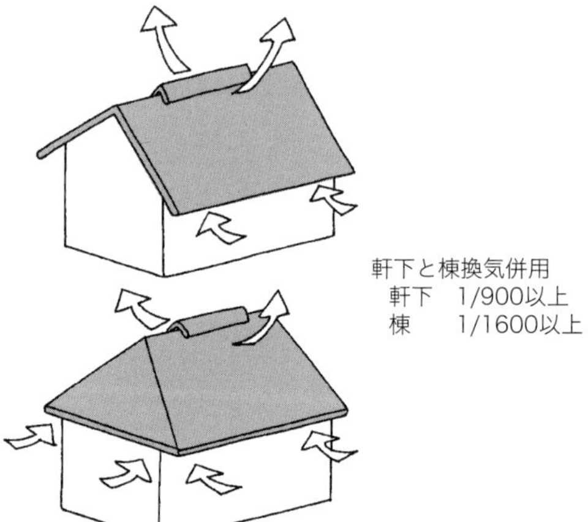

図 2･80　軒裏給気・排気塔排気

1 専用配管と共用配管

設備配管は共同住宅の場合、専用配管と共用配管に分けられる。一般に、専用配管部分では各個人でのメンテナンスが可能だが、分譲マンションの共用配管は共有財産となり、メンテナンスの主体は管理組合等になる。このためマンションでは、共用配管の維持管理対策等級を専用配管とは別に設けて、専用配管の対策より厳しくしている。

2 専用配管

1）用語解説

・対象となる設備配管…比較的耐用年数の短い設備配管部分のうち、排水管・ガス管・給水管・給湯管を対象とする。維持管理のしやすさとは、その対象部分の点検や清掃、補修のしやすさをいう。雨水管、暖房用温水配管は含まない。

・維持管理…評価対象の設備配管の全面的な交換が必要となるまでの期間内に実施される点検、清掃および補修のこと。

・点検…排水管、給水管またはガス管に事故が発生した場合に行う該当箇所の確認のこと。

・清掃…排水管内の滞留物および付着物を除去すること。

・補修…排水管、給水管またはガス管に事故が発生した場合の該当箇所の修理および配管、バルブ、継手などの部品を部分的に交換すること。

2）専用配管の範囲

・排水管…共用立管との接合部から設備機器までの接合部までの住戸専用部の配管までを指す。

・給水・ガス管…各住戸の水道およびガスのメーターから専用部の給水栓・ガス栓、または設備機器との接続部までの配管までを指す。

・給湯管…給湯設備から住戸内の給湯栓または設備機器との接続部までの配管までを指す。

専用配管の対象範囲を、図2・81～2・83に示す。

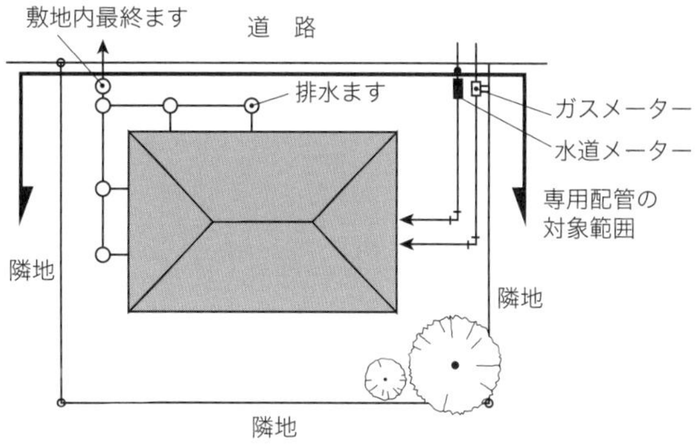

図2・81　戸建て住宅の専用配管の範囲 8)

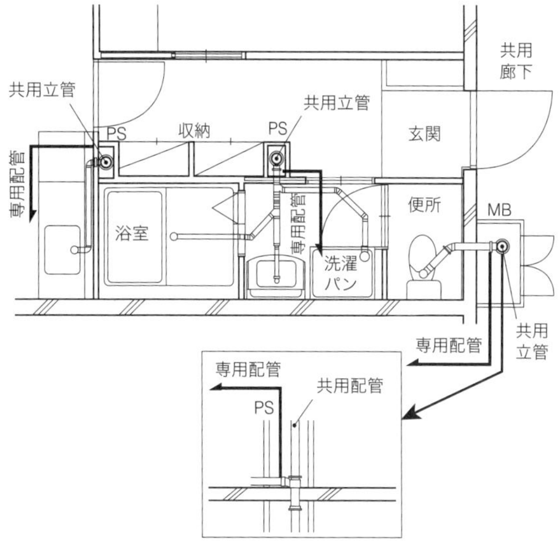

図2・82　マンションの専用配管（排水管）の範囲 8)

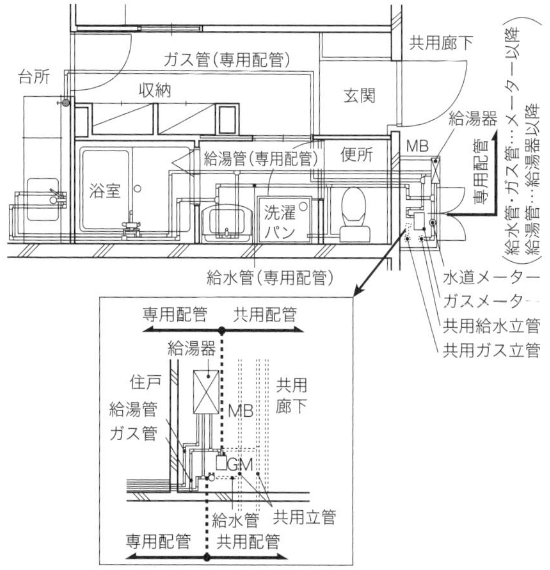

図2・83　マンションの専用配管（給水・給湯・ガス管）の範囲（各住戸にメーターが設置されている場合）8)

3）評価基準

住宅性能表示制度では、専用配管の維持管理等級を表2･33の通り1〜3に分けている。戸建て住宅の配管および共同住宅における各住戸の専用部分の配管について、維持管理のしやすさを評価する基準である。

3 専用配管の維持管理への配慮

以下のような措置をとると、維持管理に配慮しているとみなされる（専用配管）。

・コンクリート内に埋め込み配管しないこと(図2･84)。また、地中に埋設した配管の上にコンクリートを打たないこと（図2･85)。これは点検時にコンクリート部分に影響が出ないようにという配慮である。

・専用配管が他住戸の専用部に設置されていないこと(共同住宅)。当該住戸の専用配管を下階住戸の天井裏など（他住戸の専用部）に設置しないようにする。

・専用排水管の内面が平滑で、たわみ、抜けなどが生じないように設置されていること。

・構造躯体や仕上げに影響を与えずに排水管の点検や清掃を行えるように掃除口を設ける、または、清掃が可能なトラップを設ける（図2･86)。

・次の①〜③に該当する部分が構造躯体や仕上げに影響を出さないで容易に点検できるように仕上げ材などに開口部を設ける（図2･87)。

①設備機器と排水管・給水管の接合部

②排水管･給水管･ガス管のバルブおよびヘッダー

③排水管の掃除口

表2･33　維持管理等級（専用部分）

等級	専用の給排水管およびガス管の維持管理（清掃、点検および補修）を容易とするため必要な対策	適用範囲
等級3	掃除口や点検口などを設け、維持管理を余裕を持ってできる対策ができている	戸建て または 共同住宅
等級2	掃除口や点検口があるなどの、維持管理の基本対策がとられている	
等級1	規定なし	

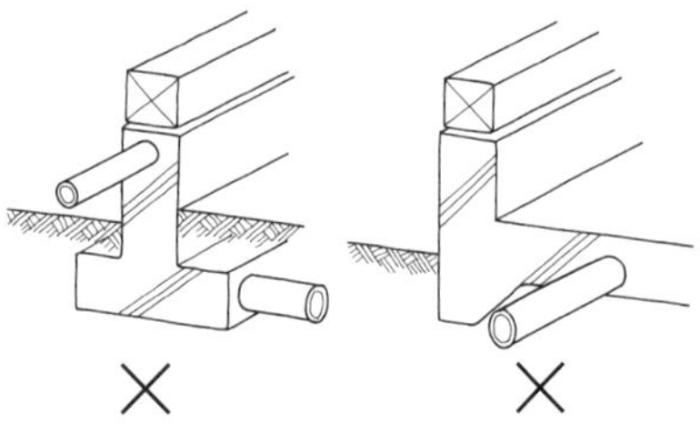

図2･84　コンクリート埋め込み配管

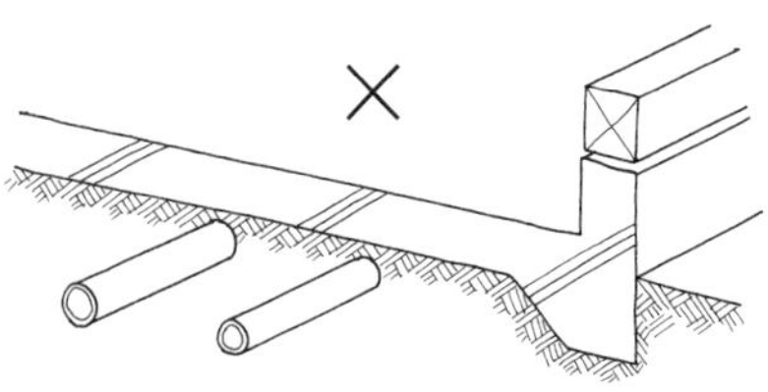

図2･85　埋設管上のコンクリート打設

4 共用配管

マンションなどの共用立管や横主管について、維持管理のしやすさを評価する。マンションの管理組合などを対象とした提示となる。戸建て住宅は対象外となる。

1）共用配管

共用配管とは、共同住宅の共用排水管、給水管、

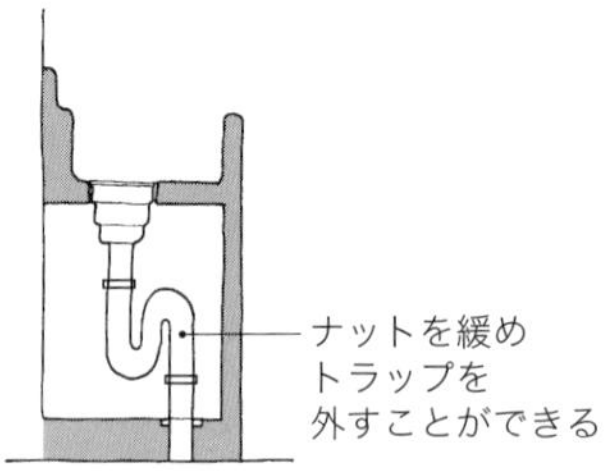

図2･86　清掃可能なトラップ

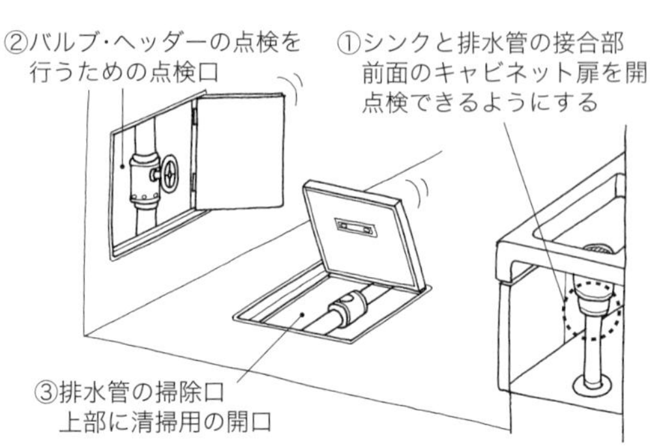

図2･87　主要接合部の点検口など

給湯管およびガス管をいう。

2）共用配管の範囲

図2·88に共用配管の範囲を示す。

・排水管の範囲…専用配管との接続部から建物外部の最初のますまでの立管および横主管をいう。

・給水管およびガス管の範囲…横主管から各住戸の水道およびガスメーターまでの立管並びにマンションなどの水平投影内にある横主管をいう。

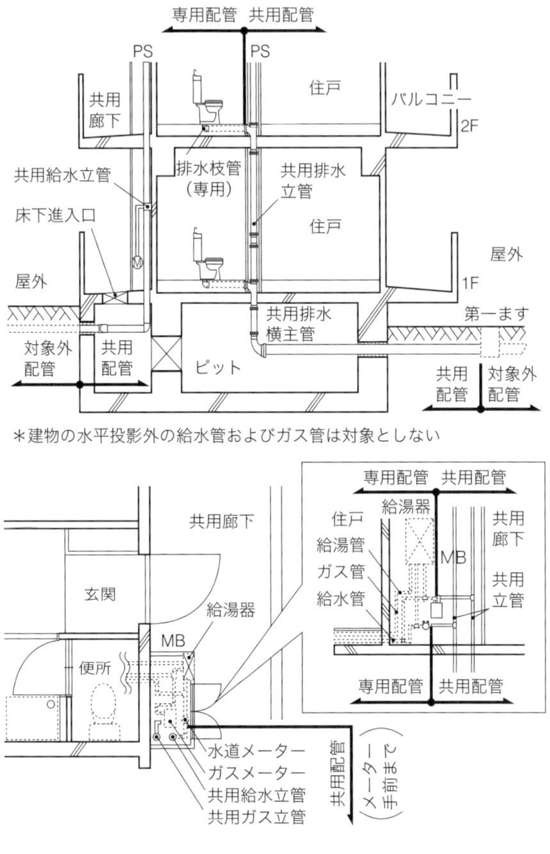

図2·88　共用配管（排水管、給水管、給湯管、ガス管）の対象範囲（各住戸にメーターが設置されている場合）[8)]

表2·34　維持管理等級（共用部分）

等級	共用の給排水管およびガス管の維持管理（清掃、点検および補修）を容易とするため必要な対策	適用範囲
等級3	清掃、点検および補修ができる開口が住戸外に設けられているなど、維持管理を容易にすることに特に配慮した措置がとられている	共同住宅
等級2	配管をコンクリートに埋め込まないなど、維持管理を容易にすることに特に配慮した措置が講じられている	
等級1	その他	

・給湯管の範囲…共用の給湯設備から各住戸の給湯のメーターまでの立管および共同住宅等の水平投影面積内にある横主管をいう。

ただし、この範囲内にある受水槽などの設備機器は除く。

3）評価基準

住宅性能表示制度では、共用配管の維持管理等級を表2·34に示す通り1～3に分けている。

5 共用配管の維持管理への配慮

共用配管の交換が必要となる状況は専用配管と同じであるが、維持管理についての判断は管理組合等によるため、維持管理の容易さの水準は専用配管より高く設定されている。点検口、掃除口および補修のための開口部やスペースを設置するなど、比較的頻度の高い点検清掃のほか、補修についても仕上げ材に影響を及ぼさない配慮が求められる。これは、共用部分では仕上げ部分も共有財産になり、手を付けにくい部分であるからである。また、これらの維持管理の多くは第三者が行うため、専用部分に立ち入ることなく共用部分から共用配管へアクセスできる配慮が求められる。

1）等級3に求められる具体的な内容

・共用配管を貫通部を除くコンクリート内に埋設しないこと。具体的には、「3 専用配管の維持管理への配慮」を参照のこと。

・共用の地中埋設管の上にコンクリートを打設しないこと。ただし外部の土間コンや凍結のおそれがあるとして配管を地中に埋設する場合を除く。

・共用の排水管には一般清掃治具の長さを勘案して円滑に排水管の清掃ができるように掃除口の間隔

表2·35　排水管の掃除口の規定

共用立管	最上階または屋上 最下階および3階以内ごとの中間階 または15m以内ごと
横主管	10m以内ごと

が規定されている（表 2･35）。規定による掃除口の設置例を、図 2･89（立管の場合）、図 2･90（横主管の場合）に示す。

・共用配管と専用配管の接合部、バルブ、掃除口が仕上げ材で隠蔽されている時は、点検・清掃に必要な点検口を設けること。専用配管と同様。

・共用の排水管の内面が清掃に影響を及ぼさないように平滑であり、たわみ、抜け、その他変形が生じないように設置されていること。専用配管と同様。

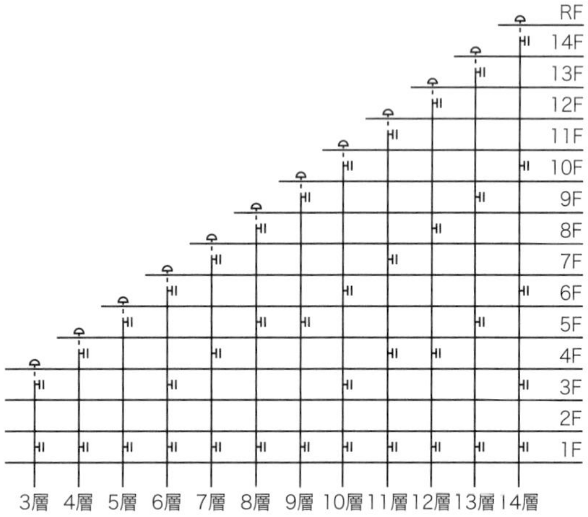

図 2･89　共用配管の掃除口の設置例（立管の場合）[8)]

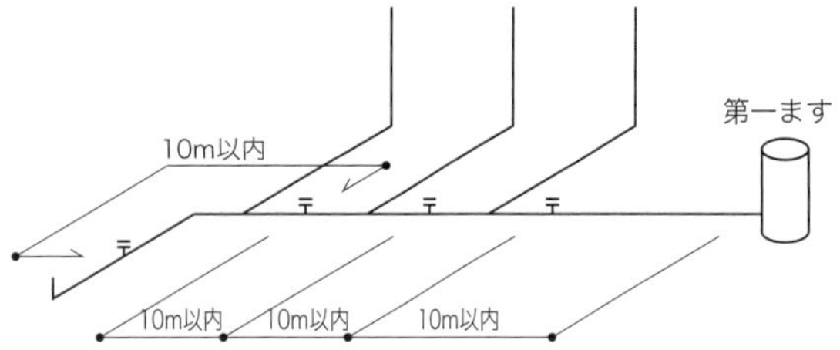

図 2･90　共用配管の掃除口の設置例（横主管の場合）[8)]

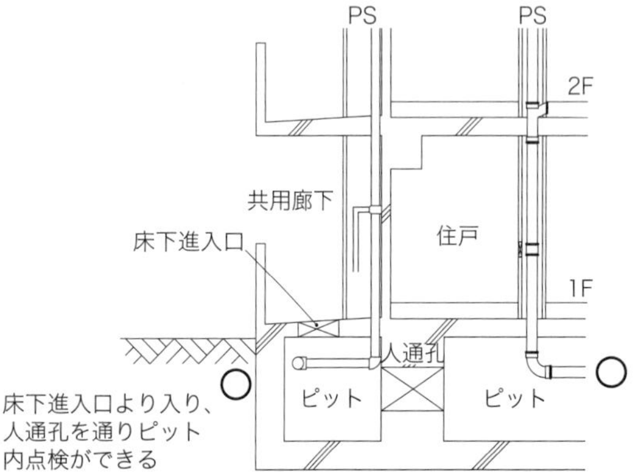

図 2･91　住棟建物下部の共用配管の敷設例（ピットによる対応）[8)]

・横主管が住棟の下部に設けられている場合、ピットまたは 1 階床下空間内に設けられた専用部分に立ち入らないで、共用部分からアプローチできる経路が設けられていること。図 2･91 に住棟建物の下部の共用配管の敷設例（ピットによる対応）を示す。

・共用配管が専用部分に立ち入らないで補修できる位置（共用部分、住棟外周部、バルコニーその他これに類する部分）に露出しているか、または専用部分に立ち入らないで補修できる開口があるパイプスペース内に設けられていること（図 2･92）。

2）等級 2 を取る条件

等級 2 では、等級 3 で要求される横主管のピット内等への設置に関する規定および共用配管への共用部からのアクセスを除き、等級 3 と同じ基準になっていることが求められている。

3）等級 1

等級 2 の条件が一つでも欠けると、維持管理等級は 1（その他）となる。

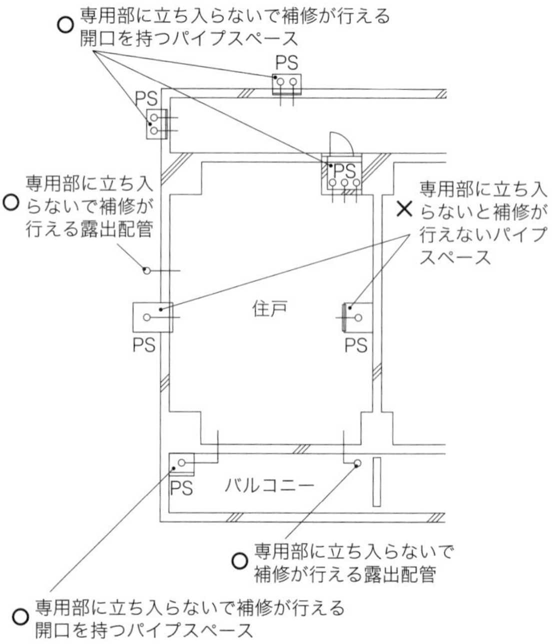

図 2･92　専用部に立ち入らない位置への共用配管（立管）の設置例[8)]

7　省エネルギー対策　温熱環境

住宅の性能を考える時、「温熱環境について」は身近であり、最も日常的に感じることができる部分である。できるだけ少ないエネルギーで、夏は涼しく冬は暖かく、室内の温度を適切に保つためには住宅の構造躯体の断熱措置などに十分な工夫を講じることが必要である。

1　地域区分

省エネルギー対策では、全国を気候条件の違いに応じて大きく8つの地域に分けて設定している（表2・36）。

2　省エネルギー対策等級

住まいの省エネ性については「構造躯体の断熱性」「冬の日射の取り込み」「夏の日射遮蔽」（図2・93）のみを評価していたが、2015年4月、冷暖房設備の性能や創エネルギー（太陽光発電設備）など一次エネルギー消費量も併せた評価に改正・施行された。

これらのエネルギー効率の観点を総合して、どの程度省エネルギーへの配慮がされているかという点から、表2・37に示す等級に分けている。なお等級が高いほど、よりエネルギー効率の良い住宅となる対策がとられていることを示している。

1）新しい評価基準

従来どおりの建物の断熱性能を「建築による手法」、新しく加わった一次エネルギー消費量基準を「設備による手法」と大別することができ、それぞれ達成すべき目標が定められている（表2・37）。

【建築による手法】

・躯体の断熱

・開口部の断熱と日射遮蔽

【設備による手法】

・太陽光・太陽熱の利用

・高効率設備の採用

　→　暖冷房・照明・換気・給湯

2）エネルギー削減効果の比較

日本の省エネ法（エネルギーの使用の合理化等に関する法律）は昭和55（1980）年に制定され、その

表2・36　地域区分

地域の区分	該当地区
1	北海道など
2	
3	北東北など
4	東北、北関東など
5	関東、東海、近畿、中国、四国、北九州など
6	
7	南九州など
8	沖縄など

表2・37　省エネルギー対策の新基準

5－1　断熱等性能等級【建築による手法】		5－2　一次エネルギー消費量等級【設備による手法】	
等級4	平成25年基準相当	等級5	低炭素基準相当
等級3	平成4年基準相当	等級4	平成25年基準相当
等級2	昭和55年基準相当	その他（等級1）	
等級1	その他		

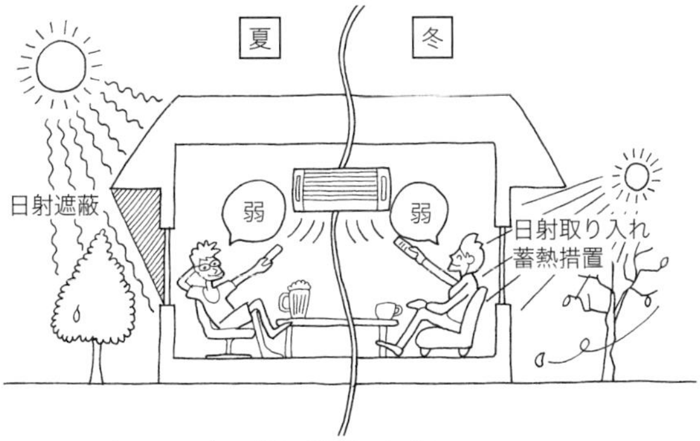

図2・93　省エネルギー対策（断熱・気密）

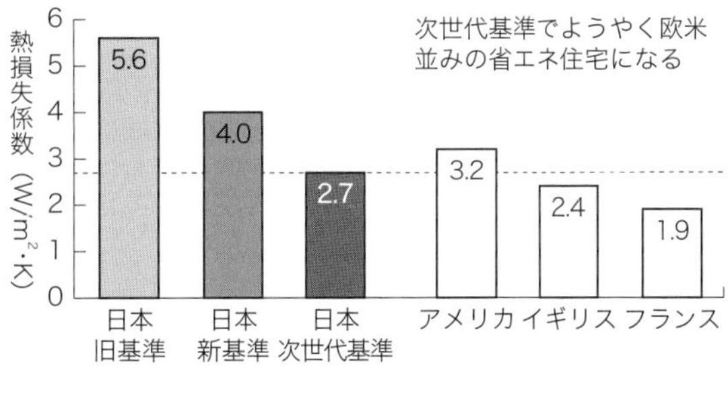

図2・94　熱損失係数で比較した各国の省エネルギー基準[9)]

後、平成4（1992）年、平成11（1999）年に改正され、段階的に強化されてきた。昭和55年の改正を「旧省エネ基準」、平成4年の改正を「新省エネ基準」と呼ぶ。特に平成11年の改正は全面的に見直しが行われ、「次世代省エネレベル」と呼ばれている。

図2･94に日本の歴代省エネ基準と主な先進国の省エネ基準を熱損失係数で比較したグラフを示す。日本の次世代省エネレベルでも、先進国の中では最低基準に近いことがわかる。

3 省エネリフォームの手法

世界規模で省エネ化が推進される中、日本では民生部門（業務・家庭）エネルギーの消費量が著しく増加しており、全エネルギー消費量の1/3を占めている（2013年 資源エネルギー庁調べ）。そこで2013年10月に省エネ法の住宅省エネルギー基準の改正が行われたが、現在住宅に関する省エネ基準はあくまで努力義務となっており、強制力はない。しかし2020年には全ての新築住宅で義務化する方向で進んでいる。

省エネ法の改正に伴い、住宅性能表示基準及び評価方法基準の省エネルギー基準に関する部分も改正された（表2･37）。

今後、住宅の省エネ化は避けて通れない課題となっている。省エネ性向上のための取り組み例を挙げる。

1）外壁、窓などの断熱化

外壁の断熱材を厚くする、窓をペアガラスにするなど、熱を逃げにくくして室内温度の維持を図ることで、空調設備で消費されるエネルギーを抑える。

2）設備の効率化

空調、照明などの設備の効率化を図り、同じ効用（室温、明るさ等）を得るために消費されるエネルギーを抑える。

3）太陽光発電等による創エネ

太陽光発電などによりエネルギーを創出することで、化石燃料によるエネルギーの消費を抑える。

以上の取り組みは新築住宅だけでなくリフォームでも有効である。これから住宅リフォームを行う際は、住宅の省エネ性向上も視野に入れ、施主にとって有益なプランを提示できるようにしたい。

4）温熱環境に不利な住居

一般的なマンションの傾向として、温熱環境的に不利な住居は、最下階（下に住居がなく、エントランスホールや駐車場などが来る場合、またはピットなどがくる場合）、妻住戸（三面外壁に面している）、最上階（屋上からの熱）、セットバック住戸などである。

下部に住居がなく、冷暖房をしないエントランスホールやピットが来る場合は、下部からの冷気を防ぐ対策が必要である。また最上階では太陽熱を防ぐ対策が必要である。そのような場所に該当する住居は、温熱環境的に不利なので基準を守るには手厚い対策が必要である。

5）断熱材

断熱材の種類と厚さにより、断熱材の熱抵抗値Rc（単位：㎡･k/w）が求められる。多くのケースで採用される仕様基準による判定では、この熱抵抗値の基準が等級・部位・工法ごとに決まっていて、それをクリアする断熱計画が求められる。

6）日射対策

日射遮蔽効果の検討では窓の向いている方位、庇の出、庇の位置、カーテン、ブラインドなどの付属物、サッシの種類、部屋面積に対するサッシ面積の割合などから一住戸単位で細かく検討する。北側がゆるく、南側が厳しくなっている。

4 その他

1）既存住宅の住宅性能表示

既存住宅の住宅性能表示では、断熱性能に大きな影響を与える断熱材の劣化がないこと、設備機器が動作することも確認する。

表 2･38　よく使われる断熱材の種類とグループ（抜粋）

<table>
<tr><td>A-1</td><td rowspan="6">高
⇧
熱伝導率
⇩
低</td><td>吹込用グラスウール GW-1、GW-2
吹込用ロックウール35k</td></tr>
<tr><td>A-2</td><td>住宅用グラスウール10k
吹込用ロックウール25k</td></tr>
<tr><td>B</td><td>住宅用グラスウール16k
ビーズ法ポリスチレンフォーム保温板４号
ポリエチレンフォームB</td></tr>
<tr><td>C</td><td>住宅用グラスウール24k、32k
高性能グラスウール16k、24k
住宅用ロックウール断熱材　マット、フェルト、ボード</td></tr>
<tr><td>D</td><td>ビーズ法ポリスチレンフォーム保温板特号
押出法ポリスチレンフォーム保温板２種</td></tr>
<tr><td>E</td><td>押出法ポリスチレンフォーム保温板３種
硬質ウレタンフォーム保温板１種・２種
吹付け硬質ウレタンフォーム（現場発泡品）</td></tr>
</table>

熱伝導率が低いものほど断熱性能が良い

2）リフォーム時の温熱対策

リフォーム時に、温熱環境性能のアップを図ることは大切なことである。ひと昔前の公団住宅や集合住宅では、必要なところに断熱材のないケースも見受けられる。とくに結露、カビなどが出る場合は、換気が足りないことのほかに、断熱材が切れている、不足しているなどの理由が考えられる。

表 2･38 に、よく使われる断熱材の種類とグループを示す。

8　シックハウス対策・換気　空気環境

1　シックハウス対策に関わる法律

2003 年 7 月 1 日、シックハウス対策のための規制導入改正建築基準法が施行された。これは、シックハウスの原因となる化学物質の室内濃度を下げるために、建築物に使用する建材や換気設備を規制する法律である。

住宅、学校、事務所、病院など、すべての建築物の居室が対象である。住宅性能表示制度の評価対象の部分等も建築基準法の取扱いと整合を図ることになり、内装の仕上げ材、天井裏などの下地材が対象となる。このシックハウス対策とそれに関わる内装制限については、2･2 の「シックハウス対策による内装制限」（p.41）で詳しく解説しているので、そちらを参照のこと。

2　規制対象となる化学物質

1）規制対象物質と規制内容

■ クロルピリホス

クロルピリホスは、農業やシロアリ駆除などに広く使われている有機リン系殺虫剤である。頭痛・筋肉の攣縮・衰弱・発汗・流涎・肺水腫などの症状のほか、重症になるとけいれん、死亡に至る。

建築基準法・住宅性能表示制度ともに、クロルピリホスを添加した建材の使用を禁止している。

■ ホルムアルデヒド

ホルムアルデヒドは、水に溶けやすくその水溶液を「ホルマリン」と呼び、消毒剤や防腐剤に使われるほか、様々な樹脂の原料となる。その樹脂は、接着剤、塗料、食器、繊維の加工などに広く利用されている。ホルムアルデヒドは、空気や水蒸気を通じて他のものに吸収されやすい性質を持っている。体への影響としては、吸入によって眼・鼻・呼吸器が刺激され、くしゃみ、咳、よだれ、涙が出る。高濃度になると、呼吸困難・肺浮腫などを発症することもある。建築基準法・住宅性能表示制度ともに、以下に示す①〜③の制限がかかる。

①内装材の制限…居室の種類、換気回数に応じてホルムアルデヒドを発散する建材の面積制限を行う。

②機械換気設備の設置…ホルムアルデヒドを発散する建材を使わない場合でも、家具などからの発散も考慮して、原則すべての建築物に機械換気設備の設置が義務付けられる。

③天井裏の制限…天井裏に関してもホルムアルデヒドの発散が少ない建材にするか、天井裏も換気できる構造とする。通気止めなどにより、居室へのホルムアルデヒドの流入を抑制できる部分は除く。

表 2·39　化学物質の室内濃度の指針値（厚生労働省）

化学物質	指針値＊	主な用途
a. ホルムアルデヒド	0.08ppm	合板、パーティクルボード、壁紙用接着剤等に用いられるユリア系、メラミン系、フェノール系などの合成樹脂、接着剤、一部ののりに含まれる防腐剤
b. トルエン	0.07ppm	内装材等の施工用接着剤、塗料等
c. キシレン	0.20ppm	内装材等の施工用接着剤、塗料等
d. エチルベンゼン	0.88ppm	内装材等の施工用接着剤、塗料等
e. スチレン	0.05ppm	ポリスチレン樹脂などを使用した断熱材など
f. クロルピリホス	0.07ppd 小児の場合 0.007ppd	シロアリ駆除剤

＊指針値：25℃ の場合
ppm：100 万分の1 の濃度　ppd：10 億分の1 の濃度
a と f は建築基準法上の規制対象物質
a ～ e は住宅性能表示で濃度を測定できる5 物質

2）VOC（揮発性有機化合物）とは？

大気汚染に関連して「VOC」という言葉がよく使われるが、このVOCとはVolatile Organic Compoundsの頭文字をとったもので、揮発性を有し大気中で気体状となる有機化合物の総称であり、トルエン、キシレン、酢酸エチルなど、多種多様な物質が含まれる。建材や塗料などから住宅の室内に放散し、健康に害を与える化学物質を「揮発性有機化合物」と呼び、全体でVOCと総称されることがある。

3）住宅性能表示で濃度を測定できる 5 物質

ホルムアルデヒド、トルエン、キシレン、エチルベンゼン、スチレンの 5 物質およびクロルピリホスの濃度を測定できる。なお、厚生労働省が定めたそれらの濃度指針値と主な用途を表 2·39 に示す。

9　窓の面積　光・視環境

日本では、窓が大きく開口部も多くある、明るく通風のよい家が好まれる傾向にある。これは、日本の在来木造建築が柱・梁による軸組み構造であるため、窓や開口部への制約が少ないことと、通風や採光を取り入れて過ごすことが日本の気候風土に合っているという考えが背景にあるといえる。

1　心理的影響を及ぼす住宅の開口部

住まいの中で繰り広げられる日常生活で、様々な作業に必要な明るさを確保することは、住まいの計画において重要な課題である。また、住まいの開口部（窓など）の効果には、日照、採光、通風といった物理的な影響に加えて、眺望、開放感、四季感の取り入れなど、心理的な影響もあるといわれている。

住宅性能表示制度の光・視環境の評価では、こういった開口部の効果に着目して、特に居室の開口部の面積と位置についての配慮を評価している（図 2·95）。

2　開口部の大きさと他の性能のバランス

住まいの性能表示項目間では、分野ごとに「トレードオフ」の関係にある場合がある。トレードオフの関係とは、ある性能表示項目についての性能を高めようとすると、他の性能表示項目についての性能が低くなるといった関係をいう。例えば窓の大きさ

図 2·95　日照や採光などの開口部の総合的効果を配慮する

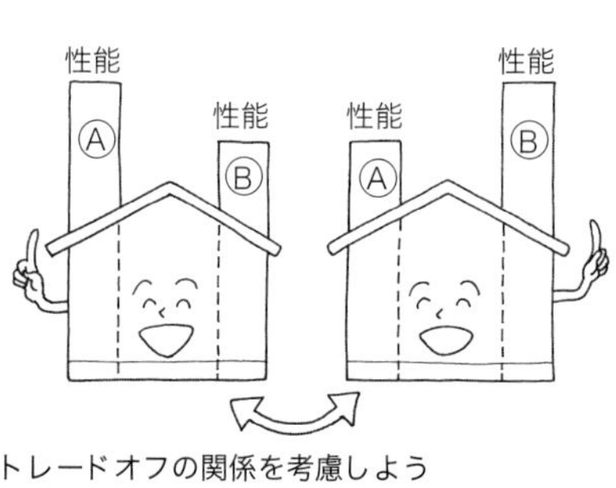

図 2·96　トレードオフの関係を考慮しよう

を大きく取れば、その分壁量が減り構造耐力は弱くなる、また温熱環境（省エネルギー）の観点では窓から逃げるエネルギーが多くなる、外部の騒音がたくさん入る、プライバシー確保が難しくなるなどがあげられる（図2・96）。

このような点について配慮し、家全体で合理的な性能の組み合わせになるよう、各性能項目のランクを選択することが大切である。

3 開口部の面積と位置

1）単純開口率

光の取り入れを特に重視したい寝室や居間などの居室の床面積の合計に対し、窓などの開口部がどのくらいの割合であるかを％で示したものが、「単純開口率」である。

これは直射日光の量をみるものではない。一般的に、数値が高いほど多くの開口部があり、採光も取りやすいのであろうと判断できる。通常の住宅の居室は、建築基準法で居室面積の1/7以上の窓をとることになっているので、単純開口率は14.3％以上となる。

単純開口率を求める式：

$$\text{単純開口率}(\%)=\frac{\text{居室の開口部の面積の合計}}{\text{居室の床面積の合計}}\times 100$$

2）方位別開口比

東西南北そして真上方向の各方位ごとの開口部の面積の割合を示し、どの方向に開口部が多くとってあるかを評価するのが、この「方位別開口比」である。

方位別開口比を求める式：

方位別開口比（％）＝

$$\frac{\text{各方位ごとの居室の開口部の面積の合計}}{\text{居室の開口部の面積の合計}}\times 100$$

居室における開口部の合計面積に対して、各方位ごとに比率（○％以上）で表示する。

4 諸注意事項

1）性能評価の居室の範囲

継続的に使用する部屋で、居間、食堂、台所、寝室、書斎、子ども室、応接室などが該当する。台所も含まれることが特徴である。浴室、洗面所、便所、納戸、廊下、階段室、玄関などは含まれない。

2）方位の判定

真北方向を基準として方位軸を設定し、この方位軸と平面状で45度で交わる線で区分された範囲を、おのおの東、西、南、北の方位とする（図2・97）。

トップライトの場合は、屋根の勾配によって開口面積が変わる。また、開口部の方位は平面上において、開口部から外部へ向かう法線の属する方位とする（図2・98）。

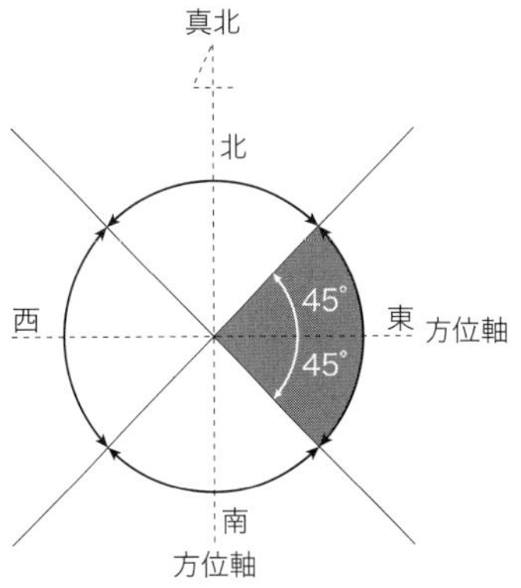

図2・97　開口部の方位

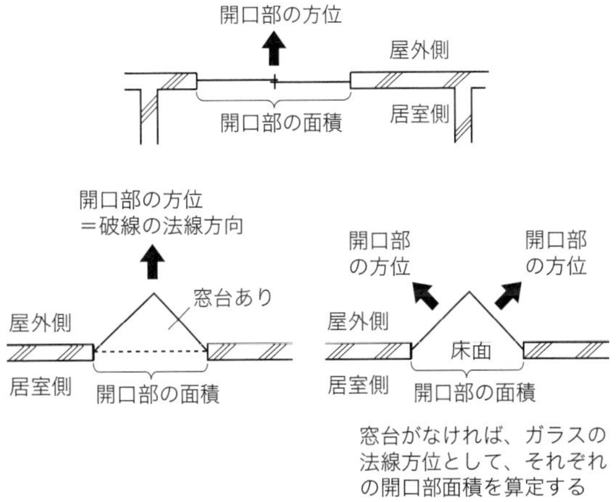

図2・98　開口部の方位（平面より）

10 遮音対策 音環境

共同住宅では、隣からの話し声や上階からの足音が聞こえることで、不快になったりトラブルになったりするケースがある。住民間のトラブルでは、被害者・加害者のどちらにも成りえること、住まい方や感じ方がトラブルの原因に成りえることなど、近隣騒音問題は、建物計画の努力だけでは拭い去れない特異な性質を持つといえる。

これらのトラブルを回避して住まい手が快適な生活を送るために、建物自体の界壁（隣戸との境の壁）や界床（上下階住戸との境の床）などに音が伝わりにくい工夫をすることと、住まい手が遮音性能にあった生活スタイルを行うことが大切である。

また、住宅の立地条件によっては、外部からの騒音や室内から外に漏れる騒音を防ぎたいという要求もあるだろう。このように室内と屋外の間の音の問題では、開口部に遮音性の高いサッシを設けるなどの対策を講じることで軽減することができる。

なお、遮音性能については、共鳴・共振など特異な現象による変化があり、施工時の誤差にも影響を受けるため、現時点の科学では正確に予想することは難しい。したがって、性能評価は一定条件のもとに、設計段階で判断できる範囲内での評価という位置付けになる。

1 単位と用語

1）デシベル

「デシベル」は記号で、「dB」と書く。dB 単位で表された量を「レベル」ということがある。デシベルは通常、「音圧（音による圧力変動の大きさ≒音の大きさ）」を表しており、この場合のレベル値を「音圧レベル」という。音圧レベルは、値が大きいほど大きな音であることを表す。ただし、dB 単位の量が遮音性能を表す時もある。したがって、レベル値が大きいほうが遮音性能が高いことを示す場合と、レベル値が小さいほうが遮音性能が高いことを示す場合とがある。

■重量（軽量）床衝撃音レベルを表示する場合

重量（軽量）床衝撃音レベルとは、特定の衝撃源で床を加振した時の直下階室での発生音の大きさ（音圧レベル（dB 値））を示し、レベル値が小さいほうが遮音性能が高いことを示す。

■重量（軽量）床衝撃音レベル低減量を表示する場合

重量（軽量）床衝撃音レベル低減量とは、床仕上げ材やその下地材などが、どの程度重量（軽量）床衝撃音を低減できるかをレベル（dB 値）で示したもので、レベル値が大きいほうが遮音性能が高いことを示す。

2）ヘルツ

「ヘルツ」は記号で「Hz」と書く。Hz 単位の値は周波数または振動数と呼ばれていて、正弦波動の 1 秒間の振動回数を表すものである。音の場合、大きい Hz 単位値ほど高い音であることを表す。Hz 単位が 2 倍になると、約 1 オクターブ高い音に聞こえる。人間の耳は約 20Hz ～ 20000Hz まで聞くことができるといわれるが、住宅の音環境で問題となるのは、40Hz ～ 8000Hz くらいまでの範囲である。

3）L 値

L 値とは遮音性能を表す単位である。床の防音性能を評価する数値で、例えば上の階で子どもが走り回った時の音のレベルが 70dB で、下の階で聞こえる音のレベルが 30dB とすると、床の遮音性能は 40dB となる。この下の階で聞こえる値を表す数値が L 値となり、この場合 L-30 と表現する。L 値は値が小さいほど高性能となる。D 値が空気伝搬音に対

表 2·40 L 値一覧表

L 値	重量床衝撃音（LH）	軽量床衝撃音（LL）
L-40	遠くから聞こえる感じ	ほとんど聞こえない
L-45	聞こえるが気にならない	サンダル音は聞こえる
L-50	ほとんど気にならない	ナイフを落とすと聞こえる
L-55	少し気になる	スリッパでも聞こえる
L-60	やや気になる	はしを落とすと聞こえる

する壁などの遮音性能を示すのに対し、L値は振動音または実際に聞こえる音のレベルを示す。JISでは、上階で発生させた音を下階で測定し、7つの周波数別に分けたものを基準として、床衝撃音の遮音等級を決めている。この基準に基づいたL値を表記しているものに、フローリングなどがあげられる。L値の数値が小さいほど、遮音性能が優れている（表2･40）。

2 住宅性能表示上の評価項目と適用範囲

遮音対策について、住宅性能表示制度では以下の4つの観点から評価付けを行う。

①重量床衝撃音（飛び跳ねる・重い物を落とす音）
②軽量床衝撃音（スプーンを落とす音）
③居室の界壁の空気伝搬音の遮断の程度
④外壁開口部にあるサッシの空気伝搬音の遮断の程度

①～③の評価対象は共同住宅のみとなっている。④は共同住宅、戸建て住宅両方が評価対象である。これらの「音環境」は選択項目として位置付けられており、評価を受ける受けないは、自由に選択できるものとなっている。

図2･99　軽量床衝撃音と重量床衝撃音

3 床衝撃音について

1）床衝撃音の種類

床面で起こる衝撃音は、JISでは軽量床衝撃音（LL：レベルライト）と重量床衝撃音（LH：レベルヘビー）の2つに分類している。軽量床衝撃音とは、スプーンやコップを床に落とす音、椅子を引く音、スリッパでバタバタ歩く音で、重量床衝撃音とは、子どもが飛び跳ねる、走り回る、重い物を床に落とすなどの音を指す（図2･99）。軽量床衝撃音は、タッピングマシンという衝撃発生器で測定する。重量床衝撃音は、バングマシンというタイヤを落下させる衝撃発生器で衝撃を測定する。

2）床衝撃音への対処

リフォーム時の音環境改善対策では、重量床衝撃音に対しては、既存の床スラブにコンクリートかモルタルを増し打ちしてコンクリートスラブ厚を増やすこと、軽量床衝撃音に対しては、床仕上げ材を柔らかいものに変えることで対処できる。しかし、コンクリートスラブ厚を増すことはなかなか難しいため、現実的には内装仕上げ側で対処することになる（表2･41）。

3）スラブ厚さと面積、遮音等級の目安

重量床衝撃音は梁に囲まれた面積が小さいほど、そしてスラブ厚が厚いほど遮音性能が上がる。梁が少ない構造の場合、部屋内の梁の露出が少ないので

表2･41　軽量床衝撃音と重量床衝撃音の比較

種類	重量床衝撃音	軽量床衝撃音
表示	LH（レベルヘビー）	LL（レベルライト）
音の種類	・子どもが飛び跳ねる音 ・子どもが走り回る音 ・重い物を床に落とす音	・スプーン、コップを落とす音 ・椅子を引く音 ・スリッパでバタバタと歩く音
改善方法	モルタル増打などで床スラブ厚を増やす。または梁に囲まれた面積を小さくする	床仕上げ材を柔らかいものに変更。フローリングよりもカーペットや畳など

すっきりするが遮音性能の点では注意が必要である。

コンクリートスラブの厚みと遮音の関係では、例えばスラブ面積が30㎡、4周大梁支持の場合、普通コンクリートスラブ厚120mmでL-65、スラブ厚140mmでL-60、スラブ厚180mmでL-55、スラブ厚230mmでL-50となる。このように、コンクリートスラブの厚みによって遮音性能はアップする。

4）床下地の施工

床の遮音性能を高めるためには、根太の施工の仕方が重要になる。根太を釘で固定するなど施工精度が悪い場合、遮音性能は1ランク程度下がってしまう。そのような場合は防振根太を使うとよい。

■一般的な床材のL値の目安

・普通のフローリング：LL-60
・遮音フローリング：LL-55～LL-45
・カーペット仕上げ：LL-45～LL-40

カーペット仕上げの軽量床衝撃音の遮音性能は、LL-40～LL-45程度で、他の床材と比較して高水準である。

■マンションでのL値の目安

最近の一般的な新築マンションでは、「LH-45」と「LL-50」が目安とされている。軽量床衝撃音は、コンクリート床、床下地材、床仕上げ材の複合的な性能となるので、市販品に記載されている遮音性能よりワンランク程度下がると考えておくほうが安全である。音が気になる場合はL-40、L-45を目標にするとよい。

リフォームの場合、遮音性の高い床仕上げ材、たとえばじゅうたんのような柔らかい素材、またはクッション材が裏打ちされている製品を使うことが、手軽で最適な方法の一つであるといえる。発生してしまった音を消すのは難しいが、音そのものの発生を抑えることは比較的対応しやすい。

5）天井の施工

天井を張った場合も、太鼓現象などで遮音性能が低下するおそれがあるが、天井を張らずにスラブ欠き込みで配管や電気ボックスを設けるほうが遮音性能に影響が出やすいので、天井は張ったほうがよい。

4 居室の界壁の透過損失

居室の界壁の透過損失とは、居室の壁で隣戸との間にあるものを対象に、空気伝搬音（人の話し声など）を遮断する性能を示す。例えば、隣接する住戸でピアノを弾いていた場合の音が70dBとした場合、こちら側で聞こえる音のレベルが30dBとすると界壁の透過損失は40dBとなる。すなわち、この透過損失の値が遮音性能をあらわすD値となり、D-40と表現される。D値とはdifference of sound level、音圧レベル差（透過損失）のことである。

1）住宅性能表示の界壁の透過損失評価

住宅性能評価では、界壁の透過損失を4つの段階にランク付けしている(対象は共同住宅のみ)。等級は1～4までで、等級が高いほど優れた遮断性能を持った壁となる（表2･42）。参考に日本建築学会の適用等級を示した（表2･43）。

2）音響透過損失の単位：Rr

住宅性能表示では、日本工業規格(JIS) A 1419-1に規定するRrという音響透過損失の単位を用いて

表2･42　界壁の透過損失の等級と内容

居室の界壁にかかる構造に関する空気伝搬音の遮断の程度	
4	特に優れた空気伝搬音の遮断性能（Rr-55等級以上）が確保されている程度（界壁の厚さ26cm以上）
3	優れた空気伝搬音の遮断性能（Rr-50等級以上）が確保されている程度（界壁の厚さ18cm以上）
2	基本的な空気伝搬音の遮断性能（Rr-45等級以上）が確保されている程度（界壁の厚さ12cm以上）
1	建築基準法に定める空気伝搬音の遮断の程度が確保されている程度（界壁の厚さ10cm以上）。最低条件。

表2･43　日本建築学会の適用等級

日本建築学会の適用等級	部　位	適用等級			
		特級（特別仕様）	1級（標準）	2級（許容）	3級（最低）
集合住宅	隣戸間界壁 隣戸間界床	D-55	D-50	D-45	D-40

日本建築学会の適用等級と住宅性能表示の界壁透過損失の等級と照らし合わせると「特級ー等級4」「1級ー等級3」「2級ー等級2」「3級ー等級1」となる

いる。

Rr は、建築面材料や建築面部位（壁・床・開口部など）の空気伝搬音の透過しにくさを表す指標の一つである。空気伝搬音とは、話し声、テレビの音、自動車騒音など、空気中に直接放射されて伝搬していく音のことである。Rr についての詳細は JIS A 1419-1 を参照すること。この Rr の数値が大きいほど、空気伝搬音を遮断する構造（界壁構造）であることを表す。Rr 値は、D 値と同様に考えて差し支えない。例えば、住宅性能表示制度で等級 4 となる Rr-55 とは、その壁面の透過損失が 55dB であることを示している。

3）等級 2 以上の諸条件

・界壁に構造スリットを設けてはいけない。

・コンセントボックス、スイッチボックスその他これらに類するものが、界壁の両側の対面する位置に界壁を欠き込んで設けてはいけない。

・界壁に仕上げのボード類が接着されている場合、界壁とボード類の間に接着モルタルなどの点付けによる空隙が生じていないこと。空隙があると音量透過損失が大幅に低下する。

隣戸の話し声が気になる場合は、リフォーム時に界壁の厚さを調べて、遮音性のある仕上げ材で対応するとよい。その際、界壁と仕上げ材の間に空隙があると透過損失に影響が出るので、施工精度にも気を付ける。

4）GL 工法の遮音欠損

GL 工法とは、接着剤をダンゴ状にしてコンクリート面に点付けし、その上から石膏ボードを圧着する方法で、現在普及している工法である。しかし界壁面に用いると、低音共鳴などで遮音性能が低下することがあるので、マンションの界壁には使用しないほうがよい。

5 外壁開口部にあるサッシの透過損失

居室の外壁に設けられたサッシなどを対象に、空気伝搬音を遮断する性能を評価して、3 段階の等級で方位別に表示する。等級が高いほど、遮断性能の高いサッシであるといえる（表 2･44）。

外部からの騒音に悩まされている、または住居内部からの音漏れをなくしたい場合の参考にしたい。

1）空気伝搬音の単位：Rm (1/3)

建築面材料や建築面部位（壁、床、開口部など）の、空気伝搬音の透過しにくさを表す指標の一つ。1/3 オクターブ帯域の、100Hz 帯域から 2500Hz 帯域までの 15 周波数帯域の音響透過損失の算術平均値で、交通騒音を対象とした場合に実感と近いことが明らかになっている。

数値が大きいほど、空気伝搬音をよく遮断する開口部であるといえる。実際のサッシの性能としては、単層ガラスで 15dB ～ 30dB の遮音性能があり、それ以上の性能を求める場合は、二重サッシなどにする必要がある。Rm (1/3) について詳しくは JIS A 1419-1 を参照すること。

2）サッシの遮音等級：T

従来から、サッシの遮音等級として用いられてきたものが T 等級である。T 等級は、等級値（T- 値）が大きいほど空気伝搬音遮断性能が大きいことを表している（表 2･45）。

表 2･44　外壁のサッシの空気伝搬音の程度：住宅性能表示等級水準

北	東	南	西	Rm (1/3) の程度
3	3	3	3	特に優れた空気伝搬音の遮断性能が確保されている程度 25dB 以上（T-2 以上）
2	2	2	2	優れた空気伝搬音の遮断性能が確保されている程度 20dB 以上（T-1 以上）
1	1	1	1	その他

表 2･45　サッシの性能

T-1	T-2	T-3	T-4
25 等級	30 等級	35 等級	40 等級
単層ガラス	単層ガラス	防音合わせガラス等	二重サッシ

11　高齢者等への配慮　高齢者対応

1 高齢者対応の考え方

1）バリアフリーとは

年をとって体の自由が利かなくなったり、怪我をしたりすると、家の中の移動が負担に感じたり、転倒などの思わぬ事故に遭いやすくなる。車椅子を利用する時になって、スペースが足りない、床段差があるなど、問題点がみえてくる場合が多い。長い人生の中で、加齢や障害といった個々の状態にすべて対応する要件を満たしておくのは不可能に近いが、様々な要求レベルに比較的容易に対応できるような配慮は、新築時から行っておくべきであろう。このような点に配慮した建物の工夫を「バリアフリー」という。

2）高齢者対応の施策

高齢者対応に対する施策で最初のものに、1995年に建設省住宅局から出された「長寿社会対応住宅設計指針」がある。これは、「いずれ誰でも経験するであろう高齢期をあらかじめ念頭において住宅を設計すべき」という考えのもとに作られた。主眼となる対策は、室内床段差の解消、要所の手摺設置またはその下準備、主要動線の幅員の確保であった。なお、その際目指した「すべての人のために」という考え方は、「ユニバーサルデザイン」として広がっている。

3）住宅性能表示制度の高齢者対応評価

住宅性能表示の高齢者対応の考えも、この流れを汲むものである。住宅性能表示制度では、新築の住宅に対し、実際に必要となった時に高齢者等への対策をとりやすい工夫をあらかじめ行うことを重視し、細かく規準を定めて等級付けを行っている。リフォーム計画を立てる際に、ぜひ参考にしたい。

2 高齢化対応住宅リフォーム

1）住環境整備の必要性

高齢者のための住環境整備は、「普通の暮らし」を回復することを目的としている。その「普通の暮らし」とは、たとえ障害を持っていたとしても、その人らしく暮らせる可能性を追求することであり、その重要な手段として住環境整備がある。また自立の可能性を広げることも、住環境整備の大切な意義といえる。介護保険の基本理念の一つとして、在宅における日常生活の重視がうたわれているが、その意味でも住環境整備は何よりも優先されるべきである。

2）住環境整備とは

住環境の整備とは、身体機能の低下と住環境との不適合が生じた時、それを解消あるいは緩和させる目的で行う居住環境サイドの変更のことである。図2･100に、住環境整備の内容を示す。

3）高齢者対応リフォームによる住環境整備の基本的な考え方

実際に、高齢者や体の不自由な人向けにリフォームを行う場合に一番大切なのは、ニーズは一人ひとり異なるため、その人に合った個別対応にすることである。高齢者対応のマニュアルはたくさんあるが、単に「手摺はあったほうがよい」「床の段差はとにかくなくしたほうがいい」など、単純にかつマニュアルどおりの対応をしてはならない。「誰のために、何を解決するための改修か」を明確に理解し、リフォームプランを立てることが大切である。

4）高齢化対応住宅リフォームのポイント

■住まいに合わせるのではなく、本人の身体機能に合わせて住まいを工夫する

高齢者の多くが身体機能の低下や障害を持つなど、

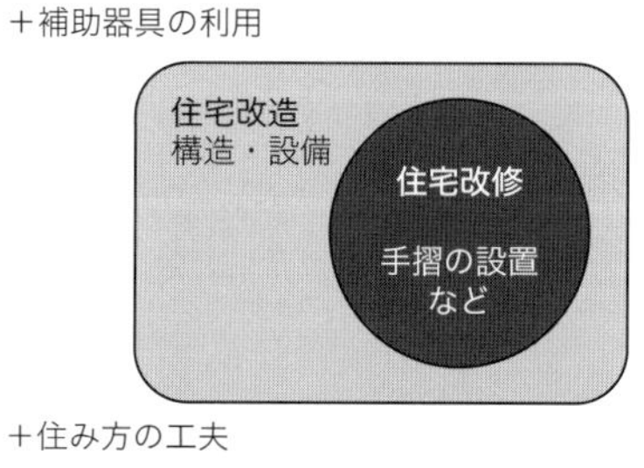

図2･100　住環境整備の内容

日常の生活動作に問題を抱えている。本人の動作能力に合わせて、必要なところに手摺を付ける、建具のレバーを変えるなど、環境を整備することによって日常の問題を解決することができる。

■介護の負担を軽減する

介護をするスペースを設けただけで、介護負担をかなり減らすことができる。そのほかにも、介護に必要な車椅子や介助用リフトなどを活用できる環境の整備などを行うことで、介護の負担をより減らすことができる。

■高齢者本人が使う福祉用具に適合した環境整備を

高齢者は身体状況に合わせて、杖、車椅子、歩行器など、様々な福祉用具を利用する。それらの利用に支障がない部屋や通路の広さ・寸法の確保が必要である。

■現状対応だけではなく、将来のニーズも見込んだ取り組みを行う

高齢者の身体状況は日々変わる。いまは杖で歩けても、いずれ車椅子になって寝たきりになることも考えられる。特に身体の変化とともに、受ける介護の内容や医療サービスの変化、家族状況の変化などにより、住まいに対するニーズは大きく変わっていくと考えられる。高齢者対応のリフォームを行う時は、単なるその時のニーズだけではなく、将来の変化に対する対応をできるだけ組み込んでおくことが大切である。

■健康をまもり、障害を予防する
―住宅の持つ障害（バリア）を取り除く

日本がの住宅が、もともと持っている段差や狭いトイレ、急勾配の階段など、高齢者が暮らす上で障害となる部分を取り除き、住まいの基本性能を高めることもリフォーム時の大切な目的となる。バリアの多い住宅内ではリハビリも困難となり、結果的に寝たきりを増やすことも考えられる。また予防という考えでは、住宅内の事故で障害を負うことも多く報告されており、そのような事故を防ぐためにも、予防可能な対策はできるだけとっておくことが大切である。

3 住宅性能表示制度にみる高齢者対住宅

住宅性能表示制度における「高齢者等への配慮に関すること」では、どのような高齢者対応策を評価しているかを示す。

1）高齢者等への配慮を盛り込む時期

高齢者等に配慮した建物の工夫には、必要となった時に簡単な工事で済む部分もある。しかし廊下の幅や部屋の広さなどは、変更する場合、大規模な工事が必要となる。したがって、高齢者等への配慮を盛り込むのは、なるべく新築時が好ましい。またリフォーム時もチャンスである。その時必要でないとしても、できるだけ配慮した計画にするとよい。

2）高齢者対策をとるべき部分

高齢者対策をとるべき部分として住宅性能表示では、住宅の専用部分および共用部分（マンションの場合）に分けて基準を設けている。住戸内各部分の対策の他にマンションなどでは、各住戸へのアプローチにあたるエントランスホール、階段、共用廊下などの共用部分にも対策をとることを求めている。

4 専用部分の高齢者対応（住宅性能評価）

1）高齢者対策が必要な部分の考え方（専用部分）

専用部分において高齢者対策が必要な部分は、高齢者が「基本生活行為＝生理的欲求を行う部分」を念頭に置くべきであり、その基本的生活行為は最低限の「日常生活空間」で行われる。したがって高齢者対策は、この「日常生活空間」に適用するといえる。

2）基本生活行為

基本生活行為とは、日常生活空間で行われる、排泄、入浴、整容、就寝、食事、移動その他これらに伴う行為をいう。

3）日常生活空間とは

日常生活空間とは、次のものをいう。

①玄関（高齢者などの利用を想定するもの、一つ）
②便所（　　同上　　）
③浴室（　　同上　　）
④脱衣室（　　同上　　）
⑤洗面所（　　同上　　）
⑥特定寝室
⑦食事室（　　同上　　）
⑧特定寝室と同じ階にあるバルコニー（特定寝室が接地階にない場合のみ）（　　同上　　）
⑨特定寝室と同じ階にあるすべての居室（居間、台所、寝室、子ども室など）
⑩①～⑨を結ぶ経路（高齢者の利用を想定するもの、一つ）

接地階とは、地上階のうち最も低い位置に存する階をいう。

4）専用部分の高齢者対応

住宅性能表示では、高齢者等への配慮が住宅内でどの程度講じられているかを、5段階の等級で評価している。等級が高いほど、より多くの対策がとられていることを示す。

5）高齢者対策の評価対象

高齢者対策では、特に、移動時の安全性の確保・介助のしやすさの点に着目した工夫が評価される（図2･101）。

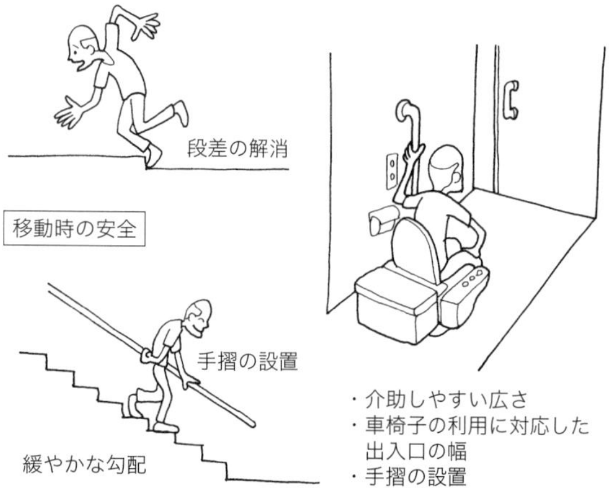

図2･101　移動時の安全性と介助の容易性

6）移動時の安全性

高齢者等が利用する部屋と主要な部屋とを同一階に配置する、階段への手摺の設置、勾配の工夫など、垂直移動の負担を減らす工夫が重要である。表2･46に、高齢者が利用すると想定した特定寝室と同一階に配置すべき室と等級の関係を示す。等級2以上では便所が、等級4以上で浴室が、同じ階にあることが条件になる。

その他、安全性の確保に望まれる工夫は、次のようなものがあげられる。

・床や入口の段差の解消、手摺の設置などで、水平移動の負担を減らす工夫。
・玄関、便所、浴室、脱衣室などに手摺を設置して、脱衣、入浴など、体勢の変化の負担を減らす工夫。
・バルコニーや2階以上の窓に手摺を設けるなど、転落防止の工夫。

7）介助の容易性

通路や出入口の幅を広くする、廊下の段差を解消するなど、介助式車椅子での通行を容易にする工夫や浴室、寝室、便所のスペースを広くして、介助を容易にする工夫が必要である。

最高ランクの等級5では、通路の幅850mm以上、出入口幅800mm以上、等級4では、通路780mm、出入口幅750mm以上が必要である。

等級5、4では浴室の短辺が内法1400mm以上必要で、等級3では1300mm以上必要とされている。特定寝室の面積は、等級3では9㎡以上（内法）、等級4以上では12㎡以上（内法）と、基準が決められている。表2･47に、寝室、便所および浴室の広さの規定を示す。

表2･46　高齢者が利用すると想定した特定寝室と同一階に配置すべき室等

便所	等級2以上
浴室	等級4以上*
玄関・洗面所・脱衣室・食事室	等級5*

*：出入口幅員750mm（直進できる場合は650mm）以上など、介助用車椅子が使用できるホームエレベーターがある場合は適用しない

これらは、介護・介助を考慮した室の大きさの一つの目安となる。内法寸法とは、壁の仕上げ面からの有効寸法を指す。

8）専用部分の評価

等級は高いほうから5→1という5段階評価があり、いままで述べた対策を組み合わせて、その手厚さの程度で評価を行う。

等級1は、住戸内において建築基準法に定める移動時の安全性をクリアしているものになる。

既存住宅に評価を行う既存住宅性能評価では、等級2と等級1の間に等級2－（マイナス）がある。これは等級2の内容と比べて、段差解消と手摺設置の範囲をより限定した内容となっている。また等級0もあるが、これは既存住宅独自の等級として設定されたものであり、移動などに伴う転倒、転落などの防止のための現在の建築基準法にのっとった措置がされていない場合を示す。

5 共用部分の高齢者対応（住宅性能評価）

共用部分の評価はマンションのみで、専用部分の評価とセットで評価・表示される。

表2·47　寝室、便所および浴室の広さの規定

評価項目	仕様基準	等級			
		5	4	3	2
浴室の広さ	内法で短辺1.4m以上かつ広さ2.5㎡以上	●	●	－	
	内法で短辺1.3m以上かつ広さ2.0㎡以上（共同住宅などは1.2m以上かつ広さ1.8㎡以上）	－	－	●	
便所の介助スペース	内法で短辺1.3m以上*1	●*2	－	－	
	内法で短辺1.1m以上、長辺1.3m以上*3	－	●*5	－	
	内法で長辺1.3m以上*4	－	－	●*5	
便器	腰掛式	●	●	●	
特定寝室の広さ	内法で12㎡以上	●	●	－	
	内法で9㎡以上	－	－	●	

＊1：1.3m以上とする代わりに、便器後方の壁から先端までの長さ+0.5m以上としたものでもよい
＊2：工事を伴わない撤去等により確保できるものを含む
＊3：便器の側方および前方に500mmのスペースを確保（ドアの開放による確保を含む）できるものでもよい
＊4：便器の側方または前方に500mmのスペースを確保（ドアの開放による確保を含む）できるものでもよい
＊5：軽微な改造により確保できるものを含む

専用部分では、介助式車椅子を用いる居住者を想定しているが、共用部分では介助者の助けを得ながらも自走式車椅子を用いる居住者を想定している。

共同住宅等の、主に建物出入口から住戸の玄関までの間における高齢者等への配慮を評価する。評価は専有部分と同じ5段階で、既存住宅では等級2と1の間に等級2－が設定されている。

1）移動時の安全性

移動時の安全性では以下のことを重視する。

・エレベーターの設置、階段に手摺を付ける、勾配を緩やかにするなど垂直移動の負担を減らす工夫。

・共用廊下に手摺を設置、段のあるところに傾斜路、手摺を設けるなど水平移動の負担を減らす工夫。

例）共用廊下は等級2以上で少なくとも片側に手摺を設ける（交錯する動線がある、エントランスホールで手摺に沿って通行することが著しく動線を延長させるなど、やむを得ず付けられない場合等を除く）。

・開放廊下や外階段に手摺を設けるなど、転落事故防止の工夫。

2）介助の容易性

介助の容易性では以下のことを重視する。

・共用廊下の幅員を広くする工夫…等級5では最低1400mm以上とする。

・エレベーターやエレベーターホールのスペースを広くし、自走式車椅子でのエレベーターの乗降を容易にする工夫…等級3以上ではエレベーターホールに1500mm四方の空間が必要である。

・階段の幅を広くするなど階段の昇降を容易にするための工夫…等級3でもエレベーターが利用できない場合は、少なくとも1つの共用階段の幅員を900mm以上とする。

3）共用部分の評価

各等級は上記の対策を組み合わせて、その手厚さの程度で評価される。既存住宅に評価を行う既存住

宅性能評価では、等級２と等級１の間に等級２－がある。これは等級２の内容と比べて、手摺の設置範囲を一部緩和したものである。また等級０もあり、専用部分と同じように、現在の建築基準法にのっとった措置がされていない場合を示す。

6 介護保険制度の概要

2000年４月に施行された介護保険制度によって、介護保険を利用した住宅改修のニーズが出てきた。ここでは介護保険制度の概要と、介護保険法での住宅改修のポイントについて簡単に触れる。

1）介護保険制度とは

介護保険制度は、高齢化社会の到来とともに、介護を国民全体で支える仕組みとして誕生した。介護保険は、すべての被保険者の納める保険料と、国・都道府県・市町村からの税金を財源として、介護が必要となった被保険者に介護サービスを提供し、被保険者自身と、その介護をする家族を支援するサービスである。

2）介護保険で受けられるサービス

介護保険では、介護が必要になっても、できる限り自宅で自立した生活ができる総合的な支援を行うことを目的としている。その中で住環境整備に関連するサービスには、住宅の改修、福祉用具の貸与、福祉用具の購入がある。これらのサービスを受けるには、要介護（要支援）認定を受けることが必要である。

3）介護サービス計画の作成

介護サービス計画は、要介護者にはケアマネージャーがいる居宅介護支援事業所が作成し、要支援者には地域包括支援センターが作成する。介護保険による在宅サービスの種類には、表2･48のようなサービスと、それに関わる専門職がある。

表2･48　介護保険における在宅サービス[10]

	サービス名	関わる専門職
訪問系	訪問介護	介護福祉士、介護職員など
	訪問看護	保健師、看護師、理学療法士、作業療法士など
	訪問入浴介護	看護師、介護職員など
	訪問リハビリテーション	理学療法士、作業療法士など
	居宅療養管理指導	医師、歯科医師、薬剤師など
通所系	通所サービス（デイサービス）	生活相談員、看護師、介護職員、機能訓練指導員など
	通所リハビリ（デイケア）	医師、理学療法士、作業療法士、看護師など
短期入所系	短期入所（ショートステイ）	医師、栄養士、機能訓練指導員、生活相談員、看護師、作業療法士、介護職員など
住宅改修／福祉用具	福祉用具の貸与・購入	福祉用具専門相談員など
	住宅改修	建築士、増改築相談員など
その他	認知症対応型共同生活介護（グループホーム）	介護職員など
	特定施設入所者生活介護	看護職員、介護職員、機能訓練指導員など
	小規模多機能型居宅介護	介護職員、機能訓練指導員、生活相談員

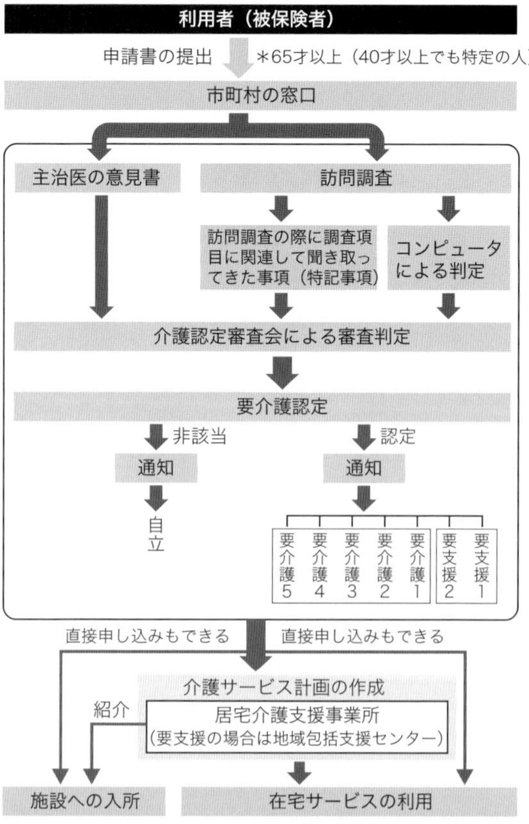

図2･102　介護保険制度におけるサービス開始までの流れ（概要）[10]

4）介護保険での住宅改修

表2･48で示した通り、介護保険で利用できる在宅サービスは様々な種類があり、それぞれの目的があり、担当の専門職が関わる。介護保険の中での住宅改修は、この在宅サービスメニューの一部となる。特に介護保険を使った住宅改修では、目的物を作って終わるということではなく、作ったものがいかに要介護者の自立を助けるか、という点が大切である。すなわち、「使われない」ものを作るのであれば、住宅改修そのものに意味がない。利用者がサービスを主体的に選択する制度であり、住宅改修を行う専門職者はこの点をよく理解しておくことが必要である。

顧客満足を得るために最も基本となるものは、「ニーズ」を満足させることである。

ニーズを満足させる住宅改修を行うためには、何がニーズなのかを探るアセスメントが大切であり、アセスメントをもとに居住環境を含む介護サービス計画(ケアプラン)が作られる。この時､関連する専門職による連絡・調整などの会議（ケアカンファレンス）を経てサービスが実現され、ケアの実施となる。

ここで大切なのは、ケアマネージャーの存在である。いわば全体の目標に合うように調整するのが、ケアマネージャーの役割となる。住宅改修に関わる場合は、チームの一員としてこのケアマネージャーらと連絡調整をとりながら進めることが大切である。

参考に、介護保険制度におけるサービス開始までの流れを、図2･102に載せる。

12　防犯に関すること

開口部の侵入防止対策

1　防犯に関する性能が追加される背景

1）追加の時期

「防犯に関すること」は、住宅性能表示の第10番目の区分として新たに追加され、2006年4月1日より運用が開始された（2005年9月14日公布）。

2）防犯に関することが追加される背景

住宅を対象とした侵入窃盗犯は年々増加し、認知件数としては2003年まで6年連続で増加している。手口も巧妙化するなど、深刻な問題となっている。そして、一般の人々の防犯への意識も非常に高まっている。それらを受けて国土交通省では、2001年3月に「防犯に配慮した共同住宅に係る設計指針」を策定し、防犯に配慮した企画・計画・設計の基本原則を示した。

2002年10月に「防犯性の高い建築部品の開発・普及に関する官民合同会議」において、実際の侵入犯手口に対して5分間の抵抗性能を有することを目標に、建物部品の防犯性能試験を実施している。その結果を受け、試験合格品を目録に掲載・公表し、防犯建物部品の普及を推進している。さらに2005年6月には、都市再生プロジェクト「防犯対策等とまちづくりの連携協働による都市の安全・安心の再構築」および「安全・安心なまちづくり全国展開プラン」において、住宅の防犯性能の評価・表示を位置付けた。こうしたことから、住宅性能表示制度において、防犯に関する事項として｢開口部の侵入防止対策｣を追加することとなった。

2　用語解説

1）防犯性の高い建築部品の開発・普及に関する官民合同会議

防犯性能の高い建物部品の開発・普及の方策を検討するために、警視庁と国土交通省の共催で関係省庁、建物部品関連の民間団体（ガラス・フィルム関連団体、シャッター・ドア・サッシ関連団体、錠前関連団体、住宅関連団体）から設置された官民合同会議で、2002年11月に発足した。

2）防犯建物部品

防犯建物部品としては、戸建て住宅・マンション用玄関ドア、錠前、サッシ、ガラス、ウインドウフィルム、雨戸、面格子、シャッター関係の部品など

「防犯」
Crime Preventionの
頭文字CPを図案化し
たもの

図 2･103　「防犯性能の高い建物部品」の共通標章：CP マーク

が含まれる。実際の犯罪手口を踏まえた攻撃方法での試験を実施し、侵入者の侵入を 5 分以上防ぐ性能を有すると認められた製品が「防犯性の高い建物部品」と認定される。なお、防犯性能が高い建築部品には CP マークが付けられる（図 2･103）。

3 防犯に関する性能表示事項の概要

住宅の開口部を外部からの接近のしやすさに応じてグループ分けし、各グループごとにすべての開口部について侵入を防止する性能が確かめられた部品（官民合同会議による防犯建物部品目録に掲載された製品等）の使用状況を表示することになっている。

2006 年 4 月 1 日以降に住宅性能評価の申請が行われる住宅に適用される。

4 今後の課題

今後、防犯性能の高い建物部品のニーズは高まると予想されるが、CP マーク付の製品はコストがやや高い傾向にあるので、その点が今後の課題である。

CP マーク付の建物部品を大量に入荷することでコストを抑え、標準装備として自社の目玉にしている住宅メーカーも出てきたが、まだまだ一般への普及にまでは至っていない。今後はさらに認知度を高め、市場に流通させることで全体にコストを抑え、入手しやすくする努力が必要である。リフォームプランを立てるにあたっても、防犯対策は大きな課題であるといえる。したがって、日ごろから防犯への知識を深めることが望まれる。

【参考資料】
・(公財)住宅リフォーム・紛争処理支援センター「住宅相談統計年報 2016」
https://www.chord.or.jp/tokei/pdf/soudan_web2016.pdf
・国土交通省「住宅・リフォーム業界をめぐる現状と社会環境の変化」
http://www.meti.go.jp/committee/kenkyukai/seisan/reform/pdf/005_03_02.pdf
・(一社)住宅リフォーム推進協議会「住宅リフォーム市場の概況」
http://www.j-reform.com/publish/pdf/nenpou_section1_22-62.pdf
・住宅情報提供協議会「住まいの情報発信局」
http://www.sumai-info.jp/
【参考・引用文献】
・㈶住宅リフォーム・紛争処理支援センター『マンションリフォーム実務者必携』2003 年
・㈶マンション管理センター監修、澤田博一編『マンションリフォームの実務』オーム社、2003 年
・小原二郎編著『マンションリフォームの設計と施工』彰国社、1994 年
・〈建築のテキスト〉編集委員会編『初めての建築一般構造』学芸出版社、1996 年
・住宅金融公庫『木造住宅工事仕様書　平成 17 年改訂』2005 年
・『積算ポケット手帳　リフォームハンドブック 2004』建築資料研究社、2003 年
・㈳日本建築学会『構造用教材』丸善、1985 年
・㈳日本建築学会『建物の遮音設計資料』技報堂出版、1988 年
・㈶住宅リフォーム・紛争処理支援センター『増改築相談員の基礎知識』2004 年
・国土交通省『日本住宅性能表示基準・評価方法基準技術解説』工学図書、2003 年
【図表出典】
1) 住宅情報提供協議会「住まいの情報発信局」ホームページ
2) ㈳日本建築家協会編『住まいのリフォーム実例集』のデータをもとに筆者が作成
3) 東京都都市整備局住宅政策推進室『安心して住める家のためのガイドブック〈戸建編〉』2001 年
4) 新建設市場予測検討委員会「新建設市場の将来予測―ストック有効活用型社会の新たな市場の展望」1998 年
5) ㈶住宅リフォーム・紛争処理支援センター『増改築相談員の基礎知識 1　相談の進め方』2004 年
6) ㈳日本建築学会『構造用教材』丸善、1985 年
7) ㈶住宅リフォーム・紛争処理支援センター『増改築相談員の基礎知識 2　増改築の計画』2004 年
8) 国土交通省『日本住宅性能表示基準・評価方法基準技術解説』工学図書、2003 年
9) (一財)建築環境・省エネルギー機構『住宅の次世代省エネルギー基準と指針』1999 年
10) ㈶住宅リフォーム・紛争処理支援センター『増改築相談員の基礎知識　高齢化対応リフォーム』2004 年

第3章

リフォームの実践

3・1
リフォームの手順

ここでは、リフォームの相談をユーザー（相談者）から受けてから、どのような順序で仕事を進めていくか、実際にリフォームする場合の作業手順について述べる。

リフォームの問い合わせ

リフォームについての相談内容を把握し、その他の諸条件をヒアリングする

リフォーム内容の相談

ユーザーのもとを訪れ、相談内容の確認と現地調査を行う

法規チェック・プラン作成・見積りの作成

リフォーム案を検討し、概算見積書を作成する

リフォーム提案の説明の事前準備

リフォーム案を、ユーザーにわかりやすく図面やパースにまとめる

リフォーム提案の説明・打合せ①

リフォーム提案・工期・概算見積書・支払い時期などの説明、打合せなどを行う

リフォーム提案の説明・打合せ②

修正案の検討・説明・打合せなどを行う

契　約

契約を締結し、内入金を受領する*

工事着工前準備

建築確認申請、融資手続き、発注業者の選定・発注、着工前打合せ、近隣挨拶などを行う

工事着工・工事中

追加工事変更、中間金受領*、竣工検査、手直工事などを行う

工事完了・引渡し

工事完了確認書を受け取り、残金を受領する*

アフターフォロー

リフォーム後に訪問・電話・手紙などでフォローを行う

リピート・顧客紹介

別のリフォームの相談を受けたり、別のユーザーを紹介してもらい生涯顧客となっていただく

＊：工事金の受け取りに関しては金額により異なる。打合せ①にてユーザーと取り決めた方法にのっとる

1 リフォーム内容の相談

リフォームの相談を受ける側には、ユーザー（相談者）およびその住宅の情報をもれなく収集する「情報収集力」と、住宅の現状を正しく診断できる「住宅診断力」が求められる。

1）プライバシーも含め、相手のことをよく知ることが出発点

相談の最初の段階では、ユーザーと住宅についての正しい状況を知ることが重要である。ユーザー自身の年齢、職業、家族構成、住んでいる住宅の状況などを、細かく聞きだすことが必要である。リフォームは、一人ひとりに合わせた個別の事情を反映しなければならないからである。この種の質問はプライバシーに関することも多く含まれるため、初対面では聞きにくく、またユーザーにとっても言いにくいことである。時間がかかるが、これらのことがわからないと良い相談にならない。プライベートなことでも聞きだせるような関係を持つことが大切である。

2）相談の始まりは問題点の整理から

相談で大事なことは、相談の内容を聞き、相談の中心点となる問題が何かをつかむことである。中には、問題点がはっきりしない人もいる。ただ漠然と話す中から、問題点の整理ができていく場合がある。問題点の整理をする上でも、「よい聞き役」になることが大切である。

3）事前の準備

相談はどのような内容か予測できない。リフォームといっても幅が広く、相談が始まるまで、どんな問題があるのか見当がつかないものである。相談を持ち込まれた以上は、何らかの意味で役に立つ答えができないと話が前に進まないので、これを乗り切るためにも、普段から事前準備をしっかりしておきたい。

リフォームに関する話題で関連する分野は、建築設計技術、建築施工技術・技能、インテリア、エクステリア、法律、税金、金融などである。

この分野のどこから相談がくるかは事前にはわからないため、全体的に知識を蓄えておくことが必要である。

4）資料の準備

リフォーム関連の資料は、最新のものを揃えたい。法律・不動産などの専門分野の相談の可能性を考えて、専門分野の用語辞典や事典類、専門の分野別問い合わせ先一覧表を作っておくと便利である。

5）相談カルテを作る

相談を受ける時は必ず記録をとる。次回のリフォーム工事の資料になる。ヒアリングしておきたい項目を抜粋する。

・増改築の希望
・住宅の現状についての不満
・家族の状況
・家具、家財の状況
・住まい方の状況
・住宅と敷地の状況
・資金準備　　など

2 現地調査

リフォームのための現地調査は、リフォームの内容によってその対応は異なる。例えば営繕的な内容か、より快適性を求める更新改修かという区分である。

営繕的なリフォーム（外壁の再塗装や内装仕上げの変更程度）であれば、問題点やユーザーの要望、工事内容ははっきりしているので、簡単な現地調査と聞き取りだけで済む。それに対し更新改修では、間取り変更、増築、耐震補強とスケールが大きくなり、現地調査の内容も多種にわたってくる。

1）調査票を作成する

現地調査では、調査票を作成してユーザーに渡し、確認を取る。後々のトラブル防止になるほか、その家の大切な「家歴書」にすることもできる。

2）ユーザーに用意してもらう「家歴書」

現地調査の折には、ユーザーから「家歴書」を提出してもらう。役に立つ家歴書としては、以下のようなものがあげられる。

・建築確認申請証
・建築完了済書
・建築工事契約書（平面図、立面図、断面図、矩計図、電気配線図、設備図、仕上表）
・工事竣工図（工事完了時の図面）
・登記済証
・工事記録写真（着工から完成まで）
・リフォーム履歴

家歴書については、その重要性を知らないユーザーも多い。その重要性を知らせるとともに、ない場合は作成するように勧めるとよい。家歴書の中で特に必要な項目は、「築造年月日」「リフォームの有無」「リフォーム歴がある場合の工事年月日」である。

3）見えない部分を診断する

リフォームの場合の現地調査は、ほとんど目視になる。すでに劣化したり破損している部分は、ユーザーの許可を得てから一部破壊して、できるだけ中を観察するのがよい。目視診断では、仕上げ材の下に隠れている構造体や断熱材、地盤の様子などがわかりづらいが、ユーザーが最も知りたがる部分でもある。内側が見られない時は、そのまわりの見える部分から憶測するしかない。この点が新築と違うところで、経験値が発揮される部分となる。光・風・熱・音・臭いや湿気など、五感で感じる部分も診断にあたって重要である。

■リフォームによるトラブル事例

リフォームのトラブルとしては、設備機器の不具合が多数を占める（図3･1）。なお、このようなトラブル内容に関しては、専門の業者を同行させ、現場を見てからアドバイスを受けるようにする。

■現地調査にあたっての必需品

・平面図のコピー（事前に入手しておく）
・筆記具
・メジャー
・カメラまたはデジタルカメラ（生活防水つき・狭い場所でも撮れるユニバーサルタイプのファインダーがベター）
・小型懐中電灯またはペンライト
・小鏡（配管裏をみるため）

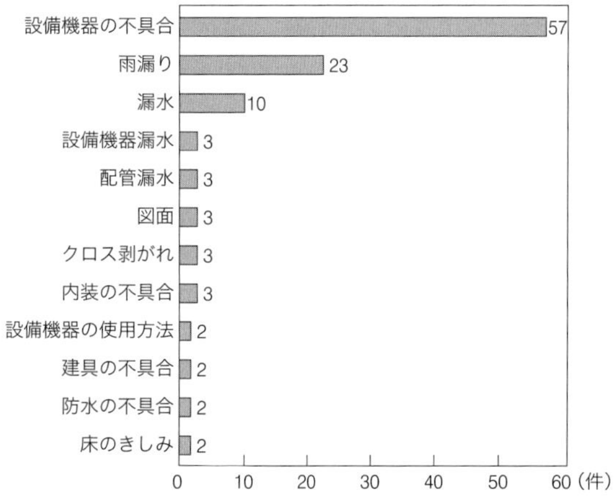

図3･1　リフォームでのトラブル事例数[1]

・ビー玉（床が水平か調べる）
・水準器（水平・垂直両方とも）
・下地センサー（市販の簡単なものでよい）
・薄手の手袋または軍手
・打診棒(代用品でも可。タイルの打診などに使う)
・ゴムハンマー
・小型電卓
・線香か蚊取り線香の端切れ(空気の流れを調べる)

■現地調査の内容

・敷地周辺の環境と配置（増築などがある場合）…前面道路幅員と建物の配置、道路や隣地とのレベル差、隣家の開口部の位置との関係、敷地の向きと形状、法面と配置など。
・地盤・地形・基礎の調査（構造補強などをする場合）…地盤や地形の状態、基礎にひび割れがないか、鉄筋が配筋されている基礎かどうかなど。
・劣化調査（同上）…各部位のはがれ、亀裂、ずれなど。
・建物概要と建物仕様の調査（すべての場合）…建物の構造、屋根の情報、外壁材、内装材など。

■管理規約の確認（マンションの場合）

マンションリフォームの場合は、管理規約によってできるリフォームとできないリフォームがあるので、この時点で内容をチェックする。

3 法規チェック

1）住宅建築に関わる法律を調べる

内容によって、以下の場所に出向いて調査を行う。

■法務局

土地の登記簿謄本・公図の閲覧ができる。土地の所有権、敷地面積、地名地番の確認を行う。

■市町村の窓口（建築指導課・都市計画課など）

・都市計画地域
・用途地域／建ぺい率／容積率／防火規制
・高さ制限／高度地区／道路斜線／隣地斜線／北側斜線

・日影規制
・外壁の後退距離
・風致地区
・建築協定
・地区計画
・都市計画施設
・市街地開発事業
・高圧線の規制

■市町村の道路課

・道路の種類
・道路幅員
・計画道路の有無

2）増築する場合、増築後の建物が法に適合しているかチェックする

以下の法規制の具体的な内容は、2・2 を参照のこと。

■単体規定など

内装制限／キッチンのコンロまわり制限／居室の採光・換気

■集団規定

接道義務／用途地域の建物制限／容積率／建ぺい率／斜線制限各種／外壁の後退距離／防火地域／屋根の不燃化地域（法 22 条区域）／延焼のおそれのある部分、防火設備

■消防法

防炎規定／避難規定／住宅用火災警報器の設置

■マンションリフォーム関連法規

共用部分／専有部分

容積率、建ぺい率、隣家への日照問題、マンションの共用部・専有部など、法規制により実現できないリフォームがある。相談してくる側はこうした制約条件があることを知らない場合もあるので、事前に調べて実現不可能な条件を確かめておき、説明できるようにしておく。

■既存不適格あるいは違法建築物

既存住宅には既存不適格あるいは違法状態にあるものも多い（「既存不適格」と「違法建築物」の違いは、P.54 コラムを参照のこと）。特に増築のリフォームを行った後の住宅ではその確率は高く、特に多いのは以下のケースである。

・増築による建ぺい率・容積率のオーバー
・2 階増築による諸斜線制限や高さ規制、日影規制違反
・必要採光率を満足していない居室
・排気口がない場所での瞬間ガス湯沸かし器の設置
・必要な給気口の閉鎖
・台所コンロ部分周辺の防火構造の不徹底
・屋外排水管の勝手な接続（雨水と汚水を分流していないケース）

現地調査の段階で判明したことは、きちんとユーザーに伝えなければならない。特に設備がらみの法規違反は人身事故にも直結しやすいので、おかしいと思ったらすぐ是正を伝えるべきである。きちんと伝えることで信頼関係を深くするような関係づくりを目指したい。

4 プラン作成―「情報分析力」と「企画力」が求められる

設計提案の検討・作成の段階では、相談の最初の段階で、ユーザーとその住宅の状況などについて集めた情報を分析して、ユーザーの問題点や要望に関する解決提案を具体化する。解決提案を具体化するにあたって大切なことは、要望の順位付けである。問題点によっては、何回かに分けてリフォームをすすめなければならないことにもなる。リフォームを必要とする理由がいくつかある時は、その中で最も重要度の高い問題または緊急度の高い問題は何かを確かめることである。この段階では、「情報分析力」と「企画力」が必要とされる。

5 見積りの作成

見積書とは「工事仕様書」と設計図をもとに算出されるもので、多くは工事作業内容に沿って書かれる。この合計金額が請負金額となる。見積書では大きく、次に示す工事費に分けられる。

①整地解体費

②建築本体工事費（＊Ａ～Ｋに分かれる）

A. 仮設工事費

B. 土工事および基礎工事

C. 木工事

D. 屋根工事

E. 左官工事

F. 建具工事

G. 金物工事

H. 塗装工事

I. 雑工事

J. 材料運搬費

K. 諸経費

③屋内付帯設備工事費

屋内の電気給排水、衛生またはガス設備工事等

④屋外付帯設備工事費

屋外の電気、給排水、衛生またはガス設備工事、門や塀、植栽などの外構工事

⑤諸費用や経費

図 3･2　見積書は工事内容と金額を照らし合わせやすく、わかりやすいものとしたい

上記の項目ごとに、必要な材料や労務の量に単価を掛けて一覧表にしたのが「見積書」である。

リフォームの場合は、これらの中から実際に行われる工事についてだけを算出する。

1）リフォームの見積りの問題点

ユーザーがいちばん知りたいことは、まず工事費がどの程度になるかという点である。この点について、明確にわかりやすく答えることも主要な仕事である（図 3･2）。

ユーザーが考える見積りの問題点は、以下のような点である。

・リフォームの費用の目安がたたない

・正しい見積りなのか判断ができない

・設計、工事費などの相談相手がいない

2）工事費の想定が困難である

新築と異なり、リフォームは工事範囲が一定しておらず、場所によっては下地からすべてやり直し、キッチンセットを入れ替えるなどの大掛かりなケースもあれば、仕上げ材だけの変更のケースもある。すなわち、場所ごとに工事内容にばらつきがあるため、単位面積当たりの単価による工事費の算定をするのが難しい。したがって、工事費の想定が困難である。

3）適正な見積額の判定が困難

見積書の書式に一定のルールがないため、施工者側独自のフォームで、おのおの見積りを作成するというのが現状である。また経費についても、

・経費を工事項目と別に記載してあるもの

・経費の一部を各項目に上乗せしてあるもの

・経費のすべてを各項目に上乗せしてあるもの

など様々なケースがあり、経費の額を比較することは意味がなく、困難である。

工事費は、グレードや範囲によって金額も変わる。グレードとは、「良いもの」を使い「手間をかける」ことで、「仕上がりが良いもの」をいう。工事会社によってどの程度のグレードの工事で見積っているか異

なるし、工事範囲をどこまで見込むかということなどにより、大きく金額が変わる。そのほかにも、近隣対策や工事管理、検査、アフターサービスといった「付加価値」を、どこまで入れるかも会社により異なる。別途工事、追加工事なども発生するため、その結果、ユーザーは複数の見積りを適切に比較することができない。しかも、施工者の見積りに対する考え方はユーザーに伝わりにくいことが多い。

4）見積書の内訳がわかりづらく、コストダウンなどの調整が困難

現状の見積書の作成では、工事種別の表示で積み上げていく方式が多い。工事が複数箇所に及ぶ場合、場所ごとの工事費の配分がわかりづらいため、部分調整によるコストダウンは困難である。

5）見積書の例

■工事費総額方式

「総額800万円で請け負います」という、内訳のわからない方式。比較的少額の工事に多い。高いか安いかの判断はつかない。予算が決まっている場合、スピーディに進める場合に有効な場合がある。

■工事単価方式

「坪45万で請け負います」という方式。新築工事の場合の一つの目安には役立つが、増改築工事の場合にはそう単純にいかないので、単価自体にあまり意味がない。

■工種別内訳方式

工種別内訳方式は、最も一般的に用いられている方式であり、仮設工事、木工事、仕上工事、電気工事などの工種別工事費を示したものである。これには、必ず内訳明細書を添付し、各工事ごとの積算根拠を明示しなければならない。

この方式の際の内訳明細書の書き方は、表3･1に示すようにA～Cまでいろいろある。

内訳明細書の書き方もこのようにばらばらなので、業者ごとの比較検討は難しい。

6）部屋別・部分別内訳方式

工種別内訳方式に用いられている工事細目を、部屋別に区分し、さらに床・壁・天井・開口部・雑の部分に整理して表現する方法で、仕上げ関連を主体とした工事では、ユーザーにとって大変わかりやすい書式である。表3･2にその形式を示す。ただし、作成する時の手間も増えるため、打合せをスピーディーに行いたい時は、見積精度を調整する必要がある。

7）問題点の改善

以上の問題点を改善するために次の方法があげられる。

■リフォーム工事の特殊性の説明と見積条件の提示

リフォーム工事には解体費、撤去費、仮設工事費などの占める割合が多く、不確定要素も多いため、この事項の金額の取り決めによっても価格は大きく変動する。

ユーザーに理解してもらえるように、これらの費用の役割や必要性を説明するとともに、精算方法や費用負担区分などを決めた「見積条件書」を示すとよい。

■標準化した見積書の内訳書式の制定

様々な見積方法を統一して比較検討しやすくする

表3･1　タイプ別内訳明細書の例

Aタイプ：部屋ごとにかかる費用が書いてある例

名称	単価	数量	金額	備考
寝室クロス工事	￥50,000	1	￥50,000	材￥1,090円／m を使用
便所クロス工事	￥40,000	1	￥40,000	材￥1,090円／m を使用

Bタイプ：材料費と人件費が分けて書いてある例

名称	単価	数量	金額	備考
クロス材料（30m）	￥1,090	30	￥32,700	材￥1,090円／m
張り手間賃	￥57,300	1	￥57,300	

Cタイプ：単位面積当たりの単価で書いてある例

名称	単価	数量	金額	備考
クロス工事（50㎡）	￥1,800	50	￥90,000	材￥1,800円／㎡ を使用

こと、共通ルールの整備を行うことなどがユーザーにとっては好ましい。しかし、現実的には困難なことが多いため、早急な改善は望めないと思われる。

■数量の計測方法の基準化

見積りの内訳明細書に記載する施工数量の計測方法を統一して、数値的精度を向上させることが望ましい。

特に木造建築では、公的な積算基準の標準化は難しい。今後のデータ蓄積と分析に期待したい。

■工事費概算法の開発

ユーザーが増改築を考えた時に、自己診断、概略診断をする段階や、リフォーム相談の初期におおむねの工事費の見込みなどができる算定法を開発し、方針決定の参考とできるようにする。㈶住宅リフォーム・紛争処理支援センターが、国土交通省の委託事業によりまとめた「リフォーム見積ガイダンス」が、現在の最適な資料としてあげられる。現場調査などを行う以前の段階で、住宅リフォームを考えているユーザーが、希望するリフォームにかかる費用を、ある程度把握できることを目的として開発されたシステムを紹介したガイダンスである。

リフォーム見積りにあたってのシステムの基本的な考え方は、「ユーザーが住宅リフォームを検討する際に目安となる工事費を容易に把握できる標準的な見積方法」に基づいている。これはユーザーを対象としているが、標準見積書の形式として見積り作成側も上手に利用していきたいシステムである。システムの詳細は以下のホームページで閲覧、使用することができる。

「リフォーム見積ガイダンスシステム」

http://www. refonet. jp/mitsumori/main. html

ユーザーは、このリフォーム見積ガイダンスを利用することにより、おおまかな工事費をつかむとともに、事業者から提出された見積書を確認する際の金額の目安を知ることができる。『積算資料ポケット版　リフォーム・増改築編』㈶経済調査会）に示されている、木造一戸建て住宅の費用計算方法を活用し、システム化している。

表3･2　ユーザーにもわかりやすい部屋別・部分別内訳方式の見積書の例

部屋名	部分	名称	概要（名称内訳）	数量	単価(円)	金額(円)
	1. 居間・食堂室					
居間・食堂室	床	コルクタイル	下地モルタル厚20　コルクタイル厚5 下地モルタル金ごて押さえ厚20 コルクタイル厚5	△△m △△m △△m	△△ △△ △△	△△
居間・食堂室	壁	ビニールクロス	（木製軸組み面）下地プラスターボード厚12　ビニールクロス プラスターボード厚12 ビニールクロス	△△m △△m △△m	△△ △△ △△	△△
居間・食堂室	壁	ビニールクロス	（コンクリート面）下地調整塗材薄塗り　ビニールクロス コンクリート面下地調整塗材薄塗 ビニールクロス	△△m △△m △△m	△△ △△ △△	△△
居間・食堂室	壁	ソフト巾木	H＝60	△△m	△△	△△
居間・食堂室	開口部	WD 1 片開きかまち戸	w 800　h 1920　スプルース　三方枠、金物、OP 塗装共 三方枠　両面三方額縁共　スプルース　135＊35 建具金物、レバーハンドル共 WD 1　ドア　w 800＊h 1920　スプルース 型板ガラス　厚4 SOP 塗装　3回塗り	△△ △△ △△ △△ △△ △△	△△ △△ △△ △△ △△ △△	△△
居間・食堂室	天井	ビニールクロス	（コンクリート面）コンクリート打ち放し補修　ビニールクロス 天井コンクリート打ち放し補修 天井ビニールクロス	△△m △△m △△m	△△ △△ △△	△△
居間・食堂室	天井	天井廻り縁	塩ビ製	△△m	△△	△△
	1. 居間・食堂室　計				△△△△	

8）適正さの判定方法の提供

リフォーム工事は割高になることが多いので、工事費が適正かどうかという不安や不満を、ユーザーに生じさせやすい。このため第三者の専門家（増改築相談員、設計事務所など）にチェックしてもらい、ユーザーの不安に答えるようにするのが望ましい。

9）見積りの提出

見積りはなるべく早く提出する。まず「概算見積り」を提出するとよい。必ずしも決定されたものでなく、検討の余地があるという前提で提出することである。下記のA～Cの3種の見積りを示すことで、次のステップに進むことが容易になる。

A. ユーザーの予算に合わせた内容

B. ユーザーの要望をすべて入れた内容（予算に合わなくてもよい）

C. それらを調整した提案型の内容

選択肢があるとユーザーも選びやすく、このステップを踏めば最終見積りは通りやすくなるはずである。

10）見積り提出時には必ず図面の添付を

図面があると、見積書と対照させて読み取ることができる。トラブルの防止にも役立つ。

11）追加、変更が簡単に反映できるように「工事内容変更合意書」の利用

リフォームは、打合せ中や工事が始まってからでも追加や変更が出やすい。見積書の内容も、その都度連動できるようにしたほうがよい。少なくとも追加変更の内容と金額は書類で提出し、押印を得ておくことが後々のトラブル防止になる。

6 設計提案・打合せ

1）設計提案

設計提案の説明時には平面図と合わせ、断面図（展開図でも可）も用意する。断面図は平面図以上に、

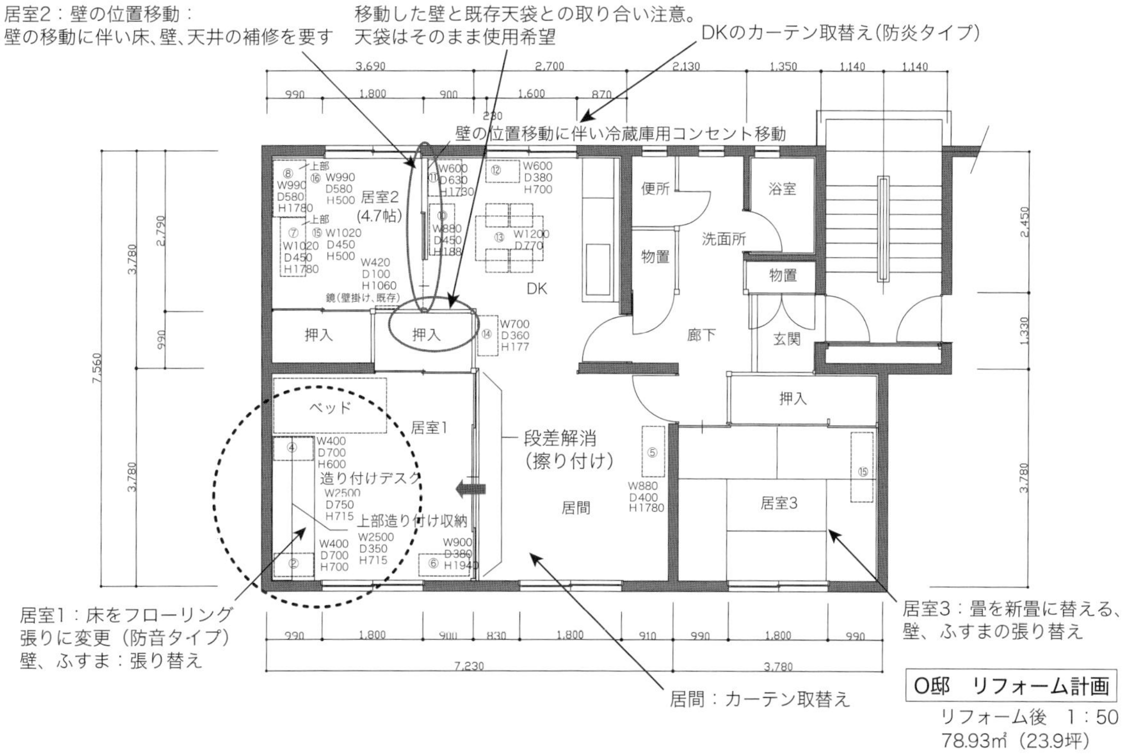

図3･3　リフォーム提案平面図の例　変更後の平面図に矢印を入れて変わった箇所の説明を入れている。しかしこれだけでは空間のイメージがよく伝わらない。上の図面中の点線の輪で囲まれた部分をスケッチパースで起こす

空間の感じをつかめる重要なツールだからである。室内の改装であれば、簡単なスケッチパースを入れると、ユーザーの空間認識を深めることができる。

リフォーム提案平面図の例を図3·3に、スケッチパースの例を図3·4に示す。

2）打合せシートで記録をとる

打合せ時には必ずメモを取ること。ユーザーの何気ない一言に重要なキーワードが入っていることが多いし、後々のトラブル防止にも役立つ。メモはすぐに打合せシートにして記録を残し、双方で内容の確認をとるようにする。

7 契約

小規模リフォームの場合、契約を結ばないで工事を行ってしまうことが多い。しかし工事に対する不満やトラブルを避けるためにも、契約書はきちんと交わしたいものである。

その際にはリフォームに即した工事契約書、請負契約約款を使用する。簡単で使いやすいものが好ましい。契約約款の中身は、増改築（リフォーム）工事特有の点を簡明に示すことなどが重要である。これらの点については、住宅リフォーム推進協議会が定める、リフォーム工事用の推奨書式がある（P. 113参考）。ただし、構造耐力上主要な部分に変更を加える場合や、大規模な増改築については対象と想定していない。工事費500万円程度以下の工事を対象として、新築工事の約款をベースに、リフォーム工事特有の不確定要素に対する処理や、ユーザーから要望の多い保証に関する内容となっている。そのほか、増改築（リフォーム）工事に不可欠な工事中の「内容変更合意書」など、ユーザーとの円滑な契約のための書式もある。実際の工事に際しては、ユーザーとの円滑な契約をするために、これらの書類を準用するとよい。

8 工事着工前準備

1）「住まいながら工事する」ことを理解してもらう

リフォーム工事では、住まいながら隣で施工することになる。日常生活にかなり影響を及ぼし、「リフォーム症候群」にかかることもある。ある程度の

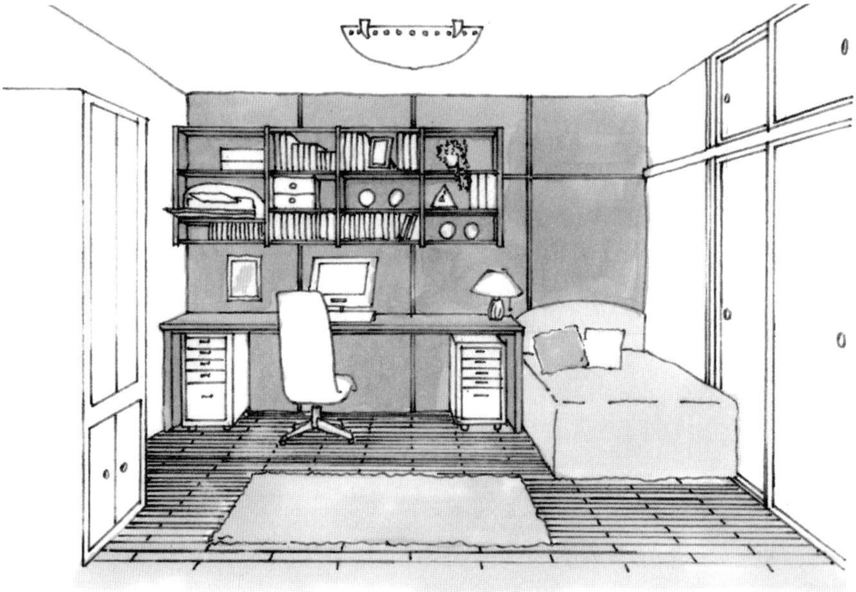

図3·4　スケッチパースの例　壁に造り付けのデスクや書棚を設ける計画を正面から見たスケッチパース。雰囲気がよくわかる。実際に打合せの最中では、もう少し簡単なスケッチ程度でよく、でき上がりのイメージが伝わるスケッチであればよい

不便や騒音、振動、汚れは避けられないため、詳しく工事について説明するとともに、これらがどの程度まで受け入れられるかよく確かめる必要がある。

2）近隣とのトラブル対策

リフォーム工事に関して発生する近隣とのトラブルは、工事に伴う騒音、ほこりや臭い、廃材やゴミ、車両の出入や駐車場問題が主な原因である（詳しくは2・1の「**4** リフォーム特有の注意点」を参照）。このような、あらかじめ想定されるトラブルについては、必要に応じてユーザーと一緒に対策を練り、実践すること。また近隣に対して、事前に工事の内容や被害防止対策などについて説明し、了解を取って理解を得ることが最も重要な対策である。

9 アフターフォロー

実際に生活してから生じる不満や使い方で不明な点に対してはフォローし、かつ住宅の性能を継続的に維持していく活動を、アフターフォローという。このアフターフォローには、ユーザーの満足と信頼を得て、再度の発注（リピート）や別のお客様の紹介を受けるための営業的な側面もある。

■ 参考

住宅リフォーム推進協議会が定める標準契約書式集は、http://www. j-reform. com/ からダウンロードできる。

「住宅リフォーム工事　標準契約書式」
「住宅リフォーム工事　請負契約書」
「住宅リフォーム工事　請負契約約款」
「住宅リフォーム工事　打ち合わせシートⅠ」
「住宅リフォーム工事　打ち合わせシートⅡ」
「住宅リフォーム工事　御見積書」
「住宅リフォーム工事　仕上表」
「住宅リフォーム工事　工事内容変更合意書」
「住宅リフォーム工事　工事完了・同確認書」

3・2
部位別リフォーム概要と注意点

1 内装

単なる模様替えから間取りを変更するものまで、内装のリフォームは幅広い。工事の仕方も、表面の仕上げ材のみを取り替える場合から、下地材を剥がし、柱・梁・根太など構造材が見える状態にして新しく下地もやり替える場合など、様々なケースがある。

どの方法を選択するかは、仕上げ材の特性、工事の予算、工期などの諸条件を勘案して決めるとよい。当然、工事が表面に留まらず内部へ進むにしたがって、廃棄物も工事の材料や手間も増えるので、費用や工期も増加する。

実際のリフォームでは、費用や工期が抑えられ、廃棄物も少なくて済むことから、仕上げ材のみを取り替えたり、仕上げ材を重ねて施工するケースが多い。

そのほか現場での手間、つまり人件費が極力かからなくて済むような建材も出ているので、これらを上手に使うことが必要である。

ただ注意したいのは、下地が劣化していたり、新しい仕上げ材が既存の仕上げ材とは合わないのに、そのまま既存のものに重ねて施工すると、後で問題が起き、結局最初からやり直しということもある。これを防ぐには、仕上げる前に下地の状態をよく確認することである。なお、必要であれば下地の一部を開けて内部をチェックし、部分的なあるいは全面的な下地の取替えを検討するとよい。

1）内装工事と併せて耐震工事を

下地材を取り払って構造体が見える状態にした場合は、構造体の劣化の有無についても把握することができる。必要によっては、柱や土台を入れ替え、断熱性を向上させるために断熱材を入れる。

耐震基準の改正された1981年以前に建てられた建物は、耐震性に問題のあることが多いので、内装リフォーム工事の時に耐震診断もして、耐震補強工事をすることも考えたいものである。

2）内装材が人に与える影響は大きい

今日、内装材に関してはシックハウスが大きな問題であるといえる。しかしシックハウス関連法ができてからは、建材や塗料、接着材等のホルムアルデヒドの発散に関する制約が厳しくなったことにより、室内の化学物質の濃度は下がってきているようである。

この内装材が問題になるのは、家の中で占める面積がとても大きいからである。人は家の中で一日の1/2～2/3の時間を過ごす。特に高齢者や幼児にあっては、一日のほとんどを過ごす場所でもある。

これら化学物質以外にも、人は内装材から、視覚、触覚、嗅覚などに様々な刺激を受ける。たとえば視覚では、白い壁は広々と清々しさを感じさせ、モノトーンは落ち着きを、赤や黄色はポイントに使うと元気な感じになる。触覚では、コルクの床は適度な弾力性があり、漆喰の壁はしっとりとひんやりとした感触を与える。また嗅覚では、木の壁が時折もたらす良い木の香りなどがあげられる。

人が多くの時間を過ごす場所であることから、心地よいと感じる場所にするためにも、内装材の選択は大切にしたいものである。

2 床まわり

床工事のリフォームには、既存の床材を剥がして新しい床材を取り付ける方法と、既存の床材の上に重ねて施工する方法がある。

廃材を出す量が少なくて工事費用も抑えられるので、フローリング張りの床のリフォームでは重ねて施工する方法が多くとられている。しかしこの方法では、重ねた分、他の床とは段差がつくので注意が必要である。なおリフォームにあたっては、一見丈夫そうな床でも一部を開口して、床下の状態を確認しておきたいものである。

比較的規模の大きいリフォームや、部屋の間仕切りの位置を変える場合、部屋の中で床に段差がつくのは見苦しいものであるから、床材は下地から新しくやり変えて床の高さをきちんと揃える方法が好ましい。

また、床の高さを変えずに床暖房を取り入れたり、フローリングの床を畳に変える場合は、根太を既存の高さより下げて取り付ける必要がある。

このように床のリフォームでは、段差と床下の状態を確認し、どの方法がその現場に適する方法かを検討してから決めることが重要である。

■リフォームで使用する主な床材

表3·3は、リフォームで使用される主な床材と、その床材に適する下地などを示したものである。

現在、床材で最も多く用いられているのはフローリング材である。フローリングには、合板でできたものと無垢の木材でできたものとがある。合板フローリングは施工性やメンテナンス性が良く、値段も手頃なものから高級なものまで品揃えが豊富にあるので、一般に多く普及している。一方、無垢材フローリングは施工に手間がかかったり、材にばらつきがある等の理由で需要が減っていたが、自然素材を見直す動きが出てきたことから、最近序々に増えている。

カーペットは、衝撃や振動音を抑えるので、マンションや2世帯住宅等でよく用いられている。この場合下地に直に張るのではなく、フェルトを敷くと弾力性が出て高級感がある。

コルクは断熱性、耐水性があり足触りも良いことから、居室から水まわりまで幅広く用いることができる。

タイルやビニル系の床材は汚れを取りやすいので、主に水まわりの部屋に向いた材料である。

表3·3 リフォームで使用する主な床材

	適する下地	厚み	施工性・メンテナンス性ほか
合板フローリング	根太、合板 モルタル(マンション用)	12～15mm(リフォーム用として6mmのものもある)	無垢材フローリングに比べ、傷や汚れがつきにくい 水のかかるところは塗装がはげやすい
無垢材フローリング	根太 合板	15～30mm	施工は合板フローリングに比べ手間がかかる 傷・汚れがつきやすい。風合いが良い
カーペット	合板 モルタル	4～20mm	汚れがつきやすい 一部の張替えができる。タイル調のものもある
ビニル系床材	合板 モルタル	2～5mm	汚れが取りやすい 水まわりに向く
タイル	合板 モルタル	7～20mm	釉薬がかかってないものは汚れがつきやすい 水まわりに向く。合板下地の場合、二重に張るか、根太を増やしてしっかりした下地をつくること
コルク	合板 モルタル	3～9mm	耐水性があるので水まわりにも向く 断熱性がある
畳	合板 杉荒床	15～60mm	調湿性がある。 湿度が高い部屋では換気しないとカビが生えやすい

3 壁まわり

壁のリフォームには、①下地から造り替える場合、②下地を残して仕上げを替える場合、③仕上げ材の上に仕上げ材を重ねる場合、がある。

①は例えば、タイルの壁をクロス仕上げの壁に変更したい場合などである。この場合、タイル壁を下地材ごと剥がして、新たに石膏ボードを取り付けてクロスで仕上げる。またリフォームの規模が比較的大きく、間仕切りを変えたり、電気配線を変更する場合もこの方法がよい。

②はクロスの張り替えが代表例である。またジュラク壁や繊維壁の塗り替えも、仕上げを一旦剥がして塗り替える。この②の場合は、仕上げ材を取った段階で、下地材の状態をよく確認することが必要である。

この際、釘やビスの取付けがゆるんでないか、釘頭が錆びていないかなどをチェックする。下地材の取付けが悪かったり劣化していると、新しい仕上げ材を施工した後で不具合が出てくるので、下地からやり直しということにもなりかねない。

③は塗装壁の塗り替えなどである。またジュラク壁などの左官壁で、リフォーム用に重ねて塗る材料も出ている。

壁の仕上げ材は、床に比べて薄いものが多いので、下地材の状態が仕上がりに大きく影響する。したがって、仕上げ材に適した下地をきちんと造ることが大切である。

■リフォームで使われる主な壁材

現在、住宅で一番普及している壁仕上げはクロス張りである。クロスには、ビニール、紙、布などがあるが、ビニールは施工性が良く、値段が安価なのと掃除がしやすいので、最も多く出回っている。30年くらい前の家では、漆喰やジュラク壁といった左官壁が多くあったが、近年は少なくなってきている。しかしシックハウスの問題から再び見直され、これら左官壁や木の板壁を希望するものも最近増えてきている。

主な壁材、その下地材、施工性について表3･4に示す。

4 天井まわり

天井のリフォームは、基本的には壁のリフォームと共通している。下地から造り替える方法、下地は残して仕上げをやり替える方法、仕上げ材の上に仕上げ材を重ねて施工する方法があり、使用する材も壁と共通している。

注意することは、天井材を重ね張りする時に下地

表3･4　リフォームで使用する主な壁材

	適する下地	厚み	施工性・メンテナンス性ほか
クロス (ビニール、紙、布)	石膏ボード、ベニヤ、合板	1～2mm	現在の壁仕上げの主流。ビニールは紙や布に比べ、継ぎ目が目立たない、下地の影響を受けにくいなど施工性が良い。紙や布は質感が良い
板壁	胴縁下地 石膏ボード	5～12mm	無垢材と合板（工業製品）があり、合板のほうが施工性は良い 無塗装の無垢材は汚れがつきやすい。調湿性あり
漆喰、珪藻土	石膏ボード ラスボード	2～5mm	施工に時間がかかる。下地がしっかりとできていないとヒビが入る 調湿性あり
塗装	石膏ボード	ほとんどなし	塗り替えがしやすい 下地が平滑にできていないとムラになる
タイル	ブロック、モルタル 石膏ボード、合板	4～9mm	材料が重いので下地をしっかりとつくる 耐水性、耐熱性がある
不燃パネル	石膏ボード 合板	3～7mm	耐水性、耐熱性があり、施工性が良いのでタイルに代わって使われることが多い
機能ボード (吸音、調湿)	胴縁下地 石膏ボード	6～15mm	調湿性、遮音性など機能のあるボード。特殊な施工をしないと効果が得られないものもあるので、施工説明書に従って施工する

の野縁の太さやその取付け間隔によっては、新しく加わった天井材の重みに耐えられず、天井の中央がたわむことがある。野縁が細かったり間隔が開いていて、重ね張りではもたないと思われる時には、既存の天井材を剥がしたほうがよい。

また、最上階の部屋で天井を取り払い、屋根なりの勾配天井にリフォームすることがある。この場合は天井が高くなるため、同じ床面積の部屋でも広くなったような感じが得られる。その際、気を付けたいのは、屋根面からの熱や音が伝わりやすくなるので、屋根が高い場合はまだよいが、低い場合には屋根なりに天井材を組んで、その間に断熱材を入れるなどの工夫をしたほうがよい。

5 開口部まわり

窓サッシや玄関ドアのリフォームでは、老朽化したものを改修する場合、断熱性や防犯性を高める場合などがある。

老朽化したサッシや玄関ドアなどを新しいものに付け替える場合は、開口部まわりの外壁をカットして既存の枠を取り外したあと、新しい枠を取り付けて雨仕舞の処理をしてから、外壁を補修する。外壁の工事が絡んでくるので、費用、工期ともにかかる。そこで最近は、外壁の工事を必要としないカバー工法といわれるリフォーム用のサッシや玄関ドアなどが、各メーカーから販売されている。この方法は既存の枠は取り外さず残して、その枠を被うようにカバーして、新しい枠を取り付ける方法である。工期も工程も簡略化できるので良いが、この工法が使えない窓もある。また外観から見た枠が太くなるので注意が必要である。

断熱性や防犯性を高める場合は、既存のサッシの内側にもう一つサッシを取り付けて二重サッシにする、または新しく雨戸を取り付けるのがよい。なおサッシは、シングルガラスをペアガラスにすることもできる。ただし、断熱性は多少向上するが、防犯性はあまりない。

開口部を変えることは、室内だけでなく家の外観にも影響するので、その両面から考えてリフォームの計画をすることである。

6 床・壁・天井の取り合いの発生

内装の床・壁・天井のリフォームでは、接する部分と様々な取り合いが発生する。実際に工事してからでないとわからなかった納まりや細かな寸法等もあるが、できるだけ工事前に検討しておくことが大切である。この検討は、工事をスムーズに進め、施主に伝えた仕上がりのイメージに近づけて完成させることに繋がる。

以下に代表的な取り合いを示す。

1）床仕上げ材の変更

廊下の床のフローリングを、既存フローリングの上に重ね張りした場合の取り合いの例を図3･5に示す。

2）壁仕上げ材の変更

現在の化粧ベニヤ（5.5mm）をはがして石膏ボー

●幅木との取り合い
・新しく取り替える
・既存を使用する場合、幅木の見た目の高さが小さくなる
●玄関収納との取り合い
・玄関収納は一旦取り外して、床を張ってから再取付けする
・造り付けで外せない時はそのままで床を張るか、収納の扉が床が上がっても開閉するか確認
●建具の下枠との調整
・下枠の厚みにフローリングの厚さが納まるか
・下枠の方が薄いか。下枠がない時は、床見切り材を取付け
・建具が床をこする場合は、建具の寸法を詰める
新しいフローリングの床の高さに合わせて上り框の付け替え
図3･5　床仕上げの取り合いの例

ド（12mm）を張り、クロスで仕上げた場合の取り合いの例を図 3･6 に示す。

3）天井仕上げ材の変更

既存の化粧ボードに野縁を組み、石膏ボード(9mm) を張り、クロスで仕上げた場合の取り合いの例を図 3･7 に示す。

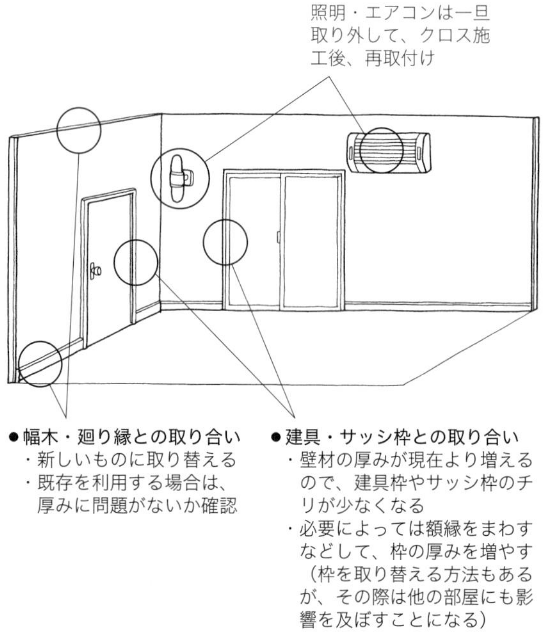

照明・エアコンは一旦取り外して、クロス施工後、再取付け
●幅木・廻り縁との取り合い
・新しいものに取り替える
・既存を利用する場合は、厚みに問題がないか確認
●建具・サッシ枠との取り合い
・壁材の厚みが現在より増えるので、建具枠やサッシ枠のチリが少なくなる
・必要によっては額縁をまわすなどして、枠の厚みを増やす（枠を取り替える方法もあるが、その際は他の部屋にも影響を及ぼすことになる）

図 3･6　壁仕上げの取り合いの例

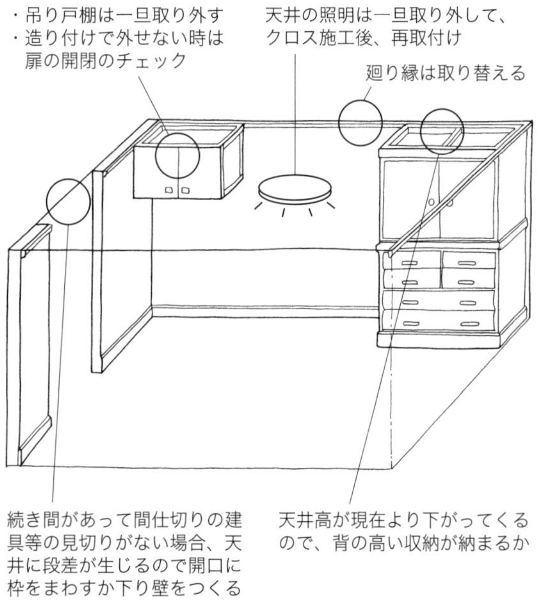

・吊り戸棚は一旦取り外す
・造り付けで外せない時は扉の開閉のチェック
天井の照明は一旦取り外して、クロス施工後、再取付け
廻り縁は取り替える
続き間があって間仕切りの建具等の見切りがない場合、天井に段差が生じるので開口に枠をまわすか下り壁をつくる
天井高が現在より下がってくるので、背の高い収納が納まるか

図 3･7　天井仕上げの取り合いの例

7 水まわり

水まわりをリフォームする際は、大工工事、設備工事、電気工事、内装工事など、多くの工事が狭い場所で短時間に行われる。それらを順序良く、タイミングを合わせて工事していくことが必要である。以下に、各水まわりのリフォームの大まかな流れを紹介する。

1）トイレのリフォーム

便器を取り替えるだけのリフォームや、和式トイレを洋式トイレに変えるリフォームなどがあるが、最近では単なる用を足す場だけではなく、リラックスでき、来客が化粧直しもできるレストルームとして、リフォームするケースが増えてきている。

ここでは便器を取り替えて、手洗い器を新たに設置し、内装をやり替えるトイレのリフォームについて記す。

■トイレのリフォームの流れ

➔洋式便器の取替え、手洗い器の新設、
内装は床 CF シート、壁・天井はクロス

①既存の便器を取り外す。

②給水管・排便管の位置の変更工事。

③手洗い器用に給排水の配管工事（必要によっては電気工事も）。

④手洗い器取付け下地用の壁の木工事。

⑤床・壁・天井の内装工事。

⑥便器、手洗い器の取付け。

・上記の内容であれば、順調にいけば 2 日で工事は完了する。

・内装工事が時間のかかる内容のもの（タイル、塗り壁）である場合は、2 日で仕上げることは難しい。

・トイレが家に 1 ヶ所しかない場合は、工事中に家族が使用するトイレの配慮が必要である。場合によっては、ポータブルトイレや仮設トイレを設置する。

・最近では、給水管、排便管の位置を変更しなくても済む、リフォーム用の便器や配管部材もある。

■便器の選択

便器を選択する際、リフォームして良くなったという効果を認めてもらうためには、既存で使用しているものと比較して、同等か一段上のランクのものを選択することが大切である。

便器は、便座の大きさと洗浄方式の２つの要素で大きく分けられる（図3･8）。

○便座の大きさ…普通サイズと大型サイズの２種類がある。便座の幅はあまり変わらず、長さ（奥行き）が３～4cm変わる。

○洗浄方式…洗い落とし式、サイホン式、サイホンゼット式、サイホンボルテックス式などがあり、後者になるほど洗浄能力が高くなる。

2）浴室のリフォーム

浴室には大きく分けて、在来浴室（写真3･1）とユニットバス（写真3･2）の２つの造り方がある。在来浴室はタイルや石材などを使用して現場で造っていくものであり、ユニットバスは規格化したサイズのものを工場で生産し、それを現場で組み立てていくものである。

ユニットバスはサイズが規格化されており、大きさが合わない現場や、タイルや石や木を使ってオリジナルな浴室を求める人にとって人気があるのは在来浴室である。

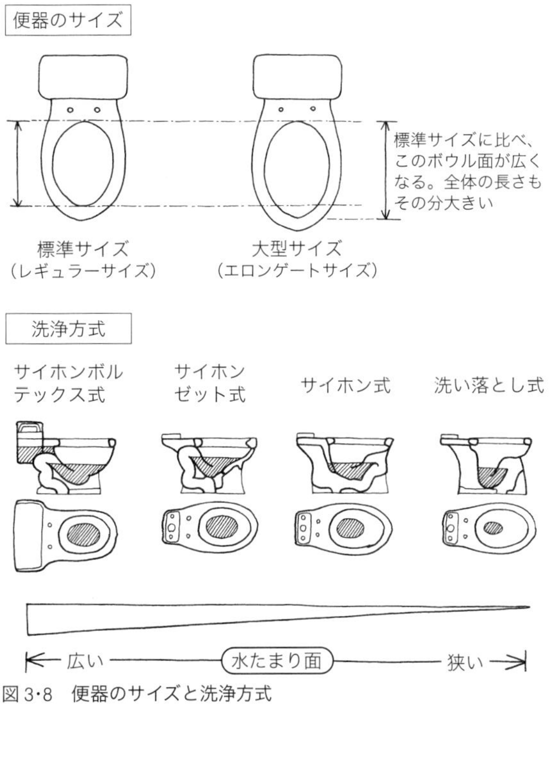

図3･8　便器のサイズと洗浄方式

写真3･1　在来浴室　現場の大きさに合わせてタイルで仕上げたもの

写真3･2　ユニットバス　規格化したサイズのパネルを現場で組み立てて施工したもの

一方、ユニットバスは防水性能が高いので、建物の土台や柱といった構造体を傷めず、また工事が短期間で済むことなどから、現在、浴室リフォームの主流を占めている。

ここでは、既存の在来浴室をユニットバスにリフォームする工事の流れの例を説明する。

■浴室リフォームの流れ

➔在来浴室からユニットバスへ

①既存浴室の床・壁・天井の解体工事。

②給水・給湯・排水配管工事、電気工事。

③ユニットバスを設置するため、1階の場合は床にコンクリートを打つ。2階は床根太を補強する。

④ユニットバスを組み立てて設置する。

⑤給排水管の接続、電気の結線、換気扇のダクトの接続を行う。

⑥ユニットバス入口ドア枠の取付け、脱衣所の壁・床との取り合い工事。

・この内容で工期は、およそ4～6日となる。

・既存が在来浴室であった場合は、浴室まわりの土台が腐食していることが多い。中には土台から腐食が進んで、柱まで傷んでいることもあるので注意が必要である。その場合は土台や柱を入れ替えるか、何らかの補強をしなければならない。これらは解体をしてみないとわからないが、予想される事態として、ユニットバスを組み立て設置する日の前に、1日の余裕をとれるよう工期を考えておくことも必要である。また工事費の追加が考えられることも、あらかじめ話しておくとよい。

・ユニットバスではなく、在来浴室へリフォームする場合、工期は最低でも2週間くらいかかる。その間の入浴の方法の対処についても、相談しておくことが必要である。

・ユニットバス入口ドア枠を改修するので、洗面所の壁も一部補修が必要になる。したがってきれいな納まりにするには、洗面所の壁の仕上げのやり替えについても考慮したほうがよい。

3）キッチンのリフォーム

キッチンをリフォームする時は、キッチンだけではなく、ダイニングやリビングとどうつながりを持たせるかを考えて計画する。キッチンを独立させて、リビングダイニングを改まった雰囲気のものにするのか、すべてオープンにしてキッチンを中心に据えるかなど、様々なバリエーションがある。

キッチンセットの種類には、オーダーメードにより収納キャビネットやシンクや調理機器などを選択し、上部カウンターでつなげたシステムキッチンと、既にできているレディメードの流し台や調理台を並べて設置する置き型のキッチンセットがある（図3·9）。最近では、シンクや調理機器をはめ込んだカウンターだけを作り、収納はワゴンや棚を自分で自由に組み合わせるなど、DIY感覚で作る台所も人気がある。

ここでは、壁に向かって設置されている一般的な

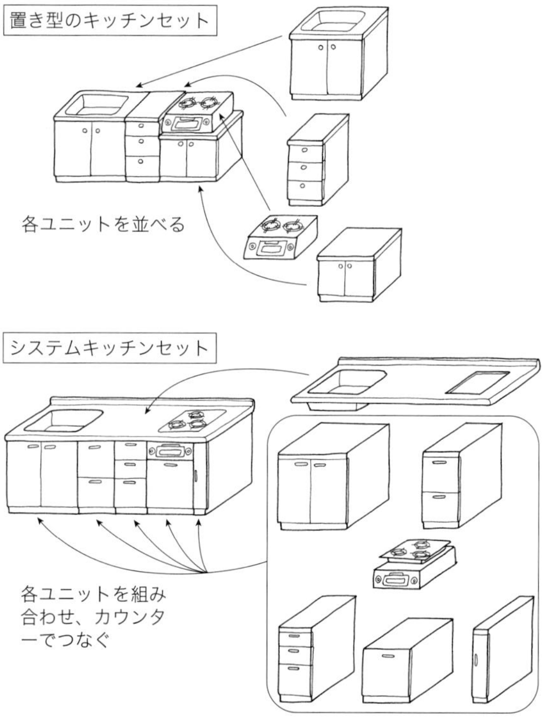

図3·9　キッチンセットの例

キッチンセットを、対面型のシステムキッチンにリフォームする流れを記す。

■キッチンリフォームの流れ

➔壁面設置のキッチンセットを対面型のシステムキッチンへ

①既存のキッチンセット撤去、キッチンセットの前面壁に張ってあるタイルを剥がす（タイルがきれいに剥がれない時は、下地のボードごと取り外して新たにボードを取り付ける）。

②対面部分の腰壁を造る。システムキッチンを取り付けるために必要な下地を工事する。

③給水・給湯・排水・ガスなどの、配管工事、電気配線工事、ダクト配管工事。

④システムキッチンの組み立て設置工事。

⑤キッチンまわりの壁にタイルもしくはキッチンパネル等を張る。

⑥既存のキッチンセットを取り外した後の床や壁の補修、仕上げをする。この際できればその部分だけでなく、部屋全体の内装を改修したほうが統一したインテリアにすることができる。

・上記の内容でおよそ4～6日の工期がかかる。
・対面型は人気があるが、壁面に沿ってキッチンセットを配置するよりも、対面型に配置するほうが広いスペースを必要とする。配置に無理がないかよく検討する。
・キッチンセットの位置を変えるにあたり、戸建ての場合、給排水や電気の配管配線の変更は比較的融通が利くが、マンションなどでは配管の勾配がとれない場合もあるので、事前によく調べることが大切である。
・レンジフードの排気は、直接外壁から抜ける場合とダクトで配管して外壁から抜く場合がある。ダクトを使用する時は、その経路がきちんと取れるかを考える。
・加熱調理の熱源にはガスと電気がある。戸建ての住宅の場合はどちらかを自由に選択できるが、マンションの場合は制約があることが多いので、注意が必要である。

8 暖房機器

ここでは暖房機器の中でも、建築と一体で考える必要のある床暖房について取り上げる。

昔から暖房は頭寒足熱が良いといわれるように、足が暖まる床暖房はとても快適な暖房方式である。部屋全体の設定温度を温風暖房の場合より下げても、足元が暖かいので寒さを感じない。したがってその快適さからか、リフォーム後に高い評価を得ることが多いのが特徴である。

床暖房には大きく分けて、電気ヒーター式と温水式の2種類がある（図3·10）。電気ヒーター式は、電気ヒーターが内蔵されたパネルを敷くもので、熱源は電気である。一方温水式は、温水の通るパイプがパネルや土間に埋め込まれ、ボイラーで沸かした温水を循環させることにより暖めるもので、主な熱源はガス、灯油である。

電気ヒーター式は、温水式に比べイニシャルコストが低く抑えられ、小規模な設置にも向いている。

温水式は、ボイラーが必要なのでイニシャルコス

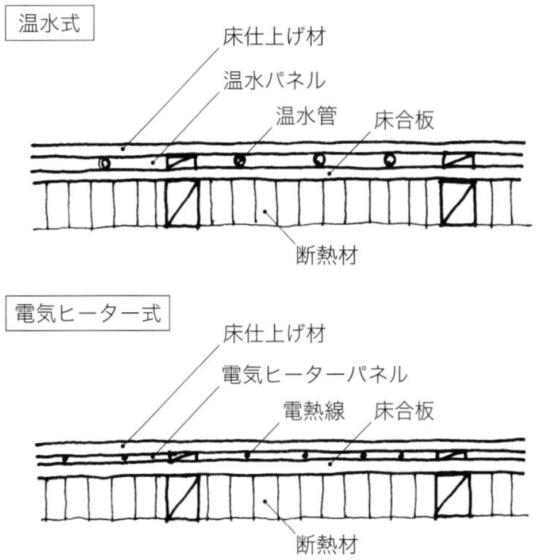

図3·10　床暖房の種類

トはかかるが、ランニングコストは電気ヒーター式よりも安い。

ここでは、温水式パネルを用いた床暖房工事について記す。

■床暖房のリフォーム

➔既存のフローリングを撤去し温水パネル設置後、無垢材フローリングで仕上げ

①既存の床フローリング撤去。

②床下に温水の配管とリモコン線の配線をする。

③根太間に断熱材を入れる。

④床合板を敷き、取り付ける。

⑤床合板の上に温水パネルを敷き、パネルどうしの温水パイプをつなぐ。パネルを敷かないところにはパネルと同じ厚みの合板を敷き、床の高さを整える（写真3･3）。

⑥温水パネルと温水配管を接続し、屋外に設置したボイラーと温水配管を接続する。

⑦パネルの上に無垢材フローリングを張る。

⑧幅木や建具の取り合い補修工事。

写真3･3　温水式床暖房のパネル　合板の上に設置したところ。パネルの周囲は高さ調整のため合板を取り付け、この上にフローリングを張って仕上げる

・上記の工事では、8畳程度の部屋で3～5日の工期となる。

・無垢材フローリングは、よく乾燥した含水率の低い床暖房対応のものを選ぶ。無垢材は特に、床暖房により乾燥が進み、ひび割れや反りが生じるからである。合板のフローリングを選ぶ場合も、床暖房用を選ぶことが大切である。

・床の高さを変えたくない場合は、合板＋パネル＋フローリング材の厚みを考えて、根太の高さを調整する。

・断熱材を入れないと熱が逃げて効果が落ちるので、断熱材は必ず入れる。

・最近はリフォーム用に、既存のフローリングの上に温水パネルを重ねて取り付けて、薄い専用のフローリングで仕上げるものもある。この場合、工事は１日で完了する。

【図表出典】

1）㈶住宅保証機構「住宅リフォーム工事保証に関する実態調査」

第4章

実　例　と　解　説

1　LDKのリフォーム

食事を作り、食べ、そして家族が憩う場であるLDKは、家の中でも中心的な機能を持つ大切な場所である。

どのような暮らし方をしているのか、あるいはしたいのか、LDKはその家の暮らしぶりを最も表す場所である。したがって、その家や家族に相応しい、居心地の良いLDKを作り上げていきたい。

居心地の良さは人それぞれであるが、適度な明るさ・空気の流れ・視覚的に煩雑さがない、なども重要な要素となる。

●実例

建　物	木造
家　族	夫婦
要　望	・冬に陽が射さないので明るくしたい ・食事の支度の動線を短くしたい ・リラックスできる雰囲気に

南側の家が接近して建っているため、冬になると居間に陽が射さなくなっていた。そこで南側に1.2mほど増築をして、屋根には天窓を設けることとした。この天窓によって冬至でも陽の射し込む居間にすることができ、また夏の暑さに対し熱が籠もら

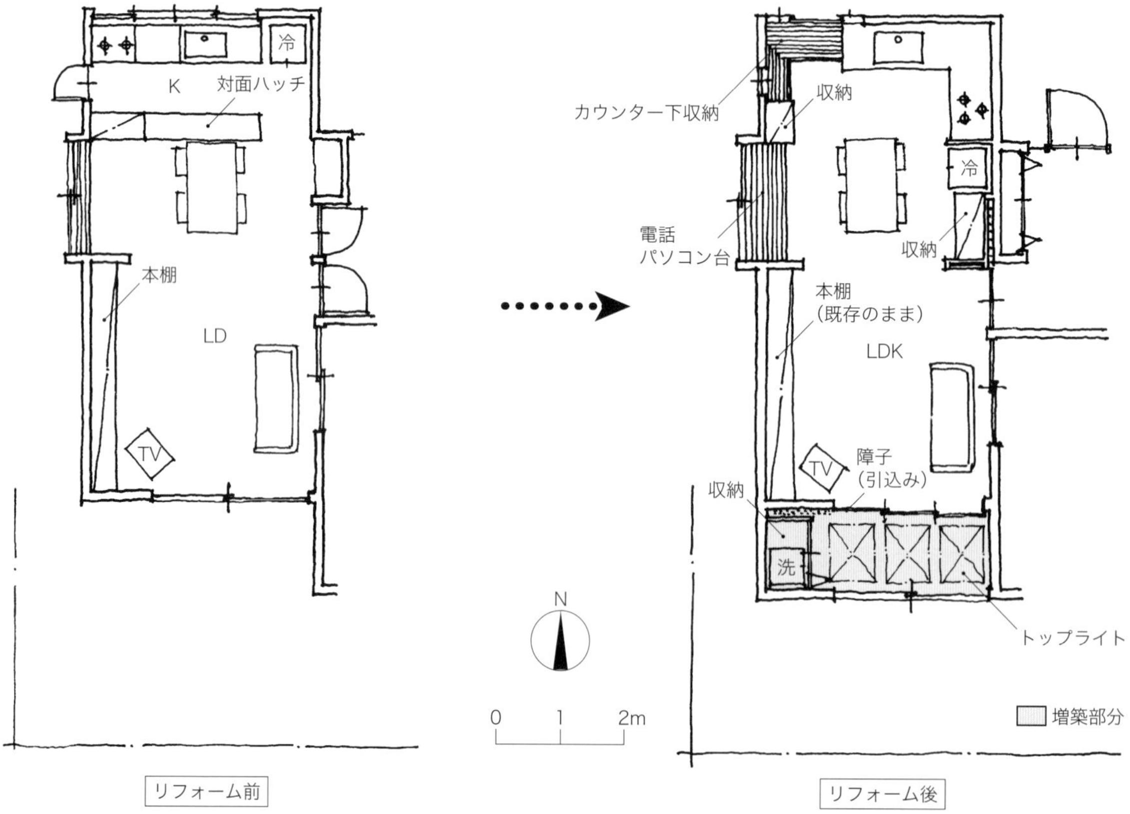

図4·1　LDKのリフォーム

ないように天窓を開くことで、暑くなった空気を逃がせるようにした。増築部分の床にはタイルを張ったため、ご主人の好きな観葉植物を置き、サンルームとして楽しまれている。

キッチンについては、食堂との間仕切りとなっているハッチを撤去して、動線の短いL型のキッチンセットにし、冷蔵庫や家電をまとめて配置できるようにした。仕事をしている奥様にとって、帰宅して支度しながらテーブルに出せるようになり、大変楽になったとのことである。なおLDKを一体にしたことで、リビングからキッチンがよく見えてしまうため、キッチンの煩雑なものをあまり出さずに片付けられるよう収納を壁面に沿って多く設けるようにしたのが、リフォームにあたって気を付けた点である。またキッチンの扉を木目調にして、家具の一部に見えるような落ち着いた色使いで仕上げてある。

写真 4･1　リフォーム前のリビング

写真 4･2　増築したリビング　天窓から日が射し込み冬場も明るくなった

写真 4･3　壁面に沿って収納を設けた DK

写真 4･4　床暖房の効率を上げるために冬の夜は障子を閉じることも

2 キッチンのリフォーム

キッチンのリフォームを計画するにあたって、施主のイメージを具体化していくためには、まず誰がどう使うのかといったキッチンの位置付けと、LDとのつながりをどう持たせたいのかということをよく打ち合わせて検討する。

次に食材を取り出し、下ごしらえし、調理・加熱し、配膳する一連の作業を混乱せずに行えるように作業動線を整理する。

また、キッチンにある家電製品や食品・食器・調理器具・ゴミ箱など、様々なものを使いよく納める収納計画も大事なポイントである。

そして、窓から外が眺められるキッチンの配置にしたり、壁や扉に好きな色を取り入れたり、観葉植物や小物を置いたりと気持ちよくキッチンで作業できる工夫も大切である。

●実例

建　物	軽量鉄骨造（2世帯住宅の2階）
家　族	夫婦＋子ども1人
要　望	・子どもがまだ小さいので、子どもの様子を見ながら家事ができるようにしたい ・食器棚等をなくしてものを納めたい

現在のキッチンは北側の壁に向かって一列に設置されているので、LDで遊んでいる子どもに背を向けなくてはならない。そこでLDが見通せるように、キッチンのシンクを対面型に配置することにした。対面カウンターの下には、収納を造作して食器類やストックした食品が納められるようにした。

対面カウンターは、LDで遊ぶ子どもの様子がキッチンから見やすく、またLDからはキッチンの手元が隠れて見えない程度の高さ（約1100mm）に取

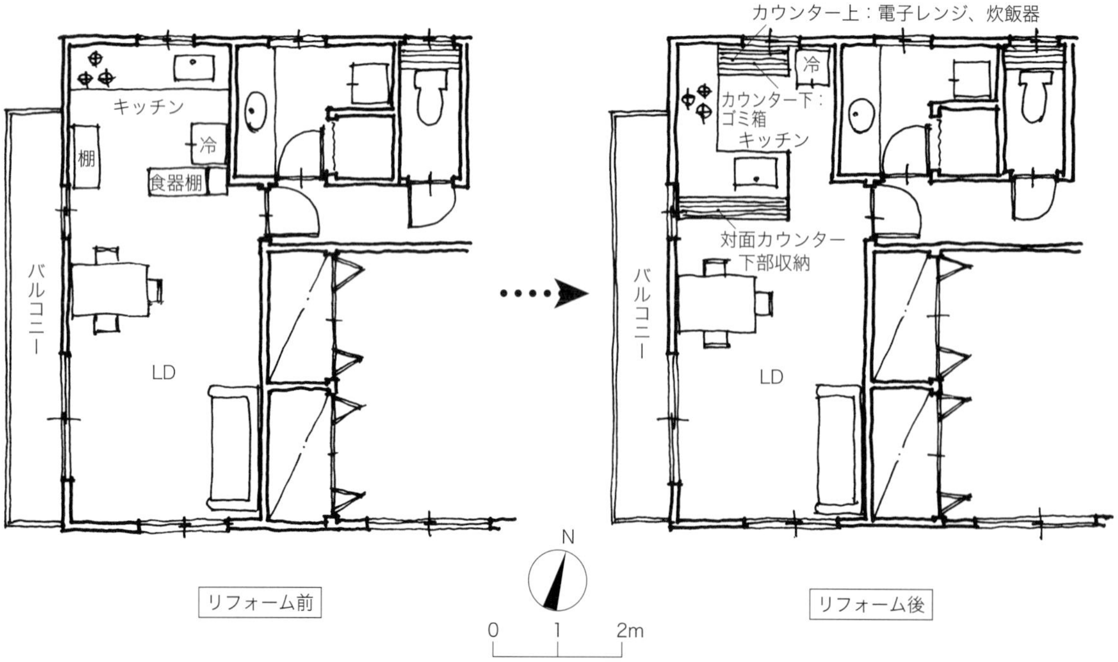

図4·2　キッチンのリフォーム

り付けている。カウンターは高くするとキッチンの独立性が増し、逆に低くするとオープンなキッチンになるなど、同じ対面型でも雰囲気はかなり変化する。

北側の壁に設けたカウンターは、電子レンジ・炊飯器等の家電類置き場で、カウンター下は分別するゴミ箱が3つ納まるスペースとなっている（図4･3）。

写真4･5　リフォーム前　キッチンに立つと背後の子どもの様子がわかりにくい。リビングからモノが雑然として見える

写真4･6　リフォーム後　対面型にしたキッチン。調理しながら子どもの様子がよくわかる。対面カウンターは開放感をもたせながらキッチン側のモノがあまり見えない高さに設定した

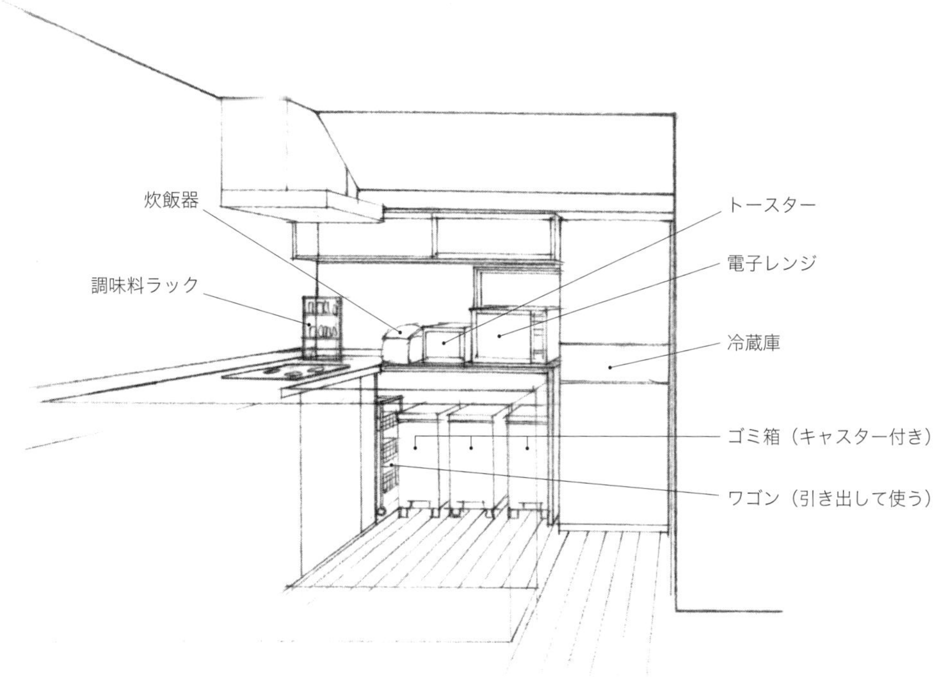

図4･3　キッチンの詳細パース　家電製品やゴミ箱を使いやすい場所に配置

3　サニタリーのリフォーム

浴室・トイレ・洗面所といったサニタリーは、リフォームの中でも最も需要の多い場所である。また、毎日使用する場所だけに不満を感じることも多い。その不満点としては、狭い・暗い・寒い・掃除がしにくい等があげられる。

これらの不満点をリフォームで改善していくとともに、「介護しやすくしたい」「忙しい朝に2人同時に使用したい」などという意見も踏まえ、家族の生活スタイルに合った機能的で気持ちの良いスペースにしていきたいものである。

●実例

建　物	木造
家　族	夫婦
要　望	・浴室を現在より広く ・将来に備えバリアフリーに ・洗濯機は全自動タイプを置けるようにしたい（現在は二槽式）

子どもが独立した後のご夫婦が使用する、サニタリーのリフォームである。

浴室を広くしたいという要望に合わせ、スペースを洗面所側に0.75坪から1坪に広げ、さらにサッシは腰窓を出窓に替え、観葉植物がよく育つ明るい浴室にした。浴室には、冬場の温度差を防ぐために暖房換気扇を取り付けている。また洗面所も、北側に0.5帖広げるとともに、トイレとの間仕切りを取り払い、洗面とトイレが一緒のワンルームにした。こうすることでゆとりが生まれ部屋全体も明るくなった。

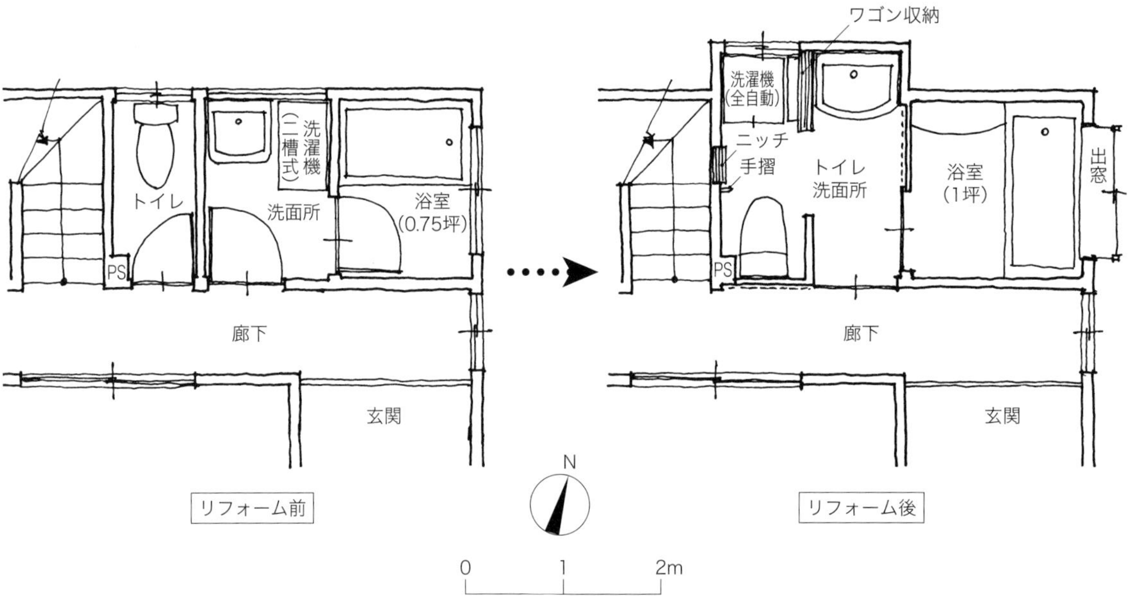

図4·4　サニタリーのリフォーム

家族の人数の多い家では、このワンルーム化はすすめられないが、スペースを広くすることで介護がしやすくなること、また掃除もしやすくなることなどが優れた点である。ゆったりとリラックスできるのが、このリフォームの良いところである。

写真 4・7　リフォーム前の浴室

写真 4・8　出窓にして 1 坪に広げた浴室　床は段差なし

写真 4・9　タンクなしで掃除しやすいトイレ　脇には手摺を取付け

写真 4・10　トイレ、洗面所をワンルームにして明るく広々とした

4 バリアフリーリフォーム

介護保険が導入されたことから、高齢者住宅のバリアフリー工事がかなり浸透してきた。バリアフリー工事は、介護される人の身体状況や介護者の有無およびどの程度まで家で介護できるかなどによって、リフォームする内容は変わってくる。個人差が非常にあるので、手摺一本取り付けるにしても、使用する人の動作を確認して取り付けるのが好ましい。

また設計者だけではわからないことも多いので、ケアマネージャーや自治体のソーシャルワーカー、場合によってはPT（理学療法士）、OT（作業療法士）などとの連携で進めていくことが必要である。

●実例1　高齢者のバリアフリー工事

建　物	木造2階建て
家　族	夫婦 夫に右麻痺がある。家の中では家具や壁につかまりながら自力歩行可能
要　望	・水まわりを使い良くしたい ・トイレは自力で使用できるようにしたい

トイレでは、和式便器から洋式便器への変更と、ドアを廊下側へずらして奥行きを広げたケースである。特に便器タンクについている手洗いは奥にあるため、安定した立位がとれない人の場合には使いにくいので、壁に小さな手洗い器を設けている。

浴室に洗濯機を置いていたが、転倒した時などに危険なので洗濯機を洗面所で使うようにし、余裕ある脱衣スペースを確保するために、洗面所を広げることとした。その結果、椅子に腰掛けて脱衣することも可能となった。

さらに、浴槽を出入りしやすい深さのものに取り替え、床は洗面所の床に合わせ嵩上げしている。こ

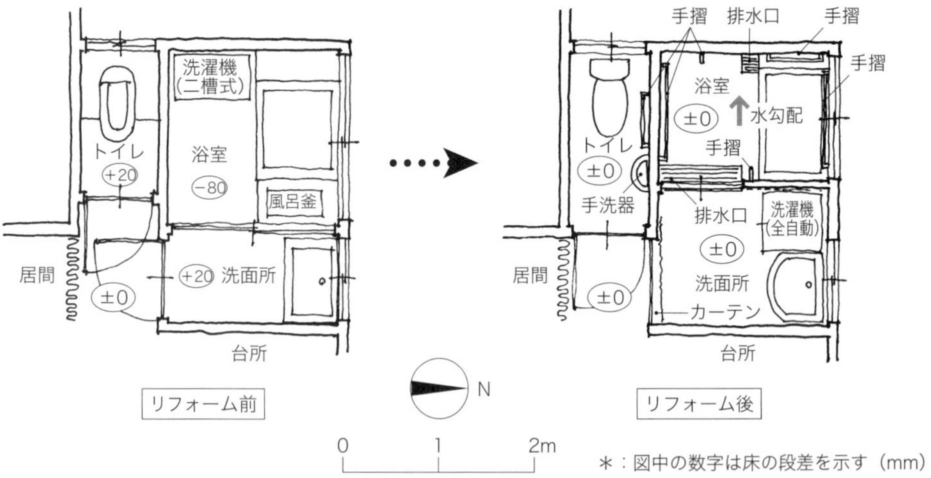

図4・5　高齢者のバリアフリーリフォーム

の際、入口に排水口を設けることにより、洗面所に水がまわらないようにしている。

そのほか、冬場の温度差をなくすために高かった天井を低くすることで、浴室暖房機の暖房効率を良くするなどの工夫もしてある。

洗面所の入口は引戸にするのが望ましいが、引き代がなく取り付けられなかったので、ドアを付けずにカーテンを取り付けている。

このケースの場合、ソーシャルワーカー、PTと一緒に夫妻の日常の使い方を実際に見た上で手摺の位置や浴槽の高さを決めたので、夫妻にとって使いやすいきめ細かなリフォームをすることができた。

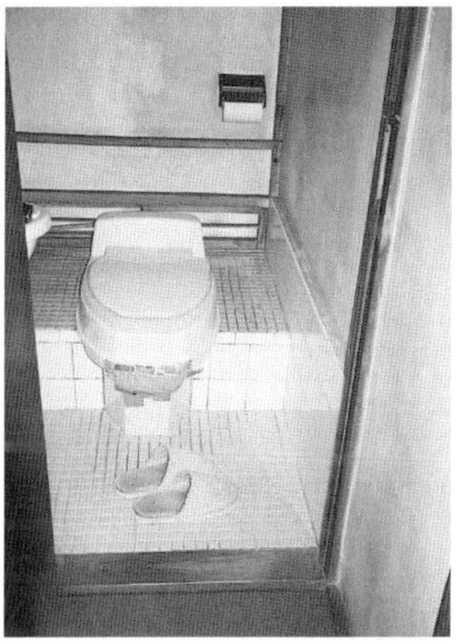

写真 4・11　リフォーム前のトイレ

写真 4・12　リフォーム前の浴室

写真 4・13　段差をなくし広げたトイレ　手摺と手洗い器を取付け

写真 4・14　浴室　段差をなくした床には排水口を設置（水勾配は奥の排水口へ向けてとる）。壁タイルは一部改修した他は既存のままとした

写真 4・15　ご主人の入浴の動作に必要な位置に手摺を取付け

●実例2	障害者のバリアフリー工事
建　物	軽量鉄骨造３階建て共同住宅
家　族	30代男性 交通事故で片足切断、半身麻痺 脳にも障害があり
要　望	・2階の別所帯に住む母や親類、ヘルパーの協力を得て、一人で生活する住まいに全面改装したい

このお宅では、息子さんが突然の事故で重い障害を持たれたことから、一日の大半をベッドの上で過ごす生活になり、食事、排泄、入浴、移動などの生活全般に介助者のサポートが必要となった。しかしまだ年齢も若く、リハビリで少しでも快方へ向かわせたいという家族と本人の強い意志により、いずれ一人で生活全般のことができるようになった時にも使いやすいようにするため、全体的にリフォームする計画とした。

玄関は、車椅子での出入りに使いやすいようにスペースを広げ、室内床との段差を解消するためにスロープを設けた。そのほかすべての床をフラットにし、またドアはすべて幅広の引戸や３枚引戸にし、さらに出入口の幅を広げることにより、将来自走式の車椅子が使用できる余裕のある寸法とした。車椅子は、自走式のほうが介助式よりも幅が広いので、通路幅や回転のスペースを広くすることが必要である。玄関ドアは構造的に広げることはできないが、何とか自走式でも通れる幅であったため現状のままである。

一日の大半をベッドの上で過ごすので、寝室とLDKを兼ねた部屋を、日当りの良い南側に変えることとした。なおLDKを兼ねた部屋にしたのは、介助者がそばに居やすいことと、家事のスペースを広く取れるので、将来車椅子で調理するようになった時にも動きやすくするためである。調理カウンターは昇降式とし、立った姿勢でも車椅子でも使いやすい高さに調節することができる。

洗面、トイレを一室にし、車椅子で移乗しやすい座面の高い便器と車椅子で使える足が入るタイプの洗面台を設置した。

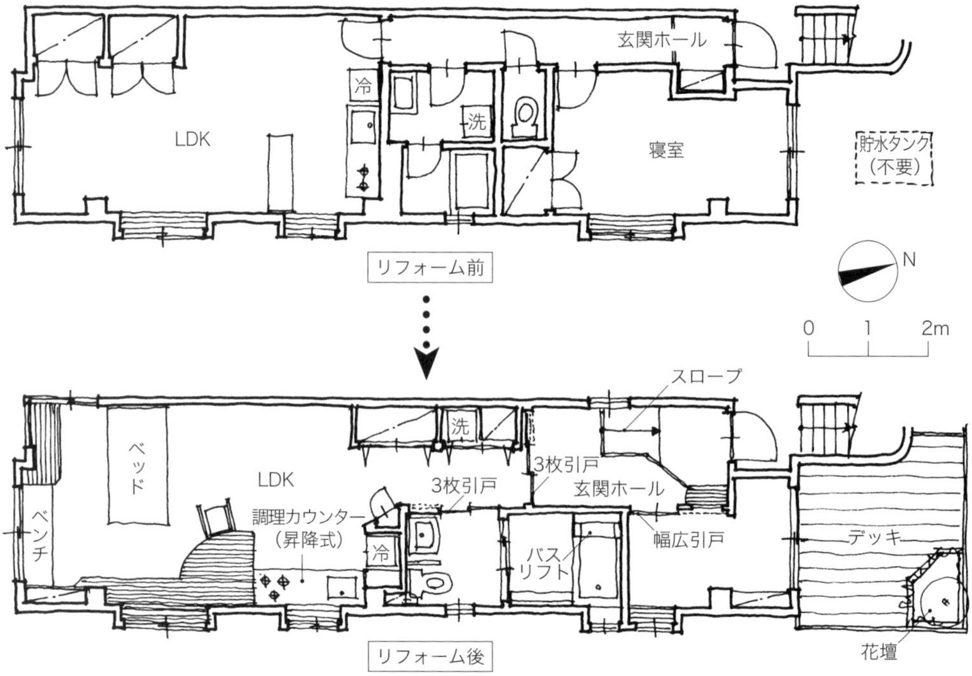

図4･6　障害者のバリアフリーリフォーム

浴室は洗い場の広い1.25坪サイズのユニットバスとし、腰掛けたままで浴槽に昇降できるバスリフトを設置した。

玄関脇の小部屋からは、新しく造った物干し場兼裏庭に車椅子で出入りできるように、部屋の床高に合わせたデッキと花壇を設けた。その結果この緑の空間は、本人や家族にとって季節を感じると同時に安らげる場所ともなっている。

写真4・16　リフォーム前の玄関

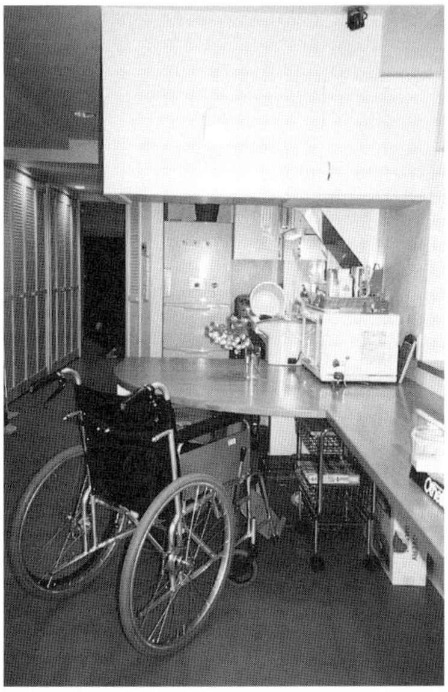

写真4・17　カウンターもキッチンも車椅子が入る

写真4・18　植物を植えたデッキ

写真4・19　車椅子用に広げた玄関ホール　壁の下の大きな幅木は、車椅子の先が当たって壁を傷つけないためのキックプレート

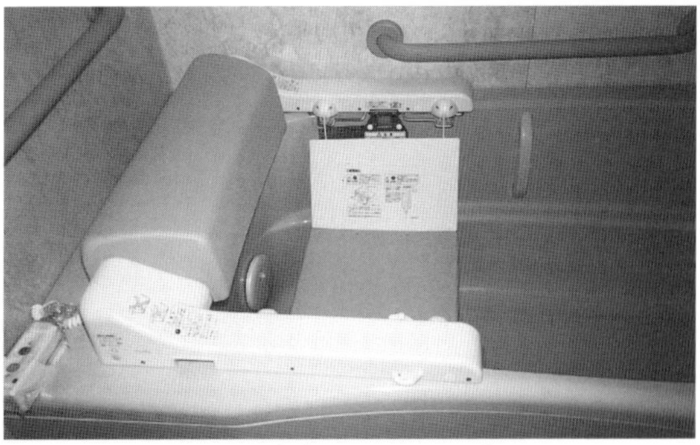

写真4・20　バスリフト　座面がリモコンで昇降する

5　リタイア後の住まいへのリフォーム

子どもが独立した後、夫婦だけでこれからの生活を楽しむためにリフォームしたいというケースが増えてきている。これまで、子ども中心の生活スタイルに部屋数や間取りを合わせていたのに対し、2人だけになったことでゆとりも生まれる。そこでそのゆとりを活かして夫婦の趣味のための部屋を造ったり、浴室やキッチンを充実させるなど、楽しめる場を作りたいという要望が多くなっている。

●実例

建　物	木造
家　族	夫婦
要　望	・友人が多く集える家にしたい ・将来、地域の高齢者が日中集える場にもなるようにしたい

この家では、友人が集まる機会が多いので、皆で食事を作って楽しめる部屋を作りたいというのが要望であった。20人くらいが集まることもあるので、LDKと玄関ホールの間仕切りを取り払い、一部増築

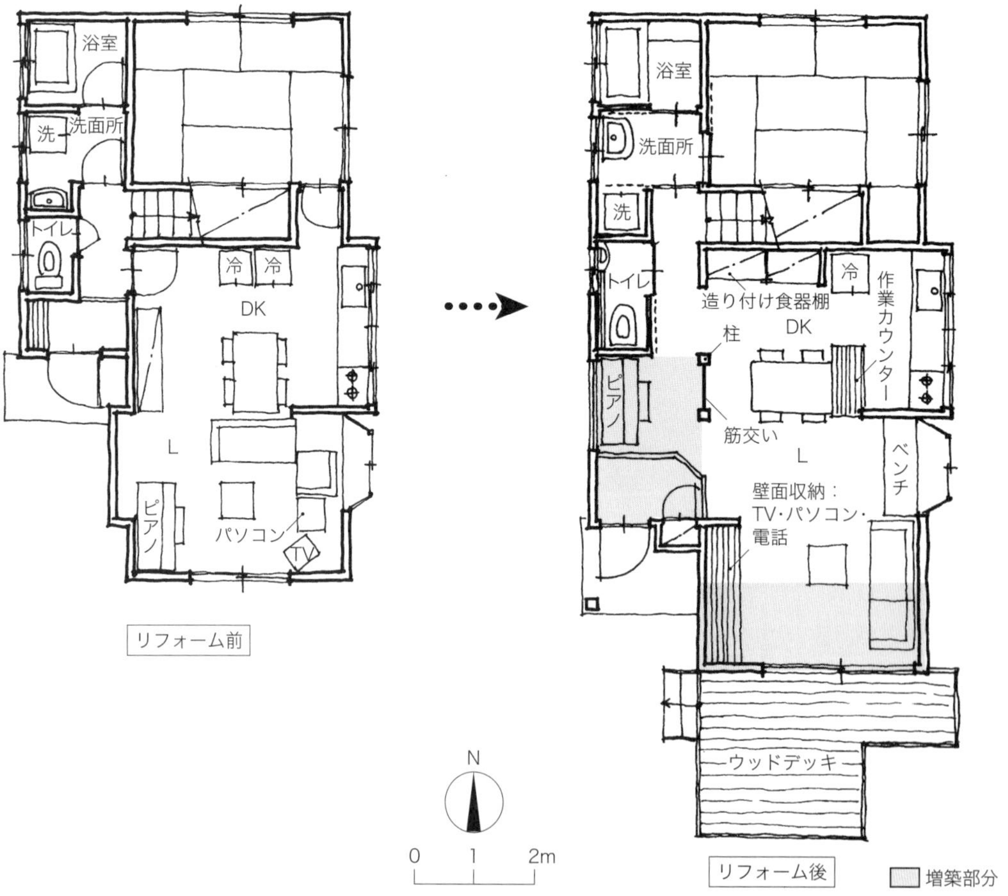

図4･7　リタイア後の住まいへのリフォーム

して広く集えるようにした。その結果、お酒を楽しむグループ、お喋りに夢中なグループ、ピアノを弾くグループなど、色々の楽しみ方ができるような場になった。

キッチンは既存のままであるが、食器類の収納にあたっては一目でどこに何が入っているかわかり、また多くの人が一度に取り出したり片付けたりできるように、床から天井までの壁面収納とした。新たに設けた対面作業カウンターの下に、電子レンジや炊飯器を収納できるようにすることにより、すっきりとしたキッチンにすることができた。

写真 4・21　リフォーム前のリビング

写真 4・22　広くなりバリアフリーに配慮したトイレ

リビングの南側には高さをリビングの床と合わせたウッドデッキを設置した。リビングとのつながりのある空間として、現在有効に使われている。

車椅子を使用して出入りできるように、床は玄関以外はすべて段差なしに、また開き戸を引戸にした。トイレや洗面所、浴室はスペースは十分とはいえないが、ここでも車椅子で使用できる機器を取り付けるなど、将来に向けての工夫も配慮した。なお外からの出入りは、ウッドデッキに段差昇降機を設置してデッキからリビングに出入りすることを想定している。

写真 4・23　ウッドデッキ　リビングの床とレベルを揃えている

写真 4・24　玄関ホールと DK　柱と筋交いは新しいものに入れ替えている

6 利用目的を変更したリフォーム

オフィスから住宅へ、住宅の一部を店舗に、あるいはもう少し大きい例としては、会社の寮を介護施設になど、用途変更のリフォームが最近増えてきている。

このようなケースは、これまでは解体して用途に合った建物に造り替えることが多かった。しかし工夫をすることで建物に新しい目的を与え、建物の寿命を延ばすことができる。

このようなリフォームの場合、建築基準法に照らし合わせ、合致する内容にすることが必要である。特に、変更しようとする用途がその場所の用途地域で認められていない場合は、変更は不可能なので注意が必要である。

●実例	オフィスから住宅へ
建　物	木造２階建 １階は店舗、２階は事務所
要　望	２階の事務所を賃貸住宅に変更

事務所と住宅で大きく違うのは、水まわりの設備である。既存の事務所にはキッチンしかなく、トイレは外部にある店舗共有のものを使用していた。

そこで、浴室・トイレ・キッチン・洗濯場に欠かせない水まわりの配管（給水、給湯、排水）をするために、全体の約1/2にあたる床を150mm上げて二重床とし、その空間に配管を設置した。その結果、この段差はLとDKを仕切るような感じとなり、しかもちょっと腰掛けるのに効果的な高さでもある。

オープンな間取りのため、玄関から中が見渡せないようにアールの壁を造り、オレンジの壁紙でアク

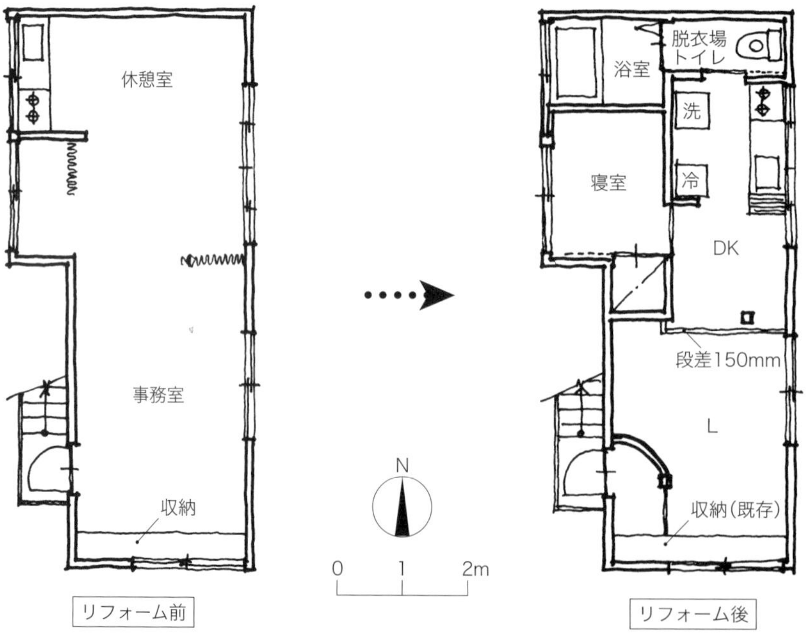

図4·8　オフィスから住宅へのリフォーム

セントを付けている。

コストを抑えるために、窓は既存のまま活かせるよう間取りを考えたケースである。

写真 4·25　リフォーム前の入口・収納方向

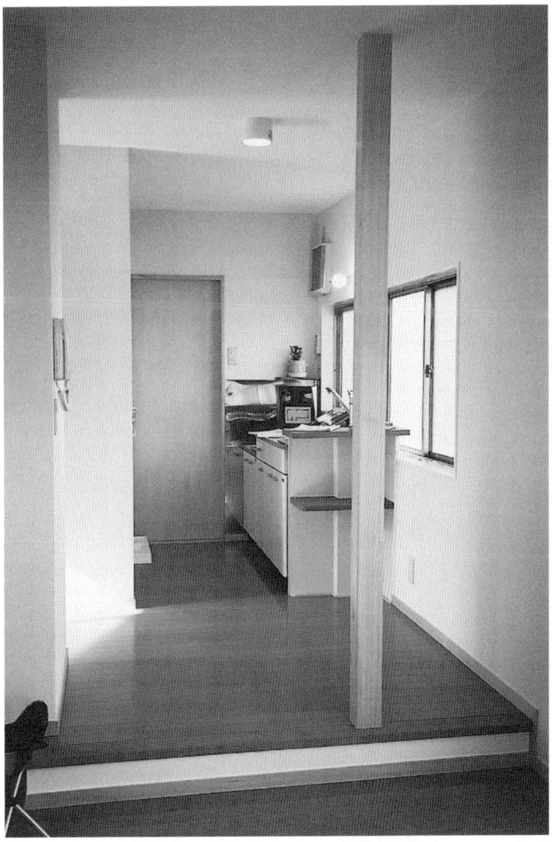

写真 4·26　リビングとの間に 150mm の段差を設けた DK　これくらいの段差は、部屋の雰囲気を変える効果もある

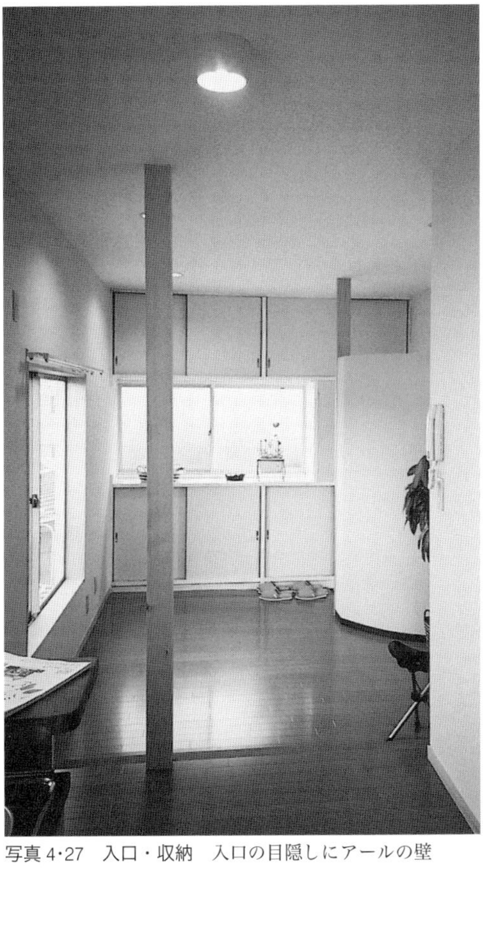

写真 4·27　入口・収納　入口の目隠しにアールの壁

写真 4·28　寝室　布団を敷くことを考えて、この部屋だけ床材を柔らかみのある杉板にしてある

7　趣味の部屋へのリフォーム

アトリエや書斎以外にも茶室、陶芸室やオーディオルームなど、趣味も広がり本格的に楽しむ人が増えている。趣味を楽しむ部屋なので、できれば楽しくなるような雰囲気の部屋に仕上げたい。一方、趣味に合わせて機能的に必要な事項も多いので、それらはきちんとおさえるようにしたいものである。

例えば茶室では、炉の切り方や畳の配置など、独自の約束事があるので、それらを踏まえなくてはならない。アトリエでは、自然光の採り入れ方や照明計画が重要なポイントになってくる。

オーディオルームなどには様々なAV機器があるので、どのような配線が必要になるか調べ、後で線が露出したりしないようにする。さらに専門的に楽しまれる場合は、部屋の音響を考えた防音・吸音対策も検討したいものである。

●実例	ピアノ室
建　物	木造2階建て
要　望	・日常使用していない和室を改装して、子どものためのピアノ室にしたい ・完全な防音室までは求めないが、外部に対してある程度の遮音対策はとりたい

和室の雰囲気は残しておきたいとのことから、敷目板の天井材はそのまま利用し、床と壁をリフォーム、さらにサッシまわりに遮音対策をした。

音が一番洩れやすいのは開口部である。サッシは元々ペアガラスの断熱サッシがついていたが、さらに遮音性を持たせるために、障子を外し、代わりに樹脂製のインナーサッシを取り付けることとした。

「今回は家の内部に対する遮音の必要性はあまり求めない」とのことから、廊下からの入口の引戸は防音ドアにせず、既存のまま使用している。

床は畳をやめ、縁甲板張りにし、またピアノを置くために床根太を増やして下地を補強した。特に合

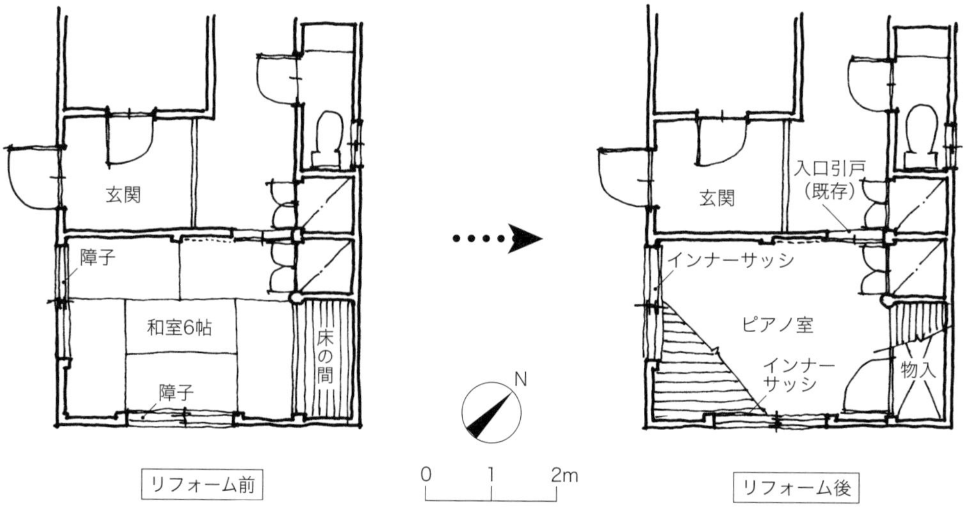

図4·9　趣味の部屋へのリフォーム

板の上に根太と直交するように新たにまた根太を並べ、その根太と根太の間にマット状の断熱材を入れてから仕上げる方法としている。

壁は、既存の塗り壁に胴縁材を取り付けて遮音パネルを張り、クロス仕上げとした。和室の柱が見た目にも残るようにするため、柱と既存壁のちりの寸法に収まるように、胴縁の厚みを調整した。なお、遮音パネルの継ぎ目や周囲はコーキングしている。

このようなケースの場合、遮音性をどこまで求めるかにより、工事内容も費用もかなり変わってくる。建材メーカーや音響メーカーでは、相談室を設けているところもあるので、問い合わせてみることも考えたい。

写真 4・29　障子枠を利用して取り付けたインナーサッシ

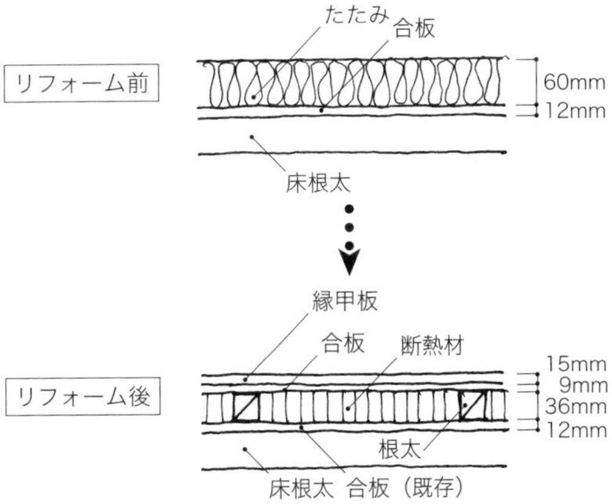

図 4・10　床の断面図

写真 4・30　和室の雰囲気を残したピアノ室

写真 4・31　床の間を改装した物入

8 自然素材を使ったリフォーム

最近、無垢材のフローリングや漆喰塗りの壁など、自然素材を使ってリフォームしたいという要求が増加してきている。実際、それらを使用してリフォームした部屋は落ち着き、手触り、足触りの感触など心地良さを感じることができる。

ただ自然素材には、反り、ひび、汚れ、傷つきやすいなどの欠点も多いので、それらの特徴を理解した上でリフォームすることが大切である。

また化学物質過敏症の人には、自然素材であればよいというだけでは危険である。というのは、無垢のフローリングであっても薬剤処理されているものもあるし、また自然素材といわれる珪藻土等の左官材であっても、材料に極微量に含まれることのある樹脂などが問題になる場合があるため、慎重な対応が必要である。

●実例

建　物	木造２階建
家　族	夫婦＋子ども２人
要　望	くつろげる居間が欲しい

現在使用している和室の居間はそのままにしておきたいという要望から、南側に新たに洋室の居間を増築することにした。なお玄関からも居間に直接入れるようにすることで、使いやすい部屋となっている。

床は30mm厚の杉板、壁は珪藻土塗り、天井はシナベニヤを使い片流れの勾配天井とすることで、梁や束の素朴な骨組みと自然素材とが合うように計画した。

このリフォームでは、壁の珪藻土塗りや床の蜜蝋を使ったワックス掛けに施主の夫妻も参加している。

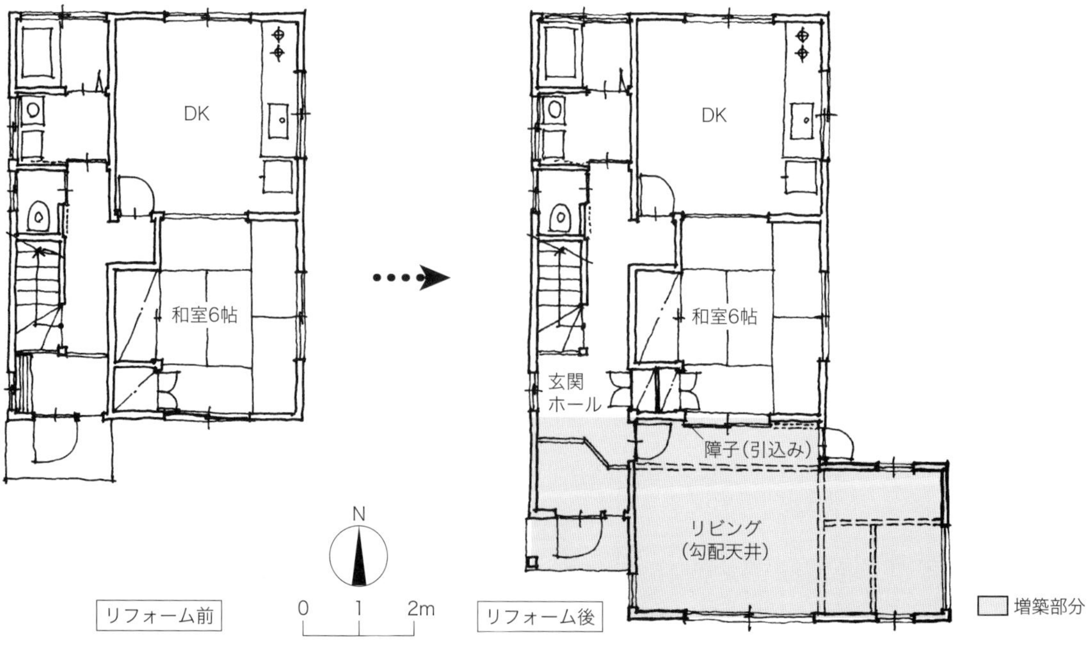

図4·11　自然素材を使ったリフォーム

これは予算的なこともあるが、これからメンテナンスを続けるにあたり、実際にやることにより施主自身が感覚をつかむことが大切であると思ったからである。塗り壁などは、素人である施主がやることにより、職人にはできないラフな仕上がりになるのも魅力の一つである。

当初、増築にあたって施主は「庭先にある３本の樹を切ってしまってもよい」といわれたが、落葉樹であるため冬は葉が落ちて日当りが良くなり、また夏は葉が茂り室内にも木陰を作ってくれることから、切らずにリフォームするよう計画した。いまでは施主も、その自然の様子に満足されている。

写真 4･32　外観　夏になると樹木の葉が茂り室内に蔭を落とす

写真 4･33　増築部リビング　壁の珪藻土は施主が塗った

リフォームに関連する資格

①資格の概要　③受験資格
②試験　④問い合わせ先

一級建築士

①国土交通大臣の免許を受けて建築物の設計工事監理を行う技術者。一級建築士はすべての建築物の設計・工事監理を行える
②一次試験　学科　　二次試験　設計製図
③建築に関する学歴または資格を持ち、それぞれ一定の建築に関する実務経験年数を有する者
④㈶建築技術教育普及センター
〒104－0031　東京都中央区京橋2－14－1
☎03－5524－3105　　http://www.jaeic.jp/

二級建築士

①都道府県知事の免許を受けて建築物の設計工事監理を行う技術者。二級建築士が設計・工事監理できるのは木造の場合、軒高9m以下、高さ13m以下、2階建て以上は1000㎡以下、特定用途(学校・病院・劇場・映画館・観覧場・公会堂・集会場・百貨店）は500㎡以下の建築物。非木造の場合、軒高9m以下、高さ13m以下かつ300㎡以下の建築物
②一次試験　学科　　二次試験　設計製図
③建築に関する学歴を持ち、建築に関する実務経験年数を有する者、大学の建築課程を卒業した者、または建築に関する実務経験が7年以上ある者
④一級建築士と同じ

マンションリフォームマネジャー

①㈶住宅リフォーム・紛争処理支援センターの認定する資格。主としてマンションの専有部分のリフォームについて、ユーザーとしての居住者や管理組合への専門的なアドバイザーとしての役割を果たすとともに、工事の施工に際して調整・指導・助言などのマネジャーとしての役割を担う
②学科・設計製図　同日
③受験資格は特になし。ただし、試験に合格してマンションリフォームマネジャーとして登録するには一定の建築実務経験年数が必要。必要な実務経験年数は、学歴＋実務経験、実務経験のみ、の場合で異なる
④㈶住宅リフォーム・紛争処理支援センター
〒102－0094
東京都千代田区紀尾井町6－26－3
上智紀尾井坂ビル5階
☎03－3261－4567　　http://www.chord.or.jp/

増改築相談員

①㈶住宅リフォーム・紛争処理支援センターの認定する資格。主として戸建て住宅のリフォームを専門とし、リフォーム工事の設計・積算・設備・構造やリフォームのローンや税金といった知識を有し、顧客のためのコンサルティング業務を行う
②㈶住宅リフォーム・紛争処理支援センターの企画したカリキュラムの研究会に参加して考査に合格する
③研修会の参加資格：住宅の新築工事またはリフォーム工事に関する実務経験を10年以上有する者
④マンションリフォームマネジャーと同じ

インテリアコーディネーター

①㈳インテリア産業協会の認定する資格。家具や照明、住宅設備等いろいろとあるインテリアに関する幅広い商品知識を持ち、インテリア計画の作成や商品選択のアドバイスなどを行う

②一次　学科　　二次　論文、プレゼンテーション(図面の作成等)

③受験資格は特になし

④㈳インテリア産業協会

〒160－0022

東京都新宿区新宿3－13－5　クリハシビル8階

☎03－5379－8600　　http://www.interior.or.jp/

キッチンスペシャリスト

①㈳インテリア産業協会の認定する資格。2005年度に㈳日本住宅設備システム協会から業務移管。キッチン空間構成要素に関する設備・機能・仕様や設計上の知識と経験のほか、ガス・電気・水道等の防災対策、建築構造との取り合い等についての法律・技術分野の知識と経験を持ち、多様化する生活者ニーズに対応して相談に応じる

②学科、実技　同日

③学科・実技試験を同時に受験できるのは受験年度の4月1日現在で満23歳以上または満23歳未満で実務経験満3年以上を有する者。学科のみの受験は特に資格はなし。ただし学科試験に合格後、実務試験を受験するには上記の資格に達しないとならない

④インテリアコーディネーターと同じ

福祉住環境コーディネーター 1級、2級、3級

①東京商工会議所の認定する資格。高齢者や障害者に対して住みやすい住環境を提案するアドバイザー。医療・福祉・建築について体系的で幅広い知識を身に付け、各種の専門職と連携をとりながらクライアントに適切な住宅改修プランを提示する。また福祉用具や諸施策情報などについてもアドバイスする

・各級の基準

1級：2、3級で得た知識をもとに、新築や住宅改修の具体的なプランニングができ、さらに安全で快適なまちづくりへの参画など幅広い活動ができる能力を求める

2級：3級で得た知識を実務に活かすためにより幅広く確実な知識を身に付ける。また各専門職と連携して具体的な解決策を提案できる能力を求める

3級：福祉と住環境の関連分野の基礎的な知識についての理解度を確認する

②1級：一次　学科　二次　論述および記述式試験

2級：学科

3級：学科

③2、3級の受験資格は特になし

1級は申し込み登録の時点で2級に合格していること

④東京商工会議所　検定センター

〒100－0005　東京都千代田区丸の内3－2－2

☎03－3989－0777　　http://www.kentei.org/

【著者略歴】

沖田富美子　おきた　ふみこ　(担当：第1章)
1963年日本女子大学家政学部生活芸術科住居専攻卒業。1979年大阪市立大学大学院修了。現在、日本女子大学名誉教授。住生活、住居管理、キッチンデザイン担当。
一級建築士／キッチンスペシャリスト

井上　恵子　いのうえ　けいこ　(担当：第2章、3・1)
1989年日本女子大学家政学部住居学科卒業。大手建設会社設計部勤務を経て設計事務所設立。現在、住まいのアトリエ井上一級建築士事務所主宰。日本女子大学家政学部通信教育課程「住宅リフォーム計画」講座担当（非常勤講師）。
一級建築士／インテリアプランナー／住宅性能評価評価員／増改築相談員

金子　智子　かねこ　ともこ　(担当：3・2、第4章)
1989年日本女子大学家政学部住居学科卒業。住宅メーカーに勤務し個人住宅の設計業務を担当。現在、グッドホームカネコに勤務し住宅のリフォーム業務を担当。
㈶住宅リフォーム・紛争処理支援センター主催「第18回住まいのリフォームコンクール」で住宅金融公庫総裁賞受賞。
一級建築士／福祉住環境コーディネーター

住宅リフォーム計画

2006年3月30日　第1版第1刷発行
2017年3月20日　第2版第1刷発行

著　者　沖田富美子・井上恵子・金子智子
発行者　前田裕資
発行所　株式会社 学芸出版社
京都市下京区木津屋橋通西洞院東入　〒600－8216
tel 075－343－0811　　fax 075－343－0810
http：//www.gakugei-pub.jp
E-mail　info @ gakugei-pub. jp
印　刷　イチダ写真製版
製　本　山崎紙工
装　丁　KOTO DESIGN Inc.

ISBN 978－4－7615－2381－7